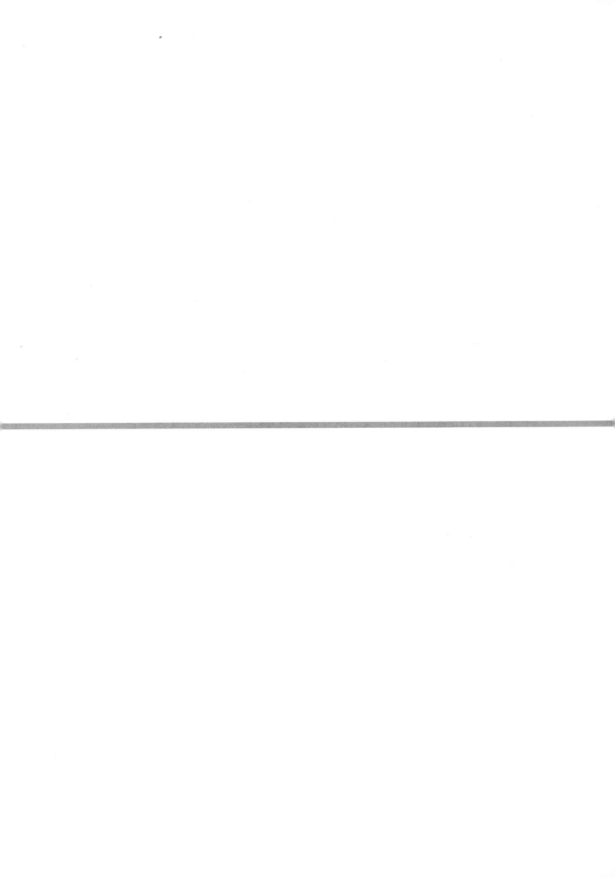

智能制造下的创新引领系列丛书

Research on the evolution of
Entrepreneurship and Its Influence on Enterprises' Sustainable
Innovation Capability under the
Background of Digital Transformation

数字化转型背景下企业家精神内涵建构及其对企业持续创新能力的影响研究

赵东辉　孙新波　／著

中国财经出版传媒集团

经济科学出版社
Economic Science Press

图书在版编目（CIP）数据

数字化转型背景下企业家精神内涵建构及其对企业持续创新能力的影响研究/赵东辉，孙新波著 . -- 北京：经济科学出版社，2022.3

（智能制造下的创新引领系列丛书）

ISBN 978 - 7 - 5218 - 3478 - 9

Ⅰ. ①数… Ⅱ. ①赵…②孙… Ⅲ. ①企业家 - 企业精神 - 影响 - 企业创新 - 研究 - 中国 Ⅳ. ①F279.23

中国版本图书馆 CIP 数据核字（2022）第 042292 号

责任编辑：李 雪 袁 溦
责任校对：王苗苗
责任印制：王世伟

数字化转型背景下企业家精神内涵建构
及其对企业持续创新能力的影响研究
赵东辉 孙新波 著
经济科学出版社出版、发行 新华书店经销
社址：北京市海淀区阜成路甲 28 号 邮编：100142
总编部电话：010 - 88191217 发行部电话：010 - 88191522
网址：www. esp. com. cn
电子邮箱：esp@ esp. com. cn
天猫网店：经济科学出版社旗舰店
网址：http：//jjkxcbs. tmall. com
北京季蜂印刷有限公司印装
710 × 1000 16 开 18.25 印张 260000 字
2022 年 3 月第 1 版 2022 年 3 月第 1 次印刷
ISBN 978 - 7 - 5218 - 3478 - 9 定价：96.00 元
（图书出现印装问题，本社负责调换。电话：010 - 88191510）
（版权所有 侵权必究 打击盗版 举报热线：010 - 88191661
QQ：2242791300 营销中心电话：010 - 88191537
电子邮箱：dbts@ esp. com. cn）

总　序

　　人类的战车已经经历了自然社会、农业社会和工业社会前期，目前正在驶向以 5G 和物联网为主要特征（德·克劳斯·施瓦布的观点）的第四次工业革命时代。众所周知，第一次工业革命自 1764 年（标志为第一台机械纺织机）始，开启了以蒸汽为动力驱动的机械生产方式；第二次工业革命自 1913 年（标志为第一条 T 型流水线）始，开启了以电力为动力驱动的大规模流水线生产方式；第三次工业革命自 1969 年（标志为第一台可编程控制器）始，开启了以电子信息技术为动力驱动的自动化生产模式，这就是坊间所谓的工业 1.0、工业 2.0 和工业 3.0。一般将 2013 年德国在汉诺威工业博览会上提出的"工业 4.0"战略称为工业 4.0 的肇始，也就是第四次工业革命，第四次工业革命开启了以数据赋能为动力驱动的大规模定制智能化、数字化和网络化生产模式。工业 4.0 时代也被称为智能时代，尤其是智能制造时代，除了德国工业 4.0 之外，还有美国工业互联网和中国制造 2025，这些构成了当今全球主要的工业 4.0 版图。就过往而言，技术生产力的变革带来了生产方式的变化，进而导致经济基础和生产关系的变化。未来，人类社会可能还会出现第五次、第六次乃至第 N 次工业革命，也可能会从工业社会跃迁到服务社会或者智慧社会，都未可知。我们只知道这一切都是人类依据自身需求经由科技进步自设计出来的，将来是开出善花还是结出恶果，都需要人类自承担，这是人类这个整体的自使命。

　　在这样一个人类社会简单演化过程中，祖国迎来了两个百年的奋斗目标和中华民族伟大复兴的梦想。两个百年分别是：从 1921 年到 2021

年的建党百年和从 1949 年到 2049 年的建国百年。我个人一般将这两个百年整合后划分为四个阶段：第一阶段是 1921 年到 1949 年的建党到新中国成立；第二阶段是 1949 年到 1978 年的中华人民共和国成立到改革开放；第三阶段是 1978 年到 2017 年的改革开放到新时代；第四阶段是 2017 年到 2049 年的新时代到中华人民共和国成立百年。第一、第二阶段暂且不论，狭义来看，我认为第三阶段整个社会发展的主旋律是围绕"经济、硬件和数量"展开的，其核心特征是"逐利"；第四阶段整个社会发展的主旋律将围绕"人文、软件和质量"展开，其主要特征是"寻义"。二者综合特征是"义利合一，得德相通"，这是中国当代社会发展的一种基本规律，如果说人类工业社会变迁主要是科技规律使然，那么中国近百年的社会变迁则主要是人文规律使然。单纯就我国而言，人文命脉绵延至少八千年屹立不倒，这是中华民族伟大复兴的战略资源，这也是中华文明天人互惠均衡观给新时代的最重要的思想源泉。在中华民族伟大复兴的征途中，中国的企业和企业家们，尤其是中国的实体企业和企业家们如果能够抓住这个机会，必将重建中华文化的全球尊严。在复兴的伟大道路上，我们需要一边坚持全球技术的创新，一边坚持本土文化的推新，同时要控制人性欲望的膨胀。唯有如此，我们方可迎难而上、引领未来，这其中，创新比任何时候都显得更为重要。

就中国实体经济中的工业发展而言，我认为其创新大抵可以分为创新追随、创新驱动和创新引领三个阶段。创新追随主要是模仿基础上的创新，其典型如学习苏联后生成的著名的鞍钢宪法（两参一改三结合），这一宝贵财富目前仍然适用于中国的许多实体企业；创新驱动主要是模仿与自主开发相结合基础上的创新，其典型如海尔基于中国传统文化与西方管理科学相交互后生成的"海尔制"管理范式（人单合一管理模式），海尔制必将继泰勒制、福特制和丰田制之后成为新的组织和管理范式并引领企业管理的发展；创新引领必然主要是自主开发基础上的创新，此时已然没有可追随者，我们已经成为被追随的对象，其典型如今日之华为在科学和技术创新道路上以点燃自我的精神奋斗不息，这种精神和行为才刚刚开始，其威力无穷，创新无限。创新终极归宿的最好方式除了点燃，别无其他，我们的制造业企业也应该像丹柯一样把心拿出来烧，以照亮那未知的前路。

　　我有幸生于、长于并成于这伟大的时代、伟大的国，这时代和这国给予我无限的希望和无穷的力量，她教我建构了整体世界下的原子还原，我始终坚守"整分合"的一般逻辑，并在此基础上搭建了我的研究团队"波导战团"。"波导战团"始终坚守初心，以有限的学人之力去实践那"顶天立地"的事业，于我们而言，"顶天"就是坚持解决制造业企业的理论和实践问题，"立地"就是坚持智能制造的本土化和国际化的融合，在此基础上开出了"一体两翼"的科研奋斗格局。"一体"就是由教授、博士、硕士和本科组成的"波导战团"，"一翼"是线上"易简萃升书院"，它的使命是复兴基于易学等经典的传统文化；另"一翼"是线下"全球制造业企业研究院"，它的使命是针对制造业企业的问题和需求提供整体解决方案，上述所有方面的交互成果之一就是"智能制造下的创新引领系列丛书"。这套丛书涵盖了"波导战团"的所有研究方向，包括整合式领导力、协同激励、数据赋能、制造业战略转型、数字商业模式创新、数字创业机会识别、数字国际化创业以及管理哲学和本土管理研究等等领域。"波导战团"发愿三十年深耕"智能制造下的创新引领"，长期主义是"波导战团"的一贯选择，"波导战团"追求从少年期的"帅"到成年期的"师"再到成熟期的"帅"，不管是年少轻狂，还是老成持重，抑或是创新引领，我们始终是"一"以观之，从帅到师始终加一，从师到帅始终减一，我们既是旁观者，也是参与者，这个"一"就是那"智能制造下的创新引领"，为此，我们初心不变。

　　人都是参赞化育的结果，参是标杆和榜样、赞是表扬性引导、化是以文化人魂、育是培育全英才，参赞化育在今天比历史上任何时候都重要，世界需要参赞化育，主客体只有经历了参赞化育才会开出"三生万物"的万千气象。我和我的"波导战团"始终基于人性素的人性假设，长期坚守智能制造下的创新引领，我们坚信它必将生成并开出人与自然和谐共生之共同体。

　　智能制造下的创新引领系列丛书计划每年至少推出 1～2 本著作。追随中国制造 2025 的战略指引，到 2025 年该系列丛书将形成区域影响力并提供智库支持；到 2035 年该系列丛书将形成全国影响力并辐射全球，2035 年之后将形成全球影响力并引领制造业发展，这是我们的梦想也是我们的使命，为此，我们奋斗不息。

孙新波

2019 年 8 月

前　言

随着数字化技术的不断发展及数字经济时代的到来，越来越多的企业认识到数字化转型的重要性。企业数字化转型打破了原有的企业边界条件，使员工从以往企业管控逻辑下的管理模式中解放出来，与消费者共同成为价值创造的关键主体。从被动执行到主动创新，员工以全新的角色参与到企业数字化转型中，以"创业者"的角色完成创业活动，实现价值创造。作为创业者的员工能够与顾客直接接触，对市场信息的获取和市场机会的识别更加有利，在此情境下以往企业家和高层管理者才具有企业家精神下行，员工也逐渐具有了企业家精神，为企业的可持续创新发展贡献力量。但是企业家精神行为主体的演化使其概念内涵、涌现机理都发生了变化，其对组织创新能力的影响也并不明晰，因此本书在数字化转型背景下对企业家精神进行了如下研究。

首先，采用扎根理论的研究方法，解析出数字化时代企业家精神的内涵及其演变原理。研究发现数字创新的不确定性与组织结构和制度的适应性调整是企业家精神发生演变的关键动因，在此情境下，企业家精神的承载主体与属性特征发生了深刻变化，引致企业家精神从传统的个体或公司层面向组织层面传递，并逐渐演变成为一种依托于创业者行为过程的、广泛存在于组织群体中的精神体系。与此同时，本书进一步解析出数字化转型背景下企业家精神的构成，包含环境适应精神、创业精神、责任感和共同体精神，企业通过组织结构和制度的适应性调整激活潜藏于组织成员中的企业家精神，从而促进数字化时代企业创新范式的变化，促进企业加速形成以全场景需求和全生命周期需求为核心的持续创新模式。

其次，采用案例研究的研究方法，研究数字化转型背景下企业家精神的涌现机理。从机会感知、机会把握和战略转型三个阶段解析案例企业数字化转型过程的企业家精神涌现机理，本书识别出了数字化转型情境下企业家精神新的侧重，包括积极环境适应和共同体精神，企业家精神在转型过程中从企业高层领导范畴延展至了企业全员范畴。并且研究还指出在企业从层级制组织转向扁平化组织的过程中，企业家精神在机会感知和机会识别阶段主要体现为企业高层领导的服务精神和创业精神，而在战略重构阶段则主要体现为全体成员的责任感与共同体精神。这种递进式转变完成了组织从"命令—控制"型到"赋能—服务"型的转变，同时也完成了企业家精神内涵的转变。

最后，为了深刻探析企业家精神在新情境中的效能，本书分别构建了个体、组织及合作网络三个层面的理论模型。在个体层面，主要从组织承诺为理论切入点，引入组织支持感和人与组织价值观匹配两个变量，研究结论发现：情感承诺和持续承诺在数字化转型背景下企业家精神和企业持续创新能力之间起部分中介作用；组织支持感和人与组织价值观匹配在数字化转型背景下企业家精神和情感承诺、持续承诺之间起到调节作用。在组织层面，主要从知识整合为理论切入点，引入共享型领导力和知识共享氛围两个变量，研究结论发现：知识整合在数字化转型背景下企业家精神和企业持续创新能力之间起部分中介作用，共享型领导力在企业家精神与知识整合交互的过程中发挥调节作用，知识共享氛围能够有效地调节知识整合与持续创新能力间的作用关系。在合作网络层面，主要从价值共创为理论切入点，引入角色压力，研究结论发现：价值共创在数字化转型背景下企业家精神和企业持续创新能力之间起部分中介作用，角色模糊、角色冲突及角色超载在企业家精神与价值共创之间起到调节作用。整合三个层面的研究发现，数字化转型背景下企业家精神对企业持续创新能力具有积极的影响，且知识整合、组织承诺和价值共创是企业家精神到企业持续创新能力的重要传导机制。

　　本书主要的理论贡献包括：第一，揭示了数字化转型背景下企业家精神的内涵及外延，并立足于企业家精神动态性的本质，剖析出企业家精神的演变原理。结合数字技术的属性特征及其对客观经济、市场和社会环境的影响，识别出数字化转型背景下企业家精神的演变动因，研究还整合了企业家精神特质论与行为论的现有流派，并借此融入动态性思想，将其与组织价值创造的过程相结合，将其解析为数字化转型中企业持续创新的价值来源。第二，不同于以往研究将企业家精神的识别建立在对企业家群体的研究之上，本书将企业家精神的研究落脚于企业经营的具体数字化转型过程，从事件出发来识别企业家精神在数字化转型背景下的新内涵的涌现机理，这弥补了企业家精神涌现机理研究的缺失。第三，研究在对企业家精神内涵及外延解析的基础之上，揭示了企业家精神对持续创新能力的关键作用，并从知识整合、组织承诺和价值共创视角探讨了数字化转型背景下企业家精神对于企业持续创新能力的影响机制。

　　感谢所有接受访谈和调研的企业，如有遗漏，请联系作者。

作　者

2022 年 2 月

目录

第1章

绪　　论

1.1　研究背景

1.1.1　实践背景

（1）企业内外部环境日趋数字化。

进入 21 世纪以来，大数据、云计算、物联网等新一代信息技术飞速发展并迅速普及应用，预示着第四次工业革命的到来。互联网技术的发展与应用，使企业所处的系统发生了颠覆性的变化[1,2]。无论是企业所在的市场环境、政策环境，还是企业内部的运营环境都对企业的发展现状提出了更高的要求[3,4]。德国最早提出了工业 4.0 战略，并认为数字化是实现工业 4.0 的重要抓手。美国相继也提出了再工业化，日本则提出了工业价值链计划等，全世界发达国家都在争先提出互联网时代的发展战略规划。早在 2015 年，国务院总理李克强在政府工作报告中就提出要开展"互联网＋"的行动计划，随后在《中国制造 2025》中明确了两化融合对企业创新发展的重要作用。2017 年，数字经济的概念正式被提出，为企业和整个产业的数字化转型提供了政策的指引。根据2018年国际数据公司（IDC）给出的数据表明，中国制造业企业的数字化水平还相对较低，一半以上的企业仅仅是处于单点试验和局部推广的阶段。到2021年的《中国企业数字化转型指数》中已经有不少企业开展了有关数字化转型的实质性工作，并取得了明显的成绩①，但是2019年《中国企业数字转型指数研究报告》指出，这部分企业仍占少数，只有9%的企业数字化转型成果显著②。近两年的数据也表明中国企业正在朝向数字化转型的方向努力，并且呈现上升的态势，例如在2020年中国的数据经济规模已经达39.2亿元③，并且也涌现出了如海尔、华为、阿里巴巴及酷特智能等一批优秀的数字化企业。

制造业企业也意识到，只有在整个价值链条上进行数字化的转型与升级才能够实现智能制造。在互联网技术的推动下消费者需求多元化得到释放，消费者不仅关注产品的质量，而且开始关注产品的个性化和获取路径[5,6]。由于消费者认识和消费习惯的变化，他们对品牌设计、生产的个性化及包括供应时效等都提出了更高的要求。为了快速高效地满足消费者的需求，企业借助互联网强大的链接功能，借助数字化工具试图将消费者、企业本身及其上下游企业融合在一起[7]。企业在与外部环境联系时一方面会利用数字化工具，以一种及时、个性化定制的方式与消费者进行沟通，获取消费者信息；另一方面会将消费者需求信息转化为数据作为与供应企业的联系工具，实现整个供应链条的数字化响应[8,9]。在企业内部，数据作为生产和管理的依据，一方面利用个性化的消费者需求数据实现大规模个性化生产[10]，另一方面会利用数字化的客观属性规避以往管控带来的弊端，将员工从管控压力中解放出来，释

---

① 埃森哲.2021中国企业数字化转型指数，2021年9月［R/OL］. https：//baijiahao. baidu. com/s？ id=1712833469521788553&wfr=spider&for=pc.

② 2019埃森哲中国企业数字转型指数研究报告，2019年9月［R/OL］. https：//www. accenture. cn/cn-zh/insights/digital/digital-trans-formati-index-2019.

③ 中国信通院.中国数字经济发展白皮书（2021年），2021年4月［R/OL］. http：//www.199it. com/archives/1237607. html.

放自身活性，积极参与到生产活动中[11]。整体而言，企业所处的内外部环境都在逐渐地实现、加深数字化转型和升级的程度，也在不断地探索数字化带来的更大优势。

（2）数字化转型背景下人人都是创业者。

数字化技术的应用，打破了原有组织的固有层级。在全新的运作逻辑下，传统企业的金字塔式组织管理逻辑已经不再适用[12]。在数字化转型过程中，企业会利用数字化技术不断调整自身业务和运作逻辑，以使数字化和企业本身能够紧密地融合起来。为了实现数字化转型的成功，企业会不断挑战已有的管理模式，将原有管控逻辑指导下构建的管理模式逐渐向治理逻辑指导下的管理模式转变[13,14]。在此过程中，企业需要转变员工在数字化转型中认知、观念及行为，保证企业内部员工的价值分配权，形成员工和企业合作共赢的基本态势[15]。同时，企业需要利用数字化逻辑打破原有的组织运作逻辑，打破原有的组织边界和人际边界，充分调动员工的主观能动性，充分释放组织内部的活性[9,16]。

为了持续创新的根本诉求，越来越多的企业利用数字化技术调整组织结构和缩减组织层级来赋予组织员工更多的决策权，较之传统组织模式，以往更多地存在于员工内隐性的创新担当行为被数字化转型组织模式唤起，员工成为识别市场潜在机会，进行精准战略决策，为客户提供服务价值的关键主体[17]。数字化转型使企业的组织结构灵活化和保持动态性，一方面根据市场需要的实际情况，以消费者的需求为出发点，根据自己的业务水平、兴趣爱好、任务难易程度及个体的合作意愿形成完成业务单元的临时组织。数字化技术在组织沟通中的应用，也为每个人在多个不同的临时组织中进行沟通互动[18]。另一方面，员工认知和观念转变之后，要求企业营造相互尊重的氛围，并得到平等的对待。企业也鼓励员工能够实时进行无边界的交流和互动，在整个企业内部实现自由的表达，充分释放每个员工的创新潜能，让每个人都成为创业者，成为价值创造中心[19]。

企业数字化转型使组织平台化和网络化已成现实，管理中增加了员工的权限，逐渐实现去权威化和去中心化，采取人性化的管理方式为员工在组织中灵活工作提供了机会，真正做到尊重员工，激发员工创新的积极性，从而可以释放员工的自主能动性和创造性[20,21]。数字化转型的一个重要目标就是要改变组织和个人之间的关系，打破原有的依附和管控的隶属关系，利用数字化的治理方式让每一个员工都实现自治，与组织形成命运共同体，实现自主经营。员工不仅是作为员工存在，而是成为独立的企业家，或者说具备了成为一个企业家的条件。在组织中员工拥有较高的自主权，可以根据自己的实际情况来参与企业的运营。数字化转型不仅是简单的计算机联网，而且是最终实现人与人、人与组织的联网，数字化转型为企业内信息和知识的传播分享、问题的研讨与解决、思维方法的碰撞与融合提供了一个大平台，这都可以在互联网搭建的平台上进行交互，个体能够以创业者的角色进行学习和创造[22]。

（3）数字化转型背景下企业家精神成为企业持续创新的重要需求。

创新是组织竞争优势的重要来源。无论处于哪个时代的企业都离不开创新发展。在瞬息万变的商业环境中，企业需要根据市场变化不断地调整自身的创新策略。在数字化转型背景下，以人工智能为主的智能技术为企业升级跨界成为行业颠覆者提供无限可能[23]，跨界颠覆者的侵入更是打破了现有行业竞争格局，使在位企业必须时刻保持持续创新的活力[24]。企业家精神作为一种普遍存在于组织内部群体的精神特质，正如奥地利学派著名经济学家德索托（de Soto，2010）所言："企业家精神，就其最纯粹的形态而言，是无所不在的"[25]，即企业家精神是普遍存在的，市场中的每个人都具有企业家精神，企业家精神不是某一部分人才具有的才能，而是固定在每一个行动者及其每一个行动当中的[26]。互联网经济时代背景下"让听得见炮声的人来指挥战斗"使企业家精神成为组织持续创新的动力来源，企业家精神已经成为众多实践组织首肯的创新秘法[27]。

1.1.2 理论背景

（1）企业家精神作为一种创新要素在企业创新中体现出了重要价值。

企业家精神存在的意义更多的是为了实现经济价值的创新，在价值实现过程中具有企业家精神的人会产生一系列的资源配置行为[27,28]。在经济活动中，企业家精神能够对不同层面和不同层面的对象产生差异化的影响，例如企业家精神能够对企业中包含的个体创新、企业整体创新及企业发展所在的区域创新产生影响。在对企业中的个体影响中，企业家精神是企业家在高成就动机实现过程中所表现出来的各种行为，包括探索精神等[29]；从公司层面的影响来看，企业家精神是企业家个体层面的精神在公司各个方面的渗透，通过企业家精神的传递在企业内部形成创新文化，进而实现了公司创新行为的产生[30]；从区域层面来看，企业家精神逐渐形成了一种社会现象，能够将企业家精神中包含的创新精神、风险承担精神等一系列综合的精神品质渗透到区域社会的各个方面，影响着整个区域的创新[31]。企业家精神在以上三个层面起作用，最终落脚于企业的创新，推动着企业创新绩效的提升。德鲁克（Drucker，1985）更是直接将企业家精神看作企业的一种寻找、创造并开发出新产品或新服务的行为过程[32]。我国企业家精神的研究也受到了一部分学者的关注，例如学者俞仁智等（2015）从组织层面对企业家精神进行了实证研究，结果显示以创新和变革为特征的公司企业家精神对新产品创新绩效具有显著的正向推动作用[33]。毛良虎等（2016）在研究企业家精神对企业绩效影响关系时发现，企业家精神富含开创精神，具有组织创新活动的动机；还具有冒险成分，提供了组织内个人开展创新活动的伦理规范；同时还传递着积极向上的创新价值观，有利于塑造创新型企业文化。对企业家精神的研究，不仅包括国内外学者的研究，还包括从不同层面对企业家精神的研究，都说明了企业家精神成为企业创新的要素[34]。

（2）数字化转型背景下企业创新要求企业家精神渗透到每个员工

身上。

企业数字化转型的一个重要目的就是要激活员工的创新潜力,将原本以企业为单位的创新转移到以员工为核心的创新中来[35]。数字经济时代的到来,特别是数字化技术的应用,将员工、消费者、企业等多个主体链接到了一起。消费者与企业内部员工的有效链接,最大限度地实现了企业产品与消费者需求的直接对接,企业的产品创新能够更有针对性地直指消费者个性化需求[36,37]。在数字化的作用下实现员工的创新成为数字经济时代企业获得可持续创新发展最重要的力量。员工成为数字化技术的直接使用者,决定了企业数字化转型中对数字技术的使用效率,其自身的创新水平的提升也决定着企业创新问题解决的能力[38]。数字化转型使得员工与消费者之间及员工之间能够更加通畅的交流,显性知识和隐性知识的交流能够增加企业内部创新知识的产生和创新思维的形成[39]。因此,员工的自身的个体特征特别是员工的精神特征成为实现企业创新的重要影响因素之一。

企业数字化转型不仅实现了员工与消费者之间的顺利沟通,而且实现了员工的角色转变,使员工由以前企业的雇佣者成为企业的合作者或者拥有者。越来越多的学者开始强调员工个体企业家精神的培养对员工创造力的影响。在复杂多变的商业环境中,组织的工作内容变得动态化、多元化,员工持续不断的进取精神才能够应对工作任务的多样性,才能更好地激发创造力[40]。只有将企业家精神深深的融入每一个员工身上,才能有利于员工自主处理工作,同时创新意愿也会更加强烈。

1.2 研究问题

1.2.1 数字化转型背景下企业家精神的内涵与概念

企业家精神是一个不断发展的概念,其基本的内涵也是学者们一直关注的焦点[41]。德鲁克认为企业家精神的核心目的是实现系统性的创新，着重强调了行为影响而不是一种人格特质。在西方文献中，最早关于企业家精神的研究中提及企业家的洞察力和活力在经济活动中的重要性作用，这种描述的基本观点也是立足于企业家精神的工具理性，强调了企业家精神的功能意义[27]。从领导特质论的观点也表明领导者的某些特质是与生俱来的，后天的学习和努力对其影响甚微。从已有的研究成果中也可以看出，企业家精神被认为更多的是一种应对环境的响应行为，甚至有学者直接关注企业家精神的作用结果和价值属性，以商业中的获利和亏损来评判企业家精神。如果以系统的视角来审视企业家精神，企业家精神是融入商业活动中的一部分，其存在的意义和价值应该是对整个系统产生影响的，同时商业系统的发展也会决定着企业家精神的基本内涵。

　　企业数字化转型的巨大转变，是对原本企业家精神产生和作用环境的挑战。在传统的企业家精神内涵中包含了对帮助企业应对不确定性的基本要求，但是在传统的商业逻辑中，应对不确定性是由企业的发展战略和核心资源决定的，能够对企业战略和资源起到调配作用的往往是企业的高层领导者或高层领导团队[42]。如此而言，在传统的企业环境中企业家精神往往是集中在企业的领导者角色中的。在企业数字化转型中，企业的发展战略朝向数字化的方向发展，尽可能地保持企业发展战略的灵活性，甚至会跟随消费者的需求及时转变自身的发展逻辑。此外，数字化技术的影响对资源进行了重新定义，企业中原有的生产资料的资源属性在降低，对企业的发展而言，更重要的资源是消费者的需求信息，只有敏捷地生产出市场需要的产品才是企业创新发展的立足之本。在数字化技术的作用下，实现了消费者和企业内部员工团队之间的链接，消费者的需求不再是通过企业传达给员工，而是通过数字化的沟通工具直接与企业内部满足消费者需求的创新团队对接。员工与企业之间的关系更加强调了合作而不是雇佣，两者是利益共同体，员工以独立的合作者身份参与到企业的工作中，其也是作为企业家和创

业者的身份完成创新活动，满足消费者需求。企业数字化转型带来的
变化，对企业家精神最直接的影响是使得企业家精神由领导者向员工
扩散，由个体向整个集体传递。因此，企业家精神无论是在产生的角
色身份上，还是作用的层级上都发生了根本性的变化，本书欲探究企
业数字化转型背景下企业家精神的内涵发生了何种变化，以及新背景
下其概念内涵是什么？

1.2.2 数字化转型背景下企业家精神的涌现机理

数字化转型中企业家精神的产生与作用对象发生了变化，而变化背
后隐含的一个重要科学研究问题是数字化转型背景下企业家精神是如何
来的。尽管在实践界和理论界已经关注到企业家精神的变化，但是对其
基本的涌现机理还没有科学的论述。以往对企业家精神的解读是以企业
高层领导者为核心的，在该情境下企业家精神的形成要素包括了外部环
境的不确定性及企业家所处的文化背景等[42]。但是数字化转型背景下企
业家精神的产生主体、作用环境等都发生了根本性变化。从产生环境来
讲，数字化背景下的企业家精神所处的企业大环境和企业内部环境都发
生了巨大变化。数字化时代的到来，让企业所处的外部环境更加不确
定，充满了更多的挑战，需要面对的竞争压力更大，最直接的体现就是
在数字化作用下，要突破各种显性和隐性的边界壁垒，企业与市场、员
工与消费者直接对接、需求多元化与产品创新直接对接，这无疑加大了
企业所处环境的复杂性。从企业内部而言，企业内部环境为了适应外部
环境的变化，也在不断调整，最直接的体现就是减少企业的管理层级，
打破内部的部门边界，以消费者需求为导向建立灵活的组织单元。企业
内、外部环境的变化反映的是企业运营和管理逻辑的变化，新情境为企
业发展带来的逻辑变化是影响企业家精神产生和发挥作用的重要影响因
素。因此，本书欲在分析数字化背景和企业家精神概念的基础上，深入
挖掘数字化背景下企业家精神的涌现机理。

1.2.3 数字化转型背景下企业家精神如何影响企业持续创新能力

创新是企业的生存之本，企业持续创新能力的形成是企业实现可持续发展和获得竞争优势的重要支撑。在数字化转型背景下，企业逐渐打破了内、外部边界，使所有的参与单元置于同一系统之中，因此创新活动的完成需要调动企业所在整个系统的支持。在瞬息万变的市场环境下，简单强调企业创新是远远不够的，企业只有打破原有的发展逻辑，不断地突破制度、观念及认知等的封锁，才能够不断地提高自身的创新能力，从而获得持续创新能力，给自身发展提供源源不断的创新潜能。企业创新是一个系统性复杂的活动，其受到系统内各个关键要素的影响，特别是在数字化转型背景下，企业创新的系统性要求就更高了。企业家精神出现在整个企业系统之中，势必会对企业系统的各个层次起作用，例如企业家精神作为企业员工的基本属性，能够改变企业员工的态度、认知及行为，但是这种改变又是如何影响企业持续创新能力的呢？这就需要在数字化背景下，深刻探讨内部的基本原理，构建在个体层面企业家精神到企业持续创新能力的作用机制。在企业的组织管理层面，企业家精神是如何实现企业创新知识的传播和应用的？当员工也具有企业家精神时，那原有的领导者在其中起到什么作用呢？该问题也需要系统地阐述明了。在合作网络层，企业、合作企业和内部员工等的各个单元都是合作网络的一部分，只有实现整个合作网络系统的价值共创，才能够保证企业的持续创新，因此也需要探究明晰在合作网络层，企业家精神对企业持续创新能力的影响。综上所述，本书需要解决的一个核心关键问题是要探究在企业系统不同层面上，企业家精神是如何影响企业持续创新能力的。

1.3　研究目的与研究意义

1.3.1　研究目的

本书在对数字化背景的深刻解读、对企业家精神的相关研究进行梳理的基础上，运用价值共创理论、知识基础理论及社会认知理论，对数字化转型背景下企业家精神的相关议题进行研究，主要的研究目的如下：

首先，构建数字化转型背景下企业家精神的理论模型，并揭示企业家精神的理论内涵。之前企业家精神的研究大多聚焦在企业家这一特殊群体之中，但是随着企业数字化转型的发展，企业家精神实现了内涵的延伸逐渐出现在组织内部员工个体身上，本书利用扎根理论的方法构建数字化转型背景下企业家精神的理论模型，并试图揭示数字化转型背景下企业家精神的理论内涵。

其次，探究数字化转型背景下企业家精神的涌现机理。在利用扎根理论研究数字化转型背景下企业家精神概念内涵的基础上，本书结合典型案例对数字化转型背景下企业家精神的涌现机理做进一步的分析。只有全面地了解数字化转型背景下企业家精神的涌现机理才能够充分发挥数字化转型背景下企业家精神的实践作用。在作用机理的研究上，本书主要对其出现的外部环境与技术因素动因、内部个体发展与制度建设因素及内、外部因素对企业家精神涌现机理的整合影响进行分析。

再次，验证数字化转型背景下企业家精神对企业持续创新能力的作用机制。通过对企业运营的多个层面探究数字化转型背景下企业家精神通过何种途径影响企业持续创新能力，揭示了数字化转型背景下企业家精神在其中的作用过程。以往对企业家精神的研究只关注企业中某一领导或领导群体对企业发展的影响，本书在前人研究基础上，创新性地从多个层面进一步探究了在数字化转型背景下企业家精神对企业持续创新能力的纵深影响过程。

最后，从企业家精神的角度为企业数字化转型提出政策建议。在对数字化转型背景下企业家精神理论模型与内涵、作用机理及对企业持续创新能力影响的基础上，提出有利于企业数字化转型等实践应用的政策建议，希望能够为企业数字化转型提供理论指导上的帮助。

1.3.2 研究意义

（1）理论意义。

本书的理论意义主要有以下三个方面：

第一，深化与发展了企业家精神的理论内涵。数字化转型背景下企业家精神的概念内涵得到了进一步的发展，其不仅能够来源于企业内部的重要领导者，还逐渐向组织内部员工个体进行渗透。因此，本书利用扎根理论的方法继续深入探究数字化转型背景下企业家精神的概念内涵。这能够丰富企业家精神在组织内部的理论内涵。同时，数字化转型背景下企业家精神作为一种个体精神特质，其发展也能够丰富员工个体认知、特质等方面的研究。

第二，揭示了数字化转型背景下企业家精神的涌现机理。在之前的企业家精神的作用机理研究中，主要从企业层面、区域层面甚至国家层面进行研究，理论出发点也是从领导者个体或群体具备的精神特质出发研究的。但是数字化转型背景下企业家精神的概念内涵在数字化技术与运营逻辑的影响下逐渐向员工个体进行渗透，其涌现机理也会发生变化。因此，本书对丰富数字化转型背景下企业家精神的作用机理具有重要的理论意义。

第三，探究了数字化转型背景下企业家精神对企业创新的影响机制。企业家精神对企业创新的研究已经有较多的研究，但是在数字化背景下，简单地进行创新的研究似乎不能满足企业的发展需要，这是因为数字化情境下企业面临的生存环境更加复杂，生存的压力更大，只有保证企业在一个持续创新发展的过程之中，才能够实现稳定的生存和进一步的壮大发展。因此，本书从多个层次探究数字化转型背景下企业家精神对企业持续创新能力的影响，对企业创新机制构建等方面的研究具有重要的理论意义。

（2）实践意义。

本书的实践意义主要有以下三个方面：

首先，从合作网络的角度出发。数字化转型的企业在数字化解构的过程中，实现了企业组成单元的重构，同时也在数字化连接作用下实现了个体—组织—企业以及与企业运营相关单元的整合连接，在此过程中，要关注数字化转型背景在企业家精神所带来的整体影响，即从文化、制度及管理氛围等角度实现企业家精神的拓展，最终实现企业与利益相关者的价值共创。

其次，从组织整体的角度出发。在数字化转型企业中面临的严峻市场环境对企业持续创新能力的获取提出了更高的要求，因此要在企业内、外部关注知识的持续整合。企业要大力培养员工的企业家精神，以数字化转型下的企业家精神为基础构建从知识的获取、吸收、交流到知识整合与应用等闭环运营逻辑，保证企业创新活动中新知识的持续供应。

最后，从组织中个体的角度出发。大力培育组织成员的企业家精神，发挥企业家精神所带来的持续知识溢出效应，进一步提高企业的持续创新能力。在数字化转型企业中员工的自主性和创新潜力得到了更大程度的释放，但是个体员工的离散性，需要通过企业在整个组织内部建立的整体的企业家精神氛围得以缓解，这样既能以共同的创新目标为导向将员工整合起来，又不破坏员工自主性和创新潜力。

1.4 研究思路、内容与方法

1.4.1 研究思路

本书的主要研究思路如图 1 - 1 所示。

本书遵循问题导向，采用定性与定量相结合的研究方法从企业家精神的视角探索数字化转型背景下企业持续创新能力的实现路径。

首先，数字化转型背景下，从人人皆是创业者与企业创新的持续性等实践现象出发，通过对这些现象的描绘，锁定数字化转型背景下企业家精神实质变化的研究问题，并将其视为推动企业持续创新能力与社会经济发展的关键创新要素。通过对企业家精神相关理论、知识基础观、价值共创理论的梳理，以及对组织承诺、知识整合等数字化转型情境下的相关变量综述，构建出本书的理论框架。随后，研究采用扎根理论的研究方法，试图从定性材料中归纳出数字化转型背景下企业家精神的触发动因、内涵及外延影响，从而构建出数字化转型背景下的企业家精神的概念模型，并采用多案例研究的方式挖掘数字化转型背景下企业家精神的涌现机理。在此基础上，研究将结合文献综述内容，采用实证研究的方法对数字化转型背景下的企业家精神与企业持续创新能力的关系进行检验，主要围绕个体层、组织层和网络层全面探索企业家精神作用于企业持续创新能力的机制，最终得出本书的研究结论并阐释研究的不足之处。

1.4.2 章节内容安排

本书主要包括八章内容（如图 1 - 2 所示），具体章节内容安排如下：

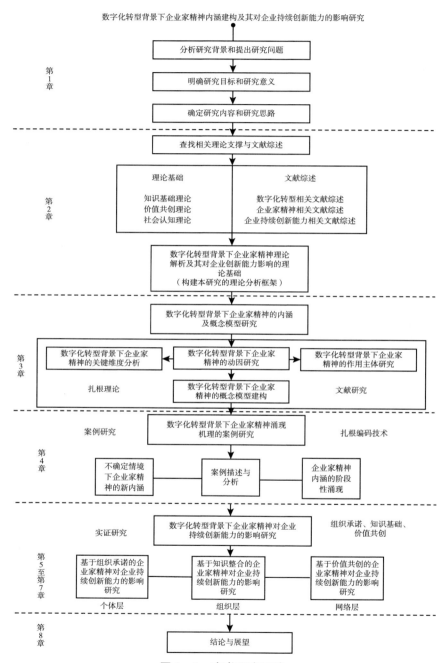

图1-1 本书研究思路

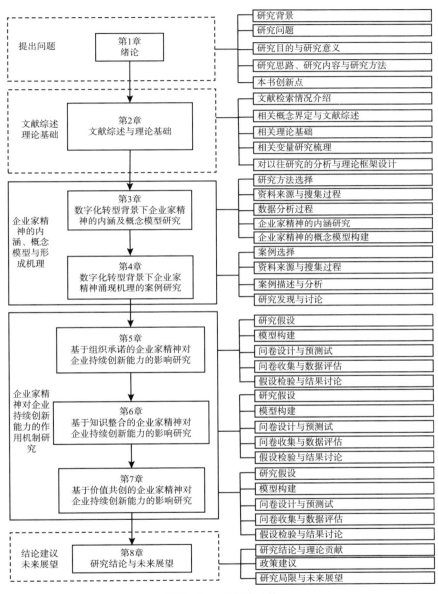

图 1 - 2 本书的结构

第 1 章，绪论。主要介绍本书的研究背景，提出研究问题，阐述本书的研究目的与研究意义。通过对本书研究内容、研究思路及运用的研究方法的研究，构造本书的主要研究框架。此外，还总结了本书的主要创新点。

第2章，文献综述与理论基础。首先，介绍了本书相关文献的检索情况；其次，界定本书涉及的主要概念，并进行了相应的文献综述，包括数字化转型、企业家精神及企业持续创新能力；再次，主要介绍本书所应用到的相关理论基础，包括对社会认知理论、知识基础理论及价值共创理论进行概述与介绍；接着，介绍了知识整合、知识共享氛围、共享型领导力、组织承诺、组织支持感及价值观匹配等相关变量的概念与研究进展；最后，本章对以往研究成果进行分析与总结，在研究背景与理论和文献分析的基础上，设计出本书的理论研究框架。

第3章，数字化转型背景下企业家精神的内涵及概念模型研究。分析数字化转型背景下企业家精神的理论内涵与关键特征。在这一部分主要通过扎根理论的方法，从以下三个方面入手：数字化转型背景下企业家精神的动因研究；数字化转型背景下企业家精神的关键特征分析研究；数字化转型背景下企业家精神的演化原理。在此基础上完成相关构念与已有文献的比较研究，并试图构建数字化转型背景下企业家精神的概念模型。

第4章，数字化转型背景下企业家精神涌现机理的案例研究。在"机会识别—机会把握—战略重构"的逻辑指导下，探究数字化转型背景下企业家精神的涌现机理。在这一部分主要通过案例研究的方法，从以下三个方面入手：首先，从机会识别—机会把握—战略重构三个方面分别对两家案例企业进行单独分析；其次，从机会识别—机会把握—战略重构三个方面对两家案例企业进行跨案例分析；最后，在上述基础上总结了不确定情境下企业家精神的新内涵和涌现机理。

第5章，基于组织承诺的企业家精神对企业持续创新能力影响的研究。从个体层面出发，探究数字化转型背景下企业家精神对企业持续创新能力的影响。基于组织承诺理论将情感承诺、持续承诺、人与组织价值观匹配及组织支持感等变量引入模型之中，探究个体层面数字化转型背景下企业家精神对企业持续创新能力的影响。

第6章，基于知识整合的企业家精神对企业持续创新能力的影响研究。从组织层面出发，探究数字化转型背景下企业家精神对企业持续创新能力的影响。基于资源基础理论将知识整合、知识分享氛围及共享型领导力等变量引入模型之中，探究组织层面数字化转型背景下企业家精神对企业持续创新能力的影响。

第7章，基于价值共创的企业家精神对企业持续创新能力的影响研究。从网络层面出发，探究数字化转型背景下企业家精神对企业持续创新能力的影响。基于价值共创理论将角色压力、价值共创等变量引入模型之中，探究网络层面数字化转型背景下企业家精神对企业持续创新能力的影响。

第8章，研究结论与未来展望。本章主要对本书的研究成果进行总结归纳；在此基础上提出对企业、组织发展的相关政策建议；提出本书的研究局限性及提出未来的主要研究方向。

1.4.3 研究方法

本书主要采取的研究方法包括文献研究法、扎根理论、案例研究、数理统计研究等。

文献研究法是开展基础性研究的前提，也是在管理学领域进行研究最基本和最重要的研究方法。本书主要用于对企业家精神及本书涉及的相关理论与变量的文献检索，并在此基础上进行研究与分析，构造了本书的研究理论框架。此外，其还用于企业家精神概念的构建。

扎根理论的研究方法是指研究者根据自身感兴趣的实践现象，通过收集和分析相关的文件资料，并对资料进行周密的思考和研究，从其中挖掘并建立全新理论的方法。本书主要用于对数字化转型背景下企业家精神的概念与关键特征的研究。通过对广泛收集到的资料进行扎根理论分析，经过文献对比分析及基于企业动态理论的理论分析，最终构造企业家精神的概念与识别其关键行为特征。

案例研究的研究方法是指通过典型案例的分析，把握案例对象的形成过程，背后的运作逻辑，实现理论创新的一种研究方法。本书主要用于数字化转型背景下企业家精神的作用机理研究。由于数字化转型背景下企业家精神的概念内涵与关键特征发生了变化，在这部分需要根据企业家精神的现实作用情景进行作用机理的理论建构，案例研究与此研究问题能够很好地匹配，因此在这一部分应用案例研究的方法实现对数字化转型背景下企业家精神的作用机理的研究。

数理统计研究主要是通过问卷等形式收集大量的实证数据，借助数理统计分析软件分析数据之间的关系，用于证明理论假设。本书主要用于对数字化转型背景下企业家精神在组织中作用的检验研究。本书从组织网络层—组织层—个体层三个层次采用实证研究方法探究数字化转型背景下企业家精神对企业持续创新能力的影响。

1.5 本书的主要创新点

本书的主要创新点有以下三个方面：

（1）利用文献分析与扎根理论的研究方法，探究数字化转型背景下企业家精神的内涵，并构建了概念模型。

企业的数字化转型不仅改变了企业内部的管理逻辑，而且使企业所在的整个商业逻辑得到了创新性变革。什么是数字化转型，企业又是如何利用数字化转型的，数字化转型之后企业的运营逻辑发生了哪些革命性的变化？这些问题都是数字化时代背景下，企业面临的重大发展问题。由于数字化转型是一个相对新的事物，无论是企业的实践者还是学术界的理论研究者，都还没有对其有一个清晰的界定，这虽然会阻碍企业的数字化转型之路，但同时也给予了企业更多数字化转型的可能机会。本书从文献和实践调研出发，利用历史比较分析法概括企业家精神的历史发展变迁，尽管数字化时代背景下，企业家精神的内涵产生了变化，但是企业家精神的发展历史及所处当时的制度安排也是对企业家精神内涵解析的重要参考。在过去的企业家精神的探究中，企业家的角色、行为、地位等都受到所处时代制度的影响[43]。在数字化时代下，企业的数字化转型形成了新的制度环境。那么要想了解数字化转型背景下企业家精神的概念内涵，就要了解数字化时代企业的新制度环境。在了解新制度的核心特征的基础上，再对企业家精神进行内涵解析和概念模型构建才能够更加贴近数字化转型背景下企业家精神的本质。为了构建企业数字化转型背景下企业家精神的概念内涵，本书一方面梳理了企业家精神的变迁，另一方面还通过实践调研运用扎根理论等方法识别数字化转型的本质内涵和关键特征。通过以上两者的结合概括数字化转型背景下企业家精神的驱动要素、概念内涵与外延，这也是本书的主要创新点之一。

（2）利用案例研究的方法，明晰数字化转型背景下企业家精神的涌现机理。

数字化时代的关键特征是影响企业家精神概念内涵变迁的重要因素。在对数字化转型背景的深刻解读基础上，选取典型的数字化转型的企业，以此为调研对象，探究在数字化转型背景下，企业家精神的涌现机理。正如前文所述，企业家精神受到企业所处时代情境和制度环境的影响较大，那么在数字化转型背景下，企业家精神在数字技术革命和数字化市场结构变革的影响下是如何发生演进的。针对以上问题，本书尝试从数字技术革命带来的影响出发展开研究，数字技术的革命是整个数字化时代制度的基础，包括对个体、群体和整个大环境的影响。数字技术带来的信息披露和信息处理能力，毫无疑问的会改变个体认知、群体功能和整体透明化的环境[44]。这种制度环境的变化势必会影响市场结构的变革，例如消费者对产品个性化的关注和需求，企业对大批量个性化消费者需求的满足，新型企业与传统企业之间的博弈等。数字化转型带来的整体制度环境变化及市场结构的变化对企业家精神的影响还未受到学者们的过多关注，但是这又是对企业家精神影响的重要因素，因此本书着力从数字化转型背景的核心特点出发，在了解数字化时代制度环境的基础上，探究数字化转型背景下企业家精神的涌现机理。

（3）利用实证研究方法，从企业家精神作用的不同层面出发构建企业家精神对企业持续创新能力的影响机制。

数字化转型背景下企业家精神对企业的影响体现在不同的方面，但是关系到企业发展最重要的一个方面是企业是否能够通过企业家精神的重构实现企业持续创新能力的提升。企业的数字化转型是为了实现企业整体运营逻辑的改变，在数字化转型过程中增加了与外部环境的交互[45]。外部环境的复杂性，使数字化转型背景下企业家精神对企业的影响是系统和全面的[46]。因此，本书从数字化转型对企业的作用层次出发，来探究企业家精神对企业持续创新能力的影响。例如，在员工个体层面，企业家精神是如何影响员工的认知、行为和态度等的，又会如何影响企业持续创新的能力；在企业层面，企业家精神是如何影响企业内外部创新所需要的知识、资源等的，这些知识和资源又是如何影响企业持续创新能力的；在合作网络层面，需要将数字化转型背景下企业整个系统的参与单元纳入分析过程，分析整个系统内企业家精神如何实现利益相关者之间的价值共创，最终实现企业持续创新能力的提升。因此，本书循序渐进地分析数字化转型、数字化转型背景下的企业家精神，在此基础上探究数字化转型背景下企业家精神对企业持续创新能力的影响，能够丰富数字化转型背景下企业家精神对企业创新的作用机制，同时能够为企业创新实践提供理论和实践政策上的指导。

第2章

文献综述与理论基础

2.1 文献检索情况概述

2.1.1 文献检索范围分级

本书的主要关键词是"企业家精神"，国内关于企业家精神的研究起步较晚，2010年后相关研究才开始突破200篇/年，并在此之后进入高速增长的阶段。由于企业家精神特有的概念属性，包括创新、冒险、责任承担等，早前的研究更偏向聚焦企业领导者的企业家精神，但是在组织扁平化变革的情境下，组织全员参与经营管理开始成为企业经营管理的新范式，企业员工本身具备的企业家精神也得到释放，因此企业家精神探讨的范围得到了进一步的拓展。鉴于此，本书在进行学术文献搜索时，采用主题搜索的方法，尽可能地将相关研究都纳入检索范围内，切实地贴近企业家精神研究的真实面貌。另外，由于工作量较大，本书主要通过对文章的摘要及前言部分的阅读来对相关的文献进行筛选。

本书主要使用的中文期刊数据库有中国学术期刊网（CNKI）、万方学术期刊数据库及维普全文数据库，以"企业家精神"为关键词进行检索。使用的英文数据库包括 EBSCO、Elsevier Science Direct Complete、Springer LINK 和 Emerald 等。另外，由于中英文文献在翻译过程中的差异，本书在英文文献数据库中对企业家精神的相关文献进行检索时，选择了"entrepreneurship"和"enterpreneurial spirit"进行关键词检索。另外，在对单个词组进行检索的基础上，本书还对这两个词组同时进行检索。由于搜索范围比较大，本书通过对检索论文的摘要部分进行研读，只保留了与本书相关的文献。

2.1.2　文献检索情况分析

本书将查找的文献情况总结如下：

在中国知网上以"企业家精神"为关键词进行检索，期刊来源选择"SCI 来源期刊、核心期刊、SSCI、CSCD"，检索到结果 4 326 篇。其中以企业家精神为主题的研究文献有 924 篇。

梳理关于企业家精神研究排名前十的研究主题如图 2 - 1 所示。图 2 - 1 显示，除企业家精神外，创业教育、创新教育、创新创业教育、企业管理、企业家、中华人民共和国、创业者、创业活动和实证研究是企业家精神研究相关性比较高的研究主题。即企业家精神常常被用于创新创业的研究，这为后续研究企业家精神对企业创新绩效影响时选择企业持续创新能力和价值共创作为结果变量奠定了基础。

2.1.3　学术趋势分析

利用中国知网数据库，本书对研究涉及的主要研究变量"企业家精神""组织承诺""知识整合""价值共创"进行学术趋势分析（检索期刊来源选择"SCI 来源期刊、核心期刊、SSCI、CSCD"），具体结果如图 2 - 2 至图 2 - 6 所示。

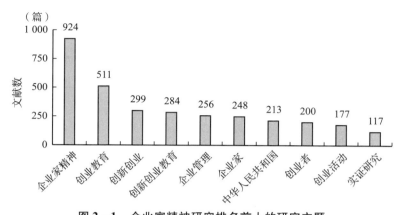

图 2 - 1 企业家精神研究排名前十的研究主题

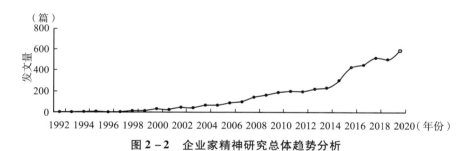

图 2 - 2 企业家精神研究总体趋势分析

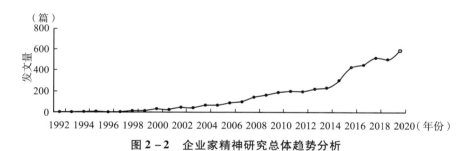

图 2 - 3 持续创新能力研究总体趋势分析

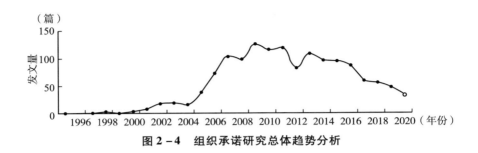

图 2 - 4   组织承诺研究总体趋势分析

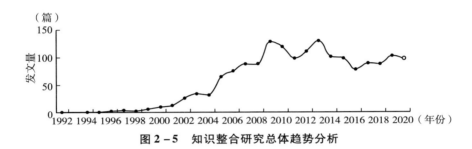

图 2 - 5   知识整合研究总体趋势分析

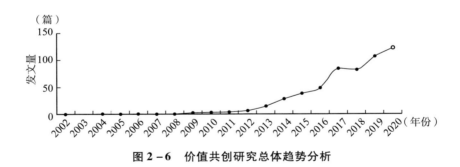

图 2 - 6   价值共创研究总体趋势分析

　　如图 2 - 2 至图 2 - 6 所示，企业家精神的研究近年来呈现明显的上升趋势，尤其在 2014 年，整体研究的增速明显，2019 年已接近 600 篇；持续创新能力的研究自 2002 年往后开始有一定的热度，并且直到 2014 年之间波动明显，最高峰值为 2010 年的 20 篇，最低为 2014 年的 4 篇；组织承诺的研究在 2004 年后开始受到相对广泛的关注，自 2013 年后，近年的研究热度呈现下降趋势，2019 年的发文量在 30 篇左右；关于知识整合的研究也在 2004 后开始呈现强劲的增长，在 2009 年达到 128 篇后，呈现轻微的上下浮动，但是基本能够保持在 100 篇上下；关于价值共创的研究在 2013 年后开始出现明显的上升趋势，2019 年达到 106 篇，并且依然呈现持续的上升趋势。

总体而言，本书选择的主要变量，除组织承诺外，其他的研究主题近年来都呈现上升趋势。换言之，企业家精神、持续创新能力、知识整合及价值共创近年来在国内研究都变得愈加火热。本书在数字化转型背景下探讨企业家精神的因素及作用机制和对企业持续创新能力和价值共创的研究具有坚实的理论基础和强烈的实践需要。

2.1.4 企业家精神相关研究的热点分析

本书采用共词网络分析技术对企业家精神的主题研究进行热点分析。在中国知网以"企业家精神"和"创新"为主题词进行文献检索，筛选出近十年发表在核心期刊上的文献，运用 Ucinet 6.0 软件进行关键词共现分析。

首先，设置共词网络分析的"Cut-off Value"值为 1，得到图 2 - 7 所示结果。

图 2 - 7 中研究热点除了企业家精神、企业绩效、组织学习、结构方程模型外，还有几个独立的研究热点，包括中国情境与影响因素、科技型中小企业与驱动因素、员工企业家精神与商业模式创新、制度逻辑与共益企业，这些独立研究点的出现也说明了在企业家精神主流研究以外的一些研究热点同样受到了部分研究学者的关注。但是由于关键词网络仍旧过于复杂而且不能很好地识别出更加聚焦的研究热点。因此本书进一步在共词网络分析中设置其"Cut-off Value"为 2，结果如图 2 - 8 所示。

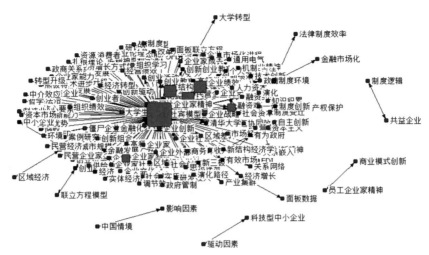

图 2 - 7　企业家精神研究热点分析 (Cut-off Value = 1)

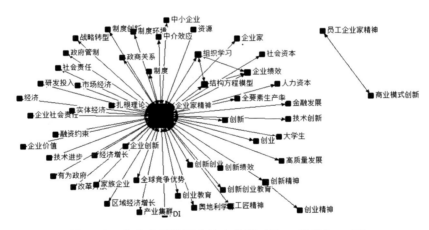

图 2 - 8　企业家精神研究热点分析 (Cut-off Value = 2)

　　图 2 - 8 中企业家精神相关的主题研究中，有两个较为热门的研究聚簇，一是基于企业家精神，运用结构方程模型探讨其对企业绩效的影响，并且在其中切入了组织学习的探讨，其他关联较大的战略转型、企业创新、创新创业、技术创新、企业价值等都是企业家精神研究中较为热门的话题；二是关注员工企业家精神与商业模式创新之间

的关系。

总而言之，在数字化转型背景下，探讨企业家精神的内涵及其对企业持续创新能力的影响机制具有重要的现实价值和理论意义。同时，将企业家精神剥离企业领导者身份，从全体员工（领导者企业家精神和员工企业家精神）的视角来开展企业家精神研究，符合当前企业数字化转型升级的主旋律，在全员参与经营的情境中谈论企业家精神的丰富内涵对于发展企业家精神的概念具有重要意义。

2.2 相关概念界定与文献综述

2.2.1 数字化转型相关文献综述

在数字经济提出以来，企业在数字技术的支撑下将商业活动数字化，这已经成为当今时代价值创造的主要方式。本书是在企业数字化转型背景下开展的研究工作，旨在发现企业数字化转型中企业是如何实现持续创新能力提升的。数字技术的不断发展，已经渗透到经济活动中的各个方面，同时在不断改变着整个产业、企业、部门甚至个体的创新方式和手段。在企业中数字技术的应用需要搭配与之匹配的组织结构才能够发挥出功效。当下进行数字化转型的企业，都在尝试建立新组织结构和管理模式，并开始将数字化创新作为企业价值创造和战略获取的基础[47,48]。在过去一段时间里，已经有学者对数字化转型、数字创新等主题展开研究，但是到目前为止还没有形成一套对数字化、数字化转型系统的理论认识，也缺乏对数字化、数字化转型和数字化创新的深刻解读。这是由于新技术的产生和应用，对在原有技术支撑和运营逻辑下的企业产生了革命性的变化，包括价值创造和获取的逻辑、参与价值创造单元的角色定位、企业管理模式和逻辑的设计等。

（1）数字化转型的概念内涵探析。

数字化转型已经发展成为跨越市场营销、信息系统、创新、战略和运营管理等多个学科的集成式概念。有学者概括出数字化转型的四大属性：目标实体，即受数字化转型影响的分析单位（Vial，2019）；范围，即在目标实体的属性内发生的变化的程度；手段，即在目标实体内创建变化所涉及的技术；预期结果，即数字化转型的结果，进而将数字化转型解构为"通过信息、计算、通信和连接性技术的组合，触发实体特性的重大变化，从而改进实体的过程"[49]。现有研究指出数字化转型并非单纯作为一种技术升级，而是一种由价值创造逻辑的改变所诱发的个体、组织和网络层面的增量式进化，这一过程需要组织经历从单一到复杂、从线性到非线性的转变[50]。管理者需要从数字资源、组织结构、数字增长策略和既定战略目标等多个维度权衡与现有经营模式间的冲突，进而实现数字化转型[51]。

数字化转型不是简单的在企业内部实现数字技术的应用，而是将数字化转型看作企业的一种战略选择，利用数字化的技术将企业的相关要素进行创新与变革，实现特定资源的利用和可持续竞争优势的获取[52]。IT技术或数字技术是数字化战略启用的先决条件，其表现出的链接性、可编程性、分布性和可访问性等特征赋予组织围绕特定需求转化数字机会的窗口，在数字技术的连接之下个体与网络之间的联系变得更加紧密。为适应外部环境的不断变化构建快速的响应能力，组织间需要借助数字化技术形成"去中心化"的合作网络。数字化转型的概念核心主要包括两个方面，一是利用数字化的边界、角色穿透力，将原有的组织结构和组织运行逻辑打破，并将数字化的运作思维融入组织的变革和发展之中；二是借助数字化的连接能力，在打破原有组织结构和角色、职位分工的基础上，实现跨越边界的多主体连接[50]。此外，与数字化转型相关的概念如表2-1所示。

表 2 - 1 数字化转型相关概念的比较

构念	定义内涵	主要区别
数字	表示数目的符号	数字是一种符号，是一种原始信息；数据是经过加工处理，富有价值与意义的信息
数据	进行各种统计、计算、科学研究或技术设计等所依据的数值	
数字化/数字化转换（Digitization）	将模拟数据转换为数字形式（0 和 1 表示的二进制代码）的过程或行为，也称为数字化使能	数字化是数据化的基础，数据化是数字化的影响 数据化这一概念建构的基础在于人类对世界认知的根本性改变，即从对单纯的现象或社会事件的观测转变为一切都是可以被量化的 从数字化与数据化可能产生的影响的角度而言，数字化更强调流程的标准化及在控制成本与效率上的表现。而数据化则更加强调利用数字技术对业务的改变
数据化/数字化升级（Digitalization）	数据化是指一种把事物和现象转变为可制表分析的量化形式的过程，本质是一种认知形态的改变。当意为数字化升级时则指对业务运营、功能、流程和活动的改变	
数字化转型（Digital Transformation）	数字化转型是指企业使用新的数字技术，如社交媒体、移动、分析和嵌入式设备，以实现持续重大业务改进，如增强客户体验、优化运营和创建新的商业模式	相较于数字化升级而言，数字化转型的实施范围更加广泛，具有持续性特点。简而言之，数字化升级导致了数字化业务，而数字化转型要求数字化业务与数字化转换的支持

（2）数字化转型的阶段分析。

数字化转型是在企业数字化战略指导下的一个系统性的创新活动，它是利用数字技术在整个企业内构建一个能够准确反映物理世界的数字虚拟世界，通过对业务流程的创新和再造，实现商业模式创新[51,53]。在数字化转型的过程中，首先需要的是将企业的商业活动转化为计算机可识别的数码符合[51,54]，这也是实现数字虚拟世界构建的基础。其次，企业将已建立的数字资源应用到现有业务流程的创新和改造之中，例如实现生产的敏捷，增加企业生产、销售及采购等各个模块之间的协调[55]。最后，企业在整个商业生态系统中实现数字化转型，即构建全新的商业模式，实现全流程和价值创造模式的彻底变革[56,57]。

29

根据维尔霍夫等（Verhoef et al.，2019）的观点，数字化转型包括三个阶段，即第一个阶段是数码化（Digitization）；第二个阶段是数字化（Digitalization）；第三个阶段是数字化转型（Digital Transformation）[51]。这三个阶段并不是连续的演化，而是前两个阶段会普遍存在于第三个阶段之中的。数码化是将客观的事物信息进行数字编码，以便于计算机能够存储和加工这些信息。数码化能够实现将企业原有业务向数字任务转变，在此过程中将 IT 技术与企业原有业务进行融合，利用 IT 技术开发和实现减低成本和增加收益的资源配置。从本质上讲，数码化只是企业原有业务的数字编码，并不改变原有的运作逻辑和价值创造方式，例如财务部分电子表格和财务软件的使用。数字化着重强调的是利用 IT 技术或者数字化的工具开发新的数字资源，并将该资源应用到企业新的业务流程创新之中。例如企业利用 IT 技术创建新的在线或移动通信渠道，使所有客户都能方便地与企业联系，并改变传统的企业—客户互动[58]。数字化与数码化的最大区别是，企业数字化的使用能够为企业带来新流程的改变，如果没有数字化的支撑，新的业务流程是无法实现的。企业数码化的使用是在不改变原有业务流程逻辑的基础上，将 IT 等技术和原有业务流程融合，为的也是实现原有业务的高效完成。此外，数字化更加关注企业与消费者之间的互动，并通过增加用户体验来实现用户价值的创造[55]。数字化转型涉及企业的各个层面和各个模块，它着重强调的是整个企业范围内的变化，最终实现整个企业商业模式的创新。企业通过数字化转型开发新的业务逻辑实现价值的创造和获取，其中包括的核心问题是如何向顾客传递和创造价值，企业又是如何在此基础上获利的。数字化转型和数字化的本质区别在于数字化转型不仅改变了整个企业的业务流程，而且使整个业务逻辑发生颠覆性的变化。例如数字化的目的是加深企业与消费者之间的互动，而数字化转型能够实现企业员工与消费者之间角色的突破，给消费者提供参与价值创造的机会，实现更深入的交互。同时，数字化转型能够进一步地突破企业边界带来的壁垒，能够利用数字化技术实现供应商、客户和竞争对手的跨境交互，最终形成

利益共同体和商业生态系统，共同实现价值创造[59]。数码化、数字化与
数字化转型之间的本质区别和联系如图 2 – 9 所示。

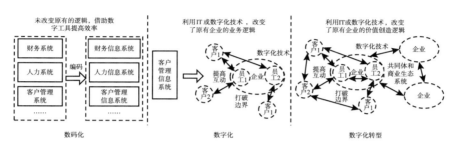

图 2 – 9　数码化、数字化与数字化转型之间的本质区别和联系

（3）数字化转型的价值创造逻辑。

企业数字化转型的目的是利用数字化技术重塑企业的价值创造逻
辑，实现企业的可持续创新发展。无论是企业数字化战略的制定还是数
字化技术的应用，都会对以往的价值创造模式产生冲击，改变原有的企
业发展和运营逻辑。企业数字化转型中企业从可利用的资源、组织结
构，以及利益相关者的互动方式、价值创造的过程等方面都发生了根本
性的变化。

数字资源成为企业数字化转型中的关键要素。企业在追求数字化转
型的过程中对如何创造和向客户提供价值的重新定义往往要求它识别、
获取和开发新的数字资产和能力。资源基础观认为企业的生存和发展需
要有资源的支持，数字化时代企业的生存发展同样需要数字资源。在维
尔霍夫等（Verhoef et al.，2019）的研究中将数字资源分为了数字资产、
数字敏捷性、数字网络能力及大数据分析能力。数字资产是指数据存
储、信息和通信基础设施及伴随的数字化技术等[51,60]。数字敏捷性是指
企业感知和抓住由数字技术产生的市场机遇的能力[61~63]。通过不断地
感知和抓住市场机会，数字敏捷性促进新产品、服务和商业模式的重组
和发展，从而提高为客户创造的价值[62,64~66]。数字网络能力是指企业通

过数字手段将不同用户聚集在一起并匹配他们共同需求的能力。企业可以允许其数字平台上的客户通过生成自己的内容、定制自己的产品来共同创造价值，并通过使用社交媒体技术成为品牌大使[67]，使客户成为产生竞争优势的宝贵资产[68]。企业可以选择、吸引、连接和参与到客户、供应商和第三方等组成的利益相关者网络中，这能够有力地刺激平台的价值创造和成长[69,70]，对于实现企业数字化和数字化转型至关重要。大数据分析能力是指企业在数字化转型阶段，获取和分析大数据用于决策的能力。企业应该拥有具备数据分析、数据管理、数据可视化和数据商业技能的大型数据团队[60]。

数字资源如何获取和发挥作用呢？就需要企业在完善的数字基础设施支撑的基础上，采取一定的组织制度安排，来实现数字资源的持续获取和带来价值创造。数字技术下构建的网络具有更强大的互联性，移动服务和社交网络正在改变企业与客户、员工、供应商或制造过程的互动方式，将互动转化为"连接和协调"，而不是"命令和控制"，同时使数字资产中的数字基础设施赋予了数字化转型企业组织结构自上向下的灵活性[71,72]。这种灵活性能够实现在企业内新服务和新能力的重新组合，能够更好地应对外部市场的动态性。企业数字化转型对企业组织结构的影响已经得到了大量学者和实践者的关注，企业也倾向于建立单独的业务单元、敏捷的组织形式和功能模块化的灵活结构。组织结构的改变和利益相关者之间互动模式的转变，使企业和消费者之间的关系也发生了变化，由原来的对立关系逐渐地相互接近，并形成共同价值创造的基础。

根据相关学者的观点，数字化带来的创新主要有三个方面（Yoo et al.，2012）：第一，企业数字化转型所形成的平台成为价值创造的中心。企业利用数字技术所带来的收敛性和生成性，通过创造平台而不是单一的产品来进行创新，使得平台及企业中的模块形成了一个生态系统。数字工具或数字组件在企业中的扩散使得公司不仅可以建立一个产品平台，而且还可以建立一个供整个企业使用的数字能力平台，以支持其不同的功能[50]。第二，数字化转型背景下企业的产品创新和流程创新的分布性越来越强。创新越来越多地走向组织的边缘，而且数字技术刺激的分布式创新增加了创新所需的异质性知识资源。尽管所有的创新都需要异质性知识资源的成功整合[73,74]，但是在数字技术的作用下提高了异质性资源的融合程度，同时也能满足对知识资源动态平衡和相互整合的需求。第三，越来越多的企业通过将现有模块与嵌入式数字功能相结合来创造新的产品或服务。无论是数字化平台还是分布式创新模式的形成，两者都反映了数字化转型背景下企业价值创造的逻辑是通过数字技术将更多的参与者联系起来的，在价值创造中发挥出不同的作用，并且形成了相互依赖的关系。通过关系的建立实现数字资源的联系和融合，突破了以往价值创造中生产者—消费者的二元结构[75,76]。同时数字技术的使用，使得参与价值创造的单元处于同一平台和商业生态系统之中，打破了传统的纵向价值链条，增加了相互之间的横向合作，有利于横向知识的溢出，为企业数字化转型中价值创造提供更多的知识资源支持，实现商业模式的创新[76]。

2.2.2　企业家精神相关文献综述

企业家精神始终是学术界关注的热点话题，目前已经广泛渗透于经济学、战略、营销、社会学和心理学等多个领域。从国内外研究的发展来看，学者对于企业家精神尚缺乏统一的定义，但是整体而言学界对于企业家精神的内涵与部分维度的构成基本形成稳定的框架，即企业家精神主要包含三个流派，分析的视角主要集中在特质论、行为论、能力论，整体的作用层次上它不局限于某一个体，而是广泛地存在于组织与社会环境当中，影响着企业乃至行业的创新发展。

（1）企业家精神相关理论流派。

企业家精神的理论探讨追溯到 18 世纪中期的政治经济学研究。在坎蒂隆（Cantillon，1755）的《商业性质概论》中，企业家精神体现为一种企业家自身的洞察与活力对推动经济增长的关键作用。他们对于企业家精神的定义是由独立行为人或组织内的个体、企业家执行的，目的是觉察和创造新机会并且在不确定的情况下将他们的创意通过地点（选择）、产品设计、资源使用、规则和收益方面的决策引入市场。企业家的活动与冒险行为受到社会环境的影响，结果导致经济增长和人类福祉的提升。时至今日，学者们对企业家精神的研究逐渐形成了三个流派：德国流派、新古典流派及奥地利流派。三个流派对企业家精神的理解是基于不同的理论基础的，因此强调的企业家精神内涵也是存在差异的。

德国流派强调的核心是创新。德国流派的出发点是基于理性行为，追求利润最大化，与均衡模型的分析体系一致。该学派认为创新精神是企业家精神的核心[77]，企业家只有具备了创新精神，才能够真正地促进企业发展。早在1934年，熊彼特就系统性地阐述了企业家精神的发展领域，进一步强调了企业家精神的创新性，在企业家精神的作用下企业能够推出更多种的生产组合方式，并创造性地提出了一个破坏均衡模型的经济发展理论。熊彼特认为，企业家是社会经济创新的主体，创新是企业家精神的灵魂。熊彼特定义的企业家精神有四种特质：一是企业家是一个理想主义者；二是企业家对胜利的热情渴望；三是创造的喜悦；四是坚强的意志。

新古典流派强调的核心是风险承担和冒险精神。奈特（Knight，1921）认为企业家精神是企业家在不确定性市场环境下的主观能动性，是企业家在追求利益最大化过程中表现出来的敢于冒险、勇于承担风险、诚信敬业的优秀素质[78]。奈特（Knight，1921）同时基于不确定性环境下企业家的作用把企业家定义为决策者[78]。米塞斯（Mises，2008）认为企业家应该具有促进者的角色，其要比普通员工具有更强的创造力和冒险精神，通过不断地调整生产来应对市场的变动，以此来获得最大的利润[78]。

奥地利流派强调的核心是市场机会的识别与开发。柯兹纳（Kirzner，

1978）认为企业家应该是一个机会发现者[79]。在他的研究中认为企业家应该具备敏锐地发现企业利润机会的能力特质，在发现机会之后能够及时地转化为行动，在其他人还没有察觉到机会到来的时候，实现企业利润的获取，同时这种能力能够实现市场的均衡状态。德鲁克（Drucker，1985）的研究也强调了企业家的创新对企业发展的重要作用，企业家精神作为一种行动，能够帮助企业在多变的环境中寻找变化、应对变化和充分利用变化带来的机会[32]。

相较于国外学者，国内企业家精神的研究起步相对较晚，但是却从中西方文化差异因素的提炼中丰富了企业家精神内涵与维度的探讨。我国学者张玉利（2004）认为，企业家精神的本质是在不确定的环境中探寻机会和创新，在于打破现状，寻求发展[80]。辛杰（2014）研究认为新时代的企业家精神应符合时代发展的要求，包含冒风险、创新、主动竞争的姿态、合作意识和济世精神五个维度[81]。贾定良和周三多（2006）借用德国古典哲学"精神"概念的结构，定义企业家精神由知识素养、创新能力和指向未来三个要素构成[82]。孙黎、朱蓉和张玉利（2019）基于制度逻辑的视角，提出企业家精神中"知"与"行"的一体两面，它可以体现在"兼济天下"和"利者，义之和"中，成为时代精神的创建者和守望者[83]。

（2）传统的企业家精神相关理论。

企业家精神是一个涉及多学科的系统概念，学者们也从不同的角度对其进行了深度解读，实现了从不同视角对企业家精神的深刻认识，通过文献的检索，发现对企业家精神的解读主要集中在特质论、行为论和能力论。

企业家精神的特质论认为企业家精神是创业者或企业家具有的一种或多种的精神特质。在一项有关五大人格和创业活动的研究中，发现创业者的任何特质能够影响创业活动。成就需求高的创业者或者企业家更加渴望成功，愿意设定一些具有挑战性的目标，并在追求目标过程中主动地迎接挑战和解决问题，一般的研究结论也证明了成就需求对企业成

长的积极作用。风险偏好主要是指个体是否愿意冒险和是否愿意从事有
风险活动和承担风险的意愿。有研究表明具有较强风险偏好的企业家和
创业者更加能够在不确定性的环境中把握机会，实现创新发展。企业家
和创业者的心理控制源也是影响企业创新发展的重要因素，心理控制源
主要是指企业家或创业者对某件事发展是否在自己控制范围内的自我判
断。内控的企业家和创业者具有较高的风险偏好，对机会的把握也更加
主动和积极。此外，还有不少学者从特质论的角度对企业家精神的维度
和内涵进行了划分。例如，赵宜萱等（2017）认为，企业家精神是创新
精神、工匠精神和奉献精神[84]。约翰逊（Johnson，2018）等研究认为，
企业家精神是企业家或创业者个体表现出来的雄心壮志和积极情感的特
质[85]。李政（2019）认为，企业家精神是指创新精神、奉献精神、工
匠精神、创业精神、担当精神和诚信精神[86]。

　　企业家精神的行为论认为其是一种行为导向，是企业家在选择企业
发展战略时的一种倾向，例如包含了企业发展新业务、组织变革与转型
等[32]。米勒（Miller，1983）认为企业家精神包括三个方面：创新精
神、冒险精神和超前行动[87]，这三个方面不是独立存在的，而是相互影
响和相互作用的，具有创新精神和冒险精神的超前行动才能够体现出企
业家精神的作用。在后续的研究中，有学者进一步丰富了企业家精神的
内涵，将企业家精神看作是一个企业层面的概念，并将自主性和竞争进
取性纳入了企业家精神的概念之中（Lumpkin & Dess，1996）[88]。自主
性主要是指企业中的个体或群体能够自主地去采取行动、设定愿景等，
竞争进取性是指主动地采取行动展开与竞争对手进行博弈，主动的进入
新的市场和改变市场的结构[88]。在个体企业家层面之中，学者们也展开
了研究，在创新精神、冒险精神和超前行动的基础上，又加入了共创性
的内容。共创性主要是指整合创业网络中的资源、机会、合作伙伴来进
行创业，实现收益共享和风险共担。

　　企业家精神的能力论认为其是个体在采取创新行动时所具备的能
力。在以往学者的研究中将这种能力主要概括为机会识别与价值创造的

能力、创新能力、风险承担能力和超前能力等。机会识别和价值创造的能力主要是指企业内的企业家和企业家为核心的团队能够依托现有的组织资源，识别市场上的机会，最终实现价值产出[24]。企业家精神的特质论强调了企业家的个体特质偏好，而企业家精神的能力论强调的是企业家精神能够帮助企业建立有助于创新行动的支撑机制，使得企业能够有能力去建立优势和寻求机会。

总体而言，企业家精神被学者广泛地解读为一种能力、心理特征、生产要素的组合、资源配置的方式和行为过程，但是其本质却更多地体现为一种具备社会属性的精神特质，是企业最宝贵的无形资产。通过对现有文献的梳理，研究还发现企业家精神的作用层次与范围从最初的关注宏观层面企业家精神的经济效应延伸至微观视角下企业家精神对企业创新行为与战略转型的影响，同时对企业家精神的剖析也从最初个体层面拓展至更加广泛的组织与社会层面。例如，时鹏程等（2006）研究认为，企业家精神涵盖个人层次、企业层次和社会层次，随着企业不断壮大，企业家精神从个人层次向社会层次稳步推进[89]。俞仁智等（2015）从组织层面探索了企业家精神对于产品创新绩效的影响[33]。随着企业所处生存环境的不断变化，环境动荡性对企业家精神的影响作用正在显现，企业家精神作为企业持续创新主要来源的判断已经受到国内外学者的一致认同[22,24,32]。企业作为孕育企业家精神的摇篮，其战略、结构和文化的改变都将会对企业家精神的形成与作用原理产生巨大的冲击。在战略柔性化、组织扁平化、雇佣关系协作化和文化价值观开放化的背景下，员工企业家精神、团队企业家精神等成为新时代企业持续创新发展的动力来源[90]。

（3）数字化转型背景下企业家精神相关理论。

数字化转型已经成为企业家活动的核心，它涉及企业价值创造逻辑的根本性转换[91]。众多企业将数字化视为战略变革的首要议程，在新兴技术范式驱动下，网络组织与平台组织加速了组织对员工管理模式的转型，组织与员工、外部利益相关方之间的距离进一步缩小，组织内平台创业、创客成为驱动组织创新迭代的重要方式。员工创客化、平台内创业、人单合一、员工企业家等符合网络平台组织模式的员工行为特质开始显现，这意味着企业比任何时候都更加依赖于跨边界的知识创造活动与客户为中心的服务共创网络。新时代情景下组织成员的个性化与创新创业意识得到前所未有的强化，其创新精神与创新行为得到进一步重视，成为驱动组织内外部资源交互的重要机制，企业家精神正不断融入组织内外部的环境当中并演变成一种广泛存在于网络生态中的精神特质[92]。具体而言（如图 2-10 所示），数字化转型背景下企业家精神发生演化的触发性因素主要体现在以下三个方面：第一，消费者需求升级的影响，需求表现出多样化与个性化特征，消费者的倾向更加强烈，企业家精神作为一种精神特质，体现出更多的跨边界属性，传统企业家精神的合作精神已经被广泛提及，但是合作精神的本质主要是从合作关系、合作风险及经济效益的共赢角度进行建构，更加强调企业外部利益相关者之间通过企业家精神的作用达成合作意向来共同创造价值，然而

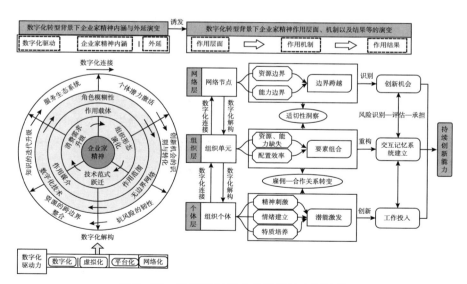

图 2-10 数字化时代企业家精神内涵演化

数字化时代合作的概念体现地更为广泛[93]。第二，组织结构的灵活性为内部企业家精神的培育提供基础，正式与非正式组织结构的协调配合赋予了企业家精神冲破内部边界与部门间冲突的特征，从而使得组织资源的配置效率得到进一步提升[94]。第三，数字化情境下，数字技术的链接性使企业家精神成为组织间合作网络连接的隐性资源纽带，借助数字化平台企业家精神主体能够更加广泛地整合分布在社会中的闲置资源[95]。

从企业家精神的外延性影响出发，首先员工主动秉承企业家精神意味着具有更加强烈的创新意愿与创新能动性，这在一定程度上有利于个体潜能的激活，从而使得不同的员工通过共同凝聚力来提升工作的投入程度，因为在数字创业的背景下他们的成功往往取决于自身的工作投入[96,97]；其次，企业家精神加强了跨部门协作，这一方面源自企业家精神内涵的创新与合作精神的构成要素，另一方面则得益于数字化情境下，企业部门、架构的去中心化调整，因此组织能够在企业家精神的助推作用下通过更加广泛的跨部门产品协作（如跨部门研发、敏捷产品设计等）来实现知识系统的交互式迭代[98]；最后，网络层面的企业家精神体现为数字化转型背景下的"三权下放"，员工成为市场决策的主导者，企业家精神能够使得员工具备管理者所强调的洞察与识别机会的基本能力，员工并非是决策者，而是通过发挥企业家精神来沉浸在市场环境中，时刻捕捉可能有助于带来组织利益和价值创造的隐匿机会[99]。

2.2.3　企业持续创新能力相关文献综述

持续创新能力是指企业在一个相当长的时期内，持续不断地推出和实施符合经济、社会、生态环境可持续发展要求的创新项目，并持续不断地实现商业化，获得经济效益的能力，是企业实现持续创新的根本保障。国外学术界区分持续创新能力与可持续创新能力的概念，可持续创新能力大多与绿色创新相结合，是在持续创新的基础上加入可持续发展的理念。

目前国内外学者主要关注持续创新能力的内涵与概念界定、持续创新能力的动力机制及持续创新能力的测度。关于持续创新能力的界定，学者们尚未达成一致性意见。综合来看，主要包括三种观点：一是将持续创新等同于创新持续性，从创新过程连续性角度对持续创新能力加以界定，通常使用 probit 或 logit 计量模型判断持续创新的存在[100]；二是从战略的角度出发，认为持续创新能力是战略灵活性和运作有效性的结合，是渐进性改进和突破性创新的持续互动[101]；三是综合考虑创新过程和创新结果，向刚和汪应洛（2004）对企业持续创新能力的界定中强调企业的持续创新要求企业内部协调发展，它是一个具有很强的系统性、综合性和整体性的连续过程[102]。持续创新能力是企业在相对较长的时期内，持续推出并实施新的创新项目（含产品、工艺、市场、组织、管理和制度等方面的创新项目），不断获取经济效益的过程[103]。

根据熊彼特对创新的定义：创新是对生产要素的重新组合，包括产品创新、市场创新、组织创新等多种形式。从创新的幅度和使用的技术类型来看，创新可以分为渐进性创新和突破性创新，其中渐进性创新是指使用持久性技术对现有产品或服务进行改良，而突破性创新是指使用突破性技术对现有产品或服务进行重大变革[104,105]。企业持续创新过程是一个多种创新类型、多种创新项目的集群动态系统集成的非线性复杂过程。因此，企业持续创新过程中面临的创新风险要比单纯技术创新风险更大、更复杂。对这些持续创新风险因素，特别是重大风险若不及时进行识别和管理，足以导致企业持续创新过程的终止。在数字化转型背景下，企业持续创新能力成为转型的重要驱动力，企业需要持续关注客户需求的潜在变化，一切强调"唯快不破"的改变，从而不断重构自身能力基础设施快速精准的响应活动[106]。

熊彼特在提出创新理论时指出，创新动力来源于对超额利润的追求和企业家精神。后续学者主要从技术创新的角度开展企业持续创新能力动力来源的研究，代表性的成果包括技术推动论、市场拉动论技术、市场双重驱动论、政府启动论及企业家创新偏好论等。向刚〔2004〕认为，从技术角度出发的动力模型忽视了创新的基本目标和两个最根本的现代特性，即以获取潜在利润的基本目标，以及人本特性和系统特性[102]。他认为企业持续创新动力内源论，即企业持续创新的根本动力来源于企业内部，而外部的动力因素与其说是动力，倒不如说是机遇。因此，企业持续创新能力被解读为机遇捕捉能力、新组合实施能力及持续创新效益实现能力[107]。企业持续创新动力与技术创新动力相比较而言，持续创新需要的动力更持久、更强大，这是由持续创新的本质所决定的。企业持续创新的过程是不断推出符合经济、社会、生态环境可持续发展要求的创新项目并且商业化的过程，意味着企业不但需要考虑眼前的利益，更需要考虑长远的发展，可持续发展的要求赋予了企业推出的创新项目比单纯的技术创新项目更高的要求。因此，持续创新相比单纯的技术创新需要更强大、更持久的企业持续创新动力才能实现。从过程来看，企业持续创新能力来源于对知识的吸收与内化，波尔（Boer，2006）将持续创新能力的定义修正为对开发和开创完美的结合的能力，既能提高企业的运行效率又具有灵活的战略，是企业渐进性改进与学习、突破性创新的有效、持续的相互作用与结合[101]。巴迪和谢里夫（Badii & Sharif，2003）提出对知识提炼和知识整合给企业内部的创新潜能最大化和持续性成功提出了挑战[108]。知识是一个组织持续创新和获取竞争优势的重要资源，通过合作充分利用外部知识已成为很多企业的普遍选择[109]。宋志红等（2010）以知识的隐含性、分散性和知识价值作为知识共享的影响因素考察了知识共享对企业创新能力的显著性影响[110]。从创新主体的角度而言，组织员工之所以有愿望进行持续创新，一是在企业获得超额利润的同时，个人也可以分享由持续创新带来的超额利润，二是作为持续创新的灵魂人物—企业家之所以愿意进行持续创新，除了分享持续创新带来的超额利润外，更重要的是熊彼特所说的企业家精神。向刚和汪应洛（2004）指出企业持续创新的根本动力来源于组织内部的企业家持续创新意识、企业家持续创新精神、企业家及员工持续创新的物质利益驱动、企业持续创新文化和企业团队精神的相互作用和相互联系的内部动力要素[102]。然而事实上，随着企业家精神与环境动态交互而发生的本质上的概念扩展，企业持续创新的动力来源可能会由于网络边界的模糊性而向外延伸，诸如用户创新、用户创业等相关研究已经被证实将企业持续创新的动力来源逐渐归因于外部合作者的共创网络，以企业家精神的改变为契机的持续创新能力动力来源的研究将成为指引开放性环境下企业生存发展的根本。

关于企业持续创新能力的构成，国内学者形成了丰富的研究基础，王文亮用企业战略创新能力、企业组织创新能力、企业创新激励能力、企业市场营销创新能力、企业技术创新能力、企业知识创新能力六个二级指标对企业持续创新能力进行度量。郑勤朴用投入能力、生产能力、营销能力、财务能力、创新潜力、产出能力、制度因素七个一级指标对企业持续创新能力进行度量。刘海芳用战略创新能力、组织创新能力、创新激励能力、市场营销创新能力、技术创新能力、知识创新能力对企业持续创新能力进行度量。宋志红等（2010）引入"两两比较"的概念强调持续创新的基本条件[110]。现有的研究中可以看出，一方面在对企业创新能力的实际研究中，由于技术创新在企业中的核心地位和重要作用，人们常常将企业创新能力与技术创新能力等同起来。在考察企业创新能力时，虽然也包含有反映管理创新能力、制度创新能力等创新能力的部分内涵，但是实际上侧重的却是技术创新能力，以至于技术创新能力几乎成了企业创新能力的同义语；另一方面，虽然许多学者已经注意到持续创新在企业持续发展中的重要作用，对企业持续创新能力的研究正在受到一些学者的关注，但是对企业持续创新能力的评价指标忽视了持续创新的本质特点—时间持续性与效益持续增长。企业持续创新能力是一种总体能力，是由各种创新能力构成的一个系统。在这个系统里，各种创新能力相互作用，共同推动企业的持续发展。因此，片面强调某一种创新能力，而忽视对创新能力的集成分析不仅难以反映企业创新能力的总体状况，而且难以达到提高企业整体创新能力的目的。许多技术创新项目没有实现预期效益，主要不在于技术因素，而源于企业的战略、文化、组织结构、制度、人力资源管理等非技术因素。由此可见，只具备单一的技术创新能力并不足以支撑企业的持续发展，也不足以支撑企业进行持续创新。只有具备强大的企业持续创新能力才能使企业不断发展，只有持续创新才是企业经济效益持续增长的可靠源泉和企业持续发展的强大保障。

数字化转型背景下组织的边界变得愈发模糊，无论是管理者还是员工都能够以创业者的身份在社会网络中建立广泛的联系，这不仅体现在联系的广度，还加固了连接的强度，企业家精神从原本隶属于企业家层面的一种精神特质成为一种泛化的存在。因此，企业家精神的边界、作用载体和作用机制均发生了本质变化，这些对传统企业家精神的内涵产生冲击，从而也可能引发企业持续创新能力实现机制的改变。因此，本书的关键在于探索数字化转型背景下企业家精神作为一种独特的生产要素对持续创新能力的影响机制，过程中结合企业家精神本质的变化，从个体、组织和网络层面进行深入探索，研究分别从社会认同理论、知识基础观及价值共创理论作为中介因素分别挖掘企业家精神对持续创新能力的影响。

2.3 相关理论基础

2.3.1 社会认知理论

（1）传统的社会认知理论。

社会认知理论认为人类的活动是由个体行为、个体认知等特征及个体所处的环境交互影响决定的。在社会认知理论发展的过程中，学者们对人们的行为、认知和环境之间关系做了系统的梳理[111]。例如，社会认知理论和行为主义视角的不同在于两者对环境和行为之间关系的看法存在差异，行为主义视角下人类的行为是被动发生的，而社会认知理论认为人是具有主观能动性的，个体行为和个体所处的环境是相互影响的，人的行为既受到外部环境的影响，也会影响着外部环境。在后续的理论研究中班杜拉（Bandura）将个体心理和认知也加入人类活动的分析框架之中。

根据社会认知理论，个体在其所处的环境中是具有主观能动性的，这种能动性主要表现在四个方面：第一方面是意向性，主要是指人们对未来的活动有主动的承诺；第二个方面是前瞻性，人们会在做出具体行为之前思考行为之后可能到来的结果；第三个方面是自我反应，人们会谨慎地选择自己的行为，在行为实施过程中加以控制，并不断地进行自我激励和自我调整；第四个方面是自我反思，个体在进行完某一项活动时，会重新审视自己的行为和认知能力[112]。同时，社会认知理论认为，通过对其他个体行为的观察可以实现自身的间接学习。这种学习的过程包括了四个方面：第一个方面是注意，注意主要是指个体能够准确地识别学习的行为，并能够从要学习的行为中提炼出关键信息；第二个方面是留存，留存主要是指能够对要学习的知识加以记忆、存储和自我练习；第三个方面是复现，复现主要是指在学习了知识和行为之后，通过对知识的应用和行为的实施所获取的反馈；第四个方面是动机，动机主要是指对新习得行为和知识的激励，包括外部激励、自我激励等一系列的激励方式和措施[111]。

社会认知理论中强调了自我效能感对个体工作生活的重要作用，一个高自我效能感的个体会更愿意搜寻和掌握新的知识和技能，而自我效能感低的个体会将自己的注意力聚焦到正在发生的事情上，更倾向于规避风险和事后控制。高自我效能感的个体可以在自我发展、自我适应和自我更新过程中扮演一个积极变革者的角色[113]。个体在自我发展、自我适应和自我更新过程中会借用资源、专业技能和影响力等，来实现自身行为的实现，与此同时个体还会关注集体目标，有意愿和其他人一起完成组织集体目标。

（2）数字化转型背景下社会认知理论。

社会认知理论通常被用作探讨知识管理领域中个体和群体间知识交流和分享的内在机理。在数字化转型背景下，个体主动地去探寻企业发展所需要的知识关乎于企业的可持续创新发展。顾客作为企业的利益相关者与员工建立关系能够实现资源和知识的交流，也有利于企业和利益相关者对任务的认知理解、信任的建立及保持各主体在角色、能力和动机上的一致性，从而提高创新绩效[114,115]。企业内与市场接触的那部分员工更容易识别新的市场机会，通过转换产品和服务的营销和促销渠道及重建客户关系管理逻辑，实现企业的商业模式创新[116]。

在数字化转型背景下，学者们就社会认知理论对知识共享和交流的影响展开了研究。许等（Hsu et al.，2007）研究虚拟社区中知识共享行为的支持和阻碍因素，利用社会认知理论构建了包括共享自我效能感、个体和社区成果期望及信任等对虚拟社区知识共享行为的影响[117]。常等（Chang et al.，2013）研究了信息系统开发团队知识共享的影响因素，从社会认识理论出发，发现团队内关系承诺、关系规范及团队内部专业知识等都会影响团队内知识共享[118]。董等（Dong et al.，2016）从社会认知理论的视角出发，研究了知识管理信息系统对知识共享意愿的影响，研究发现个体认知在知识管理系统的用户满意度和知识共享的意图之间起到中介作用[119]。林和常（Lin & Chang，2018）从社会认知视角研究了社交媒体中健康信息交流的影响因素，研究发现环境层面的人际互动及个体间的信息互动会对个体认知产生积极的影响，进而影响健康信息的交流[120]。

2.3.2 知识基础观

（1）传统的知识基础观。

知识基础观的思想形成于 20 世纪 80 ~ 90 年代，其中较为经典的是

1996 年格兰特（Grant）对知识基础观的系统阐述。格兰特（Grant，1996）认为企业是一个学习型组织，其作为一个有机体会不断地识别、获取、存储、加工、检索和使用知识，而这些知识能够支撑企业获得竞争优势和实现可持续价值创造[121]。传统的知识基础观有以下的主要内容：第一，企业的组织结构的设计和保持稳定是和企业知识管理相匹配的。与其他的组织结构相比，当下的组织结构是最有利于企业知识管理的。该观点也被认为是知识基础观的核心思想。组织作为一个社会实体，其内部知识的识别、存储和运用，会关系到整个组织的生存和发展。组织结构的设计与企业内部员工之间的相互学习、知识的整合和协调等都是息息相关的。第二，知识基础观对知识进行了划分，认为知识是可以分为显性知识和隐性知识的。显性知识主要是指那些能写下来、编码和解释并能被企业内或企业外的任何人理解的知识，而隐性知识则指不能简单地书写和记录下来的知识，并且该部分知识多是行动者和具体环境和组织氛围互动形成的[111]。隐性知识是企业核心能力的来源[121,122]，一般而言是难以捕捉和识别的，即使了解到隐性知识的获取路径，模仿和复制也会产生巨大的代价。获取隐性知识最好的方式就是通过对专业人士的观察和在实践中摸索总结经验而习得[121]。第三，从知识基础观的作用结果上看，那些能够从企业内外部整合、应用新知识的企业，会取得更高的绩效水平。该理论下，认为企业是一个异质性的知识承载实体。这也能够解释组织结构对企业发展影响的差异，组织是企业存储和应用知识的直接载体，不同企业对知识的存储和应用效率是存在差异的，有利于企业知识创造的组织结构势必会给企业带来竞争优势。第四，知识在企业内部的存在形式，包括了一般知识、技术、经验等。一般知识是指这些知识的组成能够被组织内的每个成员所熟知。一般知识包括组织内部的语言、交流的符号、共同的专业知识、组织内部共享的故事及一部分员工达成共识的判断等。技术也是企业内部知识存在的重要载体，是知识的应用形态。经验是企业内外部运作所形成的非文字性的知识内容，每个企业都会形成自身的经验，这些经验也会关乎企业的生存和发展。

在知识基础观的应用上，该理论假定的是知识的创造并不是由整个组织参与完成的，而是依赖于组织内部的单个个体。对实践者而言，对知识基础观应用的最大难题是如何协调和整合组织内部不同个体间所拥有的知识。格兰特（Grant，1996）提出了四种能够实现个体知识整合的机制：设定规则和指令，在组织内部设计员工个体知识整合的程序，制订出知识整合的计划，实施相关的政策和活动等；开发时间表，从时间上做出最有利于组织内部个体知识整合的序列；形成一定的组织惯例，培养员工之间亲密合作的组织文化，让组织内部的知识整合成为员工的自发行为；群体问题共同参与讨论和决策，充分赋能每一个个体积极参与组织的问题解决，参与组织决策，在此过程中实现知识整合[121]。

（2）数字化转型背景下知识基础观。

在数字化时代，更加强调了知识基础观中隐性知识对企业创新发展的重要作用。但是数字化时代下的企业与以往传统企业的生存环境是不同的，如何在数字化背景下获取更多有利于企业创新发展的隐性知识是企业面临的一大难题。现有研究的一种观点是知识的创造是适于社会化的，在这种社会化中隐性知识是通过个体彼此之间及与环境的相互作用而积累的[123]。随着企业开放式创新的程度不断增强，企业边界逐渐被打破，员工能够接触到大量的市场信息，有机会与顾客进行正式、非正式的交流，建立社会关系[124]。由于一线员工与市场环境的交互更加密切，因此隐性知识更多会出现在一线员工之中，而不是高层管理者中。然而一线员工创造的隐性知识并不能与组织发展所需要的知识直接匹配，毕竟一线员工的隐性知识是基于环境的不确定性和复杂性创造的，这部分知识具有主观性、特殊性和多样性的特点[123]。但是企业不只是一个根据外部环境信息来做出集体决策的实体[125]，更重要的是将个体知识与组织知识辩证地整合起来[126]。员工人际互动形成的关系网络在隐性知识创造过程中扮演着关键角色（提供场所、反映矛盾和动机、传递价值观等），同时也是连接员工主观知识和企业创新之间的关键纽带[123]。

数字化时代下，无论是服务业企业还是制造业企业都强调了对客户的服务，在服务交付的过程中企业内部员工与企业外部顾客产生密切接触[127]。特别是互联网技术的应用，企业更加关注对顾客需求的个性化满足，顾客以"兼职员工"的角色参与到企业产品和服务的生产中[128]。在顾客与员工以正式或非正式交流的方式进行产品或服务的反馈时，加深了两者之间的社会互动和隐性知识的交流。由于顾客的流动性及针对单个顾客提供产品或服务的周期性使得员工和顾客的社会互动具有相对短暂且不稳定的特点。但是从整体过程视角来看，顾客的流动性能够实现员工—顾客关系的持续更新，即在已建立的员工—顾客关系解除的同时，新的员工—顾客关系也在建立[129]。因此，员工—顾客关系会一直存在于组织情境之中，并多是以弱关系进行连接[130]。

员工间关系的研究最初关注的是团队成员间横向交流所形成的人际关系[131]。在后续的理论拓展中，学者们也开始关注不同团队间员工之间的关系建立[132]。从隐性知识搜索和创造的角度来讲，由于团队内部员工间的知识保有量相对固定及对已有知识的认知固化，不利于新知识的搜索和创造[133]。团队之间的员工人际互动能够实现更大范围的知识交流，现有研究发现跨团队员工关系建立对企业发展具有更加积极的作用[134]。当下企业更加注重组织沟通的流畅性，在企业内部建立沟通机制，进一步扩大员工之间的交流范围，使得员工能够在整个企业平台内寻求合作，实现更大范围的隐性知识创造和整合[135,136]。

2.3.3　价值共创理论

（1）价值共创的研究框架。

传统的价值创造观点认为组织和用户之间是割裂开的，组织是价值创造的主体，而用户是价值创造的使用者。但是随着互联网技术的发展，顾客和组织之间的距离逐渐的缩短，甚至顾客的角色发生了变化，由价值使用者的角色成为价值创造者的角色。随着价值创造过程的不断发展，价值共创理论逐渐形成，其核心观点认为价值链中的所有主体均可作为价值共创参与者参与共同创造价值，推动价值共创行为的创新发展。

价值创造理念的提出引起了大量学者的研究兴趣，其中形成了两大主导逻辑：服务主导逻辑和顾客主导逻辑。根据价值创造范围的不同，价值共创还有广义和狭义之分，广义的价值创造是指组织与顾客在研发、设计、生产和消费等价值生产全过程中的价值共创[137]，而狭义的价值创造是指组织和顾客直接交互阶段的使用价值共创[138]。现有研究的关注焦点主要是集中在价值共创的广义定义和顾客主导逻辑上。

服务主导逻辑中承认了顾客是企业价值共创的主体，但是深究其逻辑内涵不难发现其本质上还是认为组织是价值共创的主导者[139]。海诺宁（Heinonen et al.，2010）提出顾客主导逻辑，认为企业价值产生于消费者的实践活动，顾客在企业价值创造过程中起决定性的作用[140]。操纵性资源在价值共创中具备关键作用，进而促使顾客在价值创造中的地位提升。顾客主导逻辑认为顾客基于自身需求，通过利用组织提供的资源进行价值创造。在这个过程中，顾客主导价值的创造，而组织仅为资源提供者，则最终的价值创造由顾客主导，所产生的价值也以顾客的需求为标准。基于该逻辑，商品主导逻辑的交换价值和服务主导逻辑的使用价值均不能体现顾客所创造的价值，而顾客主导逻辑下的共创价值实质上为顾客的情境价值。

（2）价值共创的研究领域。

价值共创的实践应用和研究起源于生产领域和生产过程。生产领域的价值共创是组织为利用差异性资源而将顾客引入生产流程，并最终实现组织价值的行为。随着价值共创研究的深入，价值共创的研究领域主要行为以组织和顾客为核心的交互领域和消费领域。交互领域的价值共创发生在组织与顾客的直接互动过程中，如格朗鲁斯（Gronroos）认为价值共创发生在组织积极参与和直接影响顾客的价值创造过程中[141]。在交互领域的价值共创过程中，顾客通过与组织的直接互动，将自身的需求信息、使用体验、知识能力等操纵性资源提供给组织，而组织则通过整合利用顾客资源创造潜在价值，并最终进一步互动实现价值共创。交互领域的价值共创重视组织与顾客的互动，即组织通过理解顾客的价值主张在整合资源的基础上与顾客共同创造价值，在该过程中互动质量成为重要影响因素[142]。随着顾客角色认知的不断转变，价值共创的研究扩展至消费领域，强调顾客情境价值的创造。在消费领域的价值共创中，顾客主导价值创造，通过整合利用组织提供的资源，结合自身的使用情境，自我决定价值的产生。简而言之，消费领域的价值共创是顾客根据自身价值主张满足特定情境下的需求，进而实现价值共创[141]。消费领域的价值共创重视顾客角色，强调顾客在消费中的创造价值，被认为是真正的价值共创。其中，顾客单独、顾客与组织互动和顾客与顾客之间互动作为三种消费领域的价值共创形式均强调价值的创造由顾客主导和决定[143]。

（3）价值共创的基本含义。

价值共创的基本含义随着实践的发展和学者们的研究，也在不断地演进和发展。其中较为经典的是皮尼奥（Pinho et al.，2014）提出的，价值共创的本质为参与者共同创造价值的行为，而共创价值即为该行为所形成的价值产出[144]。但是不同的学科下对价值共创的基本内涵理解也存在着差异，特别是学者们对价值共创的内涵认知存在差异。而价值共创过程中，价值的内涵也存在极大差异。商品主导逻辑下，价值指组织嵌入产品中的交换价值；服务主导逻辑下，价值指组织根据顾客需求而提供的使用价值；顾客主导逻辑下，价值指顾客利用组织资源结合自身实践而形成的情境价值。究其实质，价值的定义还需要考虑认知视角的不同。商品导向逻辑视角下战略管理和质量管理方面的研究表明，顾客在价值创造中识别了五个角色：资源、共创者、买方、用户和产品[145,146]，而基于服务导向逻辑的 A2A 视角确定了三个主要角色：创意者、设计者和媒介，为阐述员工—顾客价值共创的重要作用。加瓦尼奥和达利（Galvagno & Dalli，2014）将价值共创的研究总结为服务科学、创新和技术管理、营销和消费者研究三个主要理论视角[147]；兰詹和瑞德（Ranjan & Read，2016）将价值共创划分为共同生产（co-production）和使用价值（value-in-use）两个核心维度，其中共同生产包括知识（分享）、公平和交互三个子维度，使用价值包括经验、个性化和关系三个子维度[148]。

2.4　相关变量研究梳理

根据本书的研究问题及相关理论基础，识别出七个相关变量，对相关变量研究情况进行梳理，具体如下：

（1）知识整合的相关研究梳理。

知识整合的概念由亨德森和克拉克（Henderson & Clark，1990）首次提出，他们认为产品架构知识的产生过程就是知识整合，是在产品开发过程中对企业现有知识的重新配置。后续研究在此基础上从属性视角、能力视角和关系学视角对知识整合进行了界定。尽管视角不同，但是学者们对知识整合的本质趋于一致，强调对离散知识，以及不同来源、载体、功用的知识进行组合或者将互补知识资源集成在一起，是企业管理者识别、集成、利用所获取知识的过程[149]。现有研究主要从三个角度解构知识整合的构成维度：第一种是根据知识的来源将知识整合划分为内部知识整合与外部知识整合[150]，第二种则是根据知识的属性将知识划分为辅助性知识整合与互补性知识整合[151]，第三种则是根据知识整合的需求将其划分为系统化能力、社会化能力和协同化能力[152]。总体而言，研究大多清晰地意识到单纯依靠企业内部知识已经无法满足知识经济时代构建竞争优势的需要，任何一个企业都没有能力创造自身所需要的全部知识。现如今企业外部环境动荡性、复杂性和不确定性不断提升，企业知识管理活动必须时刻保持与外部环境的兼容性，在这一情境下企业组织文化、价值观念和创新理念围绕服务主导逻辑发生了本质性改变[153]，从外部获取价值创造活动所需的知识已经成为企业知识获取的重要方式，与此同时组织知识管理活动更加依赖于松散耦合的灵活性结构单元，以数据资源为主的生产要素在一定程度上有利于组织内与组织间惯例的持续性调整，进而帮助企业对隐性知识、程序化的知识进行整合、消化吸收。

企业中与知识相关资源整合的能力，是提高企业竞争力的关键所在。需要指出的是，知识本身不是提高组织竞争力的关键，而是对知识的学习、重组和创造，也就是整合的过程，是企业实现创新提高自身竞争力的优势所在。知识整合是个体和团队间通过合作交流的方式，实现知识分享、知识重组的过程，其不仅包括了知识的搜集和整理，还涉及其中对知识所体现的普遍规律的识别和从中进行的思考。总结和归纳当前学术界关于知识整合的内涵，主要可概括为能力和过程这两个层面。其中能力主要是指对知识识别的能力，而过程主要是指对知识加工和创造的过程。根据以往学者的研究，知识整合呈现为四个特点：①任务引导。企业通过将整个项目划分为具体的不同的小任务，然后根据任务确定各自需要的不同的知识，从而有效地将相应地任务分配给不同的主体，实现知识的创新。②相关知识的离散性。知识整合需要的知识具有离散性，因为当企业内部的知识具有离散性时，能够实现资源的相互弥补，从而保证资源的异质性。③受到知识背景影响。由于知识的整合涉及知识的搜索和后期的整理工作，不同背景的员工对知识的处理会带来不同的结果。④知识整合的复杂性。知识整合需要经过团队人员的理解和加工，如果不能被团队的成员所理解，那就不能对知识进行深入地挖掘。对于知识整合维度的划分，不同学者做了不同的区分，梅塔（Mehta，2006）将知识整合分为了两个维度，包括外部知识整合和内部知识整合。李贞和杨洪涛（2012）将知识整合分为三个维度，包括知识挖掘、知识转移和知识融合[154]。魏江和徐蕾（2014）将知识整合分为多个维度，包括知识获取、知识融合、知识解构和知识重构[151]。

（2）知识共享氛围的相关研究梳理。

知识共享是指知识拥有者相互沟通、交换、分享知识的行为。团队内知识共享是指成员之间分享与工作相关的信息、观点及问题解决方法的过程，知识共享是团队获得创新活力的源泉。知识共享氛围是组织成员对于组织内知识共享情况的共同感知。它反映的是以知识共享为导向的组织成员间关系[155]，在这种氛围中，员工高度信任组织中的其他成员，知识能够得到自由的流通，合理的失败能够得到容忍，社会准则注入其中[156]。在知识共享的氛围中，组织通过减少社会压力、创建友好的讨论、打破固有思维定式和赋予个体意见发表的自由度，从而为个体与组织开辟持续知识创新的空间[157]。

（3）共享型领导力的相关研究梳理。

共享型领导被视为一种动态地涌现状态，即一种贯穿于整个团队的生命周期中，随着团队投入、过程和产出变化而变化的团队动态过程。皮尔斯和康格（Pearce & Conger，2002）在其著作《共享型领导：重塑领导力的发展形势和原因》中对共享型领导的定义，即一种在群体中成员之间动态的、相互影响的过程，目的就是相互领导从而实现群体和/或者组织目标。自此学术界普遍认同共享领导是团队成员之间相互领导的动态过程，其强调传统自上而下的领导者角色或行为在团队成员之间的共享。具体而言，领导角色可以由不同团队成员同时承担[158]，也可以在团队生命周期的各个阶段承担[159]。同时，共享型领导还强调成员之间的相互影响与相互协作，共享领导力关注领导者与追随者之间的互动、协作和相互指导，具有较少分层的性质。蒿坡和龙立荣（2017）指出共享型领导具有以下几个特征：①属于一种非正式的、团队内在控制的领导力类型；②关注垂直领导职能在成员之间的共享，即由团队成员来担任领导角色；③强调成员之间的社会交互和集体角色定制过程。共享型领导属于一种水平、自下而上、集体的领导力模式，是组织内部由员工主动参与、自主管理并相互领导的一种非正式集体领导力模式[160]。

（4）组织承诺相关研究梳理。

组织承诺的概念最早由贝克尔（Becker，1960）提出，是指员工由于对组织单方投入而产生的一致性倾向，体现了员工对组织价值和组织文化的认同感，艾伦和梅尔（Allen & Meyer，1960）等在此基础上形成了目前研究应用最普遍的组织承诺三要素模型。情感承诺是组织承诺构念的核心，主要指员工对组织的一种实体性情感，包含组织目标认同、员工自豪感等成分[161]。不同的组织承诺代表了组织及员工不同的心理状态，它既隐含了员工愿意继续留在组织的忠诚度，也包含了员工对组织价值、文化的认同度。持续承诺是指员工认识到离开团队所承受的损失而不得不继续留在团队中，是一种基于个人认知到的离开组织的成本对个体行为的约束。实际上拥有高持续承诺的员工通常认为自己被嵌入在某种无法选择的环境中，处于一种"不得不"或者"必须"的心理体验，尽管他们可能并不想留在组织，但是却不得不留在组织当中，这是因为持续承诺的员工与企业仅仅通过经济交换来维持雇佣关系，这种情境下企业在一定程度上并不鼓励员工承担任何分外的工作。

（5）组织支持感的相关研究梳理。

组织支持理论由艾森哈特（Eisenberger，1986）在"组织公平理论"与"社会交换理论"的基础上正式提出[162]。组织支持感是指员工感受到的组织重视自身贡献和关系自己福利的程度。有学者在艾森哈特（1986）等研究的基础之上将组织支持感划分为情感支持与工具支持。组织支持感是来自员工对组织的知觉和看法（Chiaburu，2015）[163]，凌文辁（2006）进一步指出组织支持感指员工感觉到的组织对其工作上的支持、利益的关心及对他们价值的认同[164]。组织支持感是员工根据自身的感知与体验对组织的态度做出的综合性评价与判断，其决定着员工能否全身心地投入到组织创新的活动当中[165,166]。

（6）价值观匹配的相关研究梳理。

人与组织价值观匹配是指员工个体的价值观与组织的价值观秉承相似性或一致性，它是员工指导工作行为、评定工作价值和衡量设定目标与组织期望相符合的准则[167]。企业需要凝聚所有员工的个人目标，使员工在信念、价值观等方面与企业的需求达成一致。现有研究已经验证了人与组织价值观匹配对于员工工作投入、工作态度与创新行为的影响[168,169]，价值观匹配可以强化组织与员工的情感联系[170]。

（7）角色压力的相关研究梳理。

角色压力是指当个体感知到自己无法完成角色期望时所产生的一种心理状态，角色压力理论将角色模糊（role ambiguity）、角色冲突（role conflict）和角色超载（role overload）视为角色压力的三种主要来源[171,172]。角色压力理论认为，角色多元化会给个体造成角色压力，影响其心理与行为[173]。角色模糊是由个体可获取的信息与充分执行角色绩效之间的差距产生的，即个体不能明确知晓别人对自己角色的期望是什么，或者无法准确预期自己的行为所诱发的结果。角色冲突是指当个体面对两种或两种以上互不兼容的角色期望时所产生的一种心理压力。角色超载是指个体由于自身相应的能力或时间不足而无法应对过多的角色要求所产生的压力。涂科等（2020）研究了共享经济下角色压力对持续价值共创的影响，研究认为角色压力对持续价值共创有负向的影响[174]。

2.5　对以往研究的分析与理论框架设计

2.5.1　以往研究取得的理论进展

通过对本书涉及到的相关概念、理论和变量进行梳理，为本书提供了良好的理论基础。在概念梳理中，本书着重对数字化转型、企业家精神和企业持续创新能力进行了界定。这三个概念的界定能够初步形成本书的研究框架，即在数字化转型背景下企业家精神的演进及对企业持续创新能力的影响。根据设定的初步研究框架，本书识别并梳理了相关的理论，包括社会认知理论、知识基础观和价值共创理论。在企业数字化转型背景下，企业家精神的研究是由于数字化转型背景下员工的基本社会认知发生转变，直接影响企业持续创新发展依赖的知识获取路径及企业价值创造的逻辑。为了进一步验证本书的理论猜想，本书还梳理了构建理论模型所需要的各个变量。总体而言，以上内容能够为本书提供以下的研究基础。

（1）情境演化与嵌入：数字化情境演化并对组织产生深刻变革影响。

在对数字化转型的概念界定中，发现数字化转型不仅是数字技术的应用，而且是基于数字技术的整个组织运营管理逻辑的变革。数字经济到来，企业整体的运营环境和组织管理逻辑随着数字化技术的不断演进和普及使用，使得企业原有的假设和逻辑发生了颠覆性的变化。首先，由于数字化技术带来的革命性变化，使得组织处于更加动荡及不稳定的环境之中，以往以分工原理设计的组织管理模式已经不能适应当下企业的发展。但是这种变化使得组织更加的灵活，更能够抓住市场的需求，以市场需求为中心完成资源的配置和生产活动。其次，数字化技术在组织中的深层次运用，使得数字化的逻辑和思维在组织中扎根，数字化能够将员工与组织的目标协同，实现员工自我发展的同时，还能够实现企业整体权益的最大化。在此过程中，员工能够有机会参与企业的决策，能够从以往的组织管制中解放出来，以合作者和参与者的角色参与企业运营，如此环境下员工的自主性得到激发，员工身上的企业家精神也得以显现。最后，数字化转型实现了企业的"去中心化"和打破了原有的组织边界壁垒，实现了多主体之间的价值共创。在数字化转型背景下，数字资源能够在多主体间进行传递，数字资源比以往的资源形式更有利于整合创新，也为企业的持续创新发展提供了资源支持。

（2）理论更新与创造：传统理论更新与新理论的创造。

在本书的理论梳理中，主要总结了包括社会认知理论、知识基础观及价值共创理论在内的理论基础。尽管知识基础观是比较成熟的理论，但是在数字化转型背景下该理论也得到了相应的发展。传统的知识基础观强调了隐性知识的重要作用。通过对数字化转型背景的解读，数字资源在企业的创新发展中起到了关键作用，而隐性知识是数字资源重要的构成部分。企业在数字化转型中，能够打破原有的组织边界，实现团队内知识在更大范围内的整合，有利于企业的创新发展。知识基础观在数字化转型背景下，不仅能够实现横向的知识整合，还能够实现整个价值链条上的知识共享，这无疑能够为本书构建企业持续创新能力提升模型提供了理论基础。在以往的企业家精神相关的理论发展中，核心观点强调了以企业家为角色主体的精神、行为或能力。在数字化转型背景下，员工能够主动的识别和获取市场机会，与消费者产生深入的良性互动。根据对数字化转型的梳理，发现在数字化背景下员工与消费者之间的互动，不再是依托信息系统或软件的简单沟通，而更多的是在价值共创逻辑下的信息和资源的交流，这也能够为数字化转型背景下企业家精神的形成及数字化转型背景下企业家精神对企业持续创新能力的影响机制构建提供理论基础。价值共创理论的出现能够进一步解释数字化转型背景下企业家精神的形成，即在价值共创理论下，顾客的角色发生了根本性的变化，以往顾客是价值使用者的角色而在数字化背景下顾客成了企业价值创造者的角色，这也能够说明数字化转型背景下员工与顾客之间的交流能够实现数字化转型背景下企业家精神的激发。

（3）变量适配与热度高：便于构建新情境下的理论模型。

本书涉及的变量较多，这是由于企业家精神对企业持续创新能力影响机制的构建需要从企业中不同的层面入手来深入剖析。从文献的检索情况来看，本书在构建模型中使用的变量都具有较高的热度，同时结合本书梳理的理论基础，能够做到变量与理论之间的适配。在构建企业家精神对企业持续创新能力的影响模型中需要从企业所在的合作网络、企业内部灵活性的组织单元及组织内部的个体三个层次出发来深入探究。在合作网络层，本书基于研究情境和价值共创等相应的理论基础，在构建企业家到企业持续创新能力之间作用机制的模型中，引入价值共创、角色压力等变量，以此探究企业家精神在合作网络层是如何影响企业持续创新能力提升的。在组织层，本书基于研究情境和知识基础观等基础，引入知识整合、知识共享氛围及共享型领导力等变量，研究在组织层面企业家精神是如何影响企业持续创新能力提升的。在个体层基于社会认知理论，主要是考虑到员工稳定性及员工与组织的交互作用，因此结合研究情境构建了包含组织承诺、组织支持感及价值观匹配在内的企业家精神到企业持续创新能力的机制模型。研究的理论基础和涉及到的相关变量能够探究企业家精神作用于企业持续创新能力提升的不同层面，为本书的研究提供良好的理论基础。

2.5.2 以往研究的局限性

在企业数字化转型背景下，一个核心的研究问题是数字化技术对组织结构、信息流及组织能力的影响，同时也包含了组织结构、信息流和组织能力对数字化技术的适应和采用[175]，从这个角度讲数字化转型的核心问题是实现数字化与企业核心业务之间的匹配[49]。如果数字化转型与现有的业务流程之间不能够有效的匹配，就会产生阻碍效果，影响企业的创新发展。只有实现数字化转型和企业核心业务之间的匹配，即对数字资源进行合理的优化配置、结构化及协调，实现数字化与业务之间动态的匹配调整过程，才能够发挥数字化对企业的积极作用。在实现数字化与业务流程之间匹配的过程中，需要结合数字化转型本身的特点，识别数字资源产生的条件和方式，进而考虑如何对企业产生影响。基于以上的分析，现有研究仍有以下三方面的研究不足。

（1）数字化转型背景下企业家精神载体拓展与理论内涵研究缺失。

数字化转型背景的一大特点是打破了企业原有的管理模式和运作逻辑，突破了以往的各种边界，包括企业边界、组织边界及角色边界等。在边界突破的过程中，企业内员工参与价值创造的角色、企业面对的消费者角色及参与企业价值创造的合作者角色都发生了变化，特别是在数字化转型背景下企业员工与消费者之间角色的变化，主导着企业现有的价值创造逻辑。员工在企业中的角色不仅是一个价值生产者的角色，而且成了一个价值创造者的角色，同时也形成了与企业合作的关系，自身参与企业的创业活动。员工角色的改变对以往企业家精神的研究产生了冲击，在以往关于企业家精神的研究中普遍的观点是企业领导人或者创业者才具有企业家精神，但是在数字化转型背景下的企业中员工也具有了企业领导者和创业者的角色。在新情境下，员工作为企业家精神新的载体还未广泛受到学者们的关注，尽管在以往的研究中强调了员工对市场机会识别和把握的重要性，但是整体上并未论述新情境下企业家精神的概念构成和基本内涵。

（2）企业家精神出现情境发生演化及其涌现机理未探究明了。

企业家精神的研究已经形成了三个重要的理论流派，尽管不同理论流派的理论出发点不同，但是它们都关注了企业和市场之间的关系问题。在德国学派中，学者们从创新出发，企业家精神的载体主要是企业中的领导者，强调了企业家创新精神对企业发展的重要作用，企业家精神的目的也是为了实现以往均衡模型的打破，以生产带动市场。在德国学派中更加强调生产技术的使用，通过增加产品的组合创新来实现企业的创新发展。在新古典主义学派中，学者们关注了企业外部不确定的市场环境，强调了企业家自身的冒险精神和风险承担精神等应对环境的不确定性，通过决策行为来实现利益最大化的追求。新古典学派更加强调了企业家精神为企业带来的管理技术的创新，这种管理技术的创新更多依托的是企业家自身的特质。在奥地利学派中，学者们强调了对市场机会的感知、识别与把握，在该学派中开始以市场的关注点，通过企业家的特质和行为来影响企业的创新发展。奥地利学派的核心思想和数字化转型背景下，在企业家精神的内涵出发点相同，但是在奥地利学派中并未强调重大社会技术进步对企业家精神的影响，并且其还是依托以往的企业家精神载体，即认为企业家或者创业者本身才会具有企业家精神，忽略了技术创新对企业家精神载体的突破和拓展。技术发展使得企业家精神所处的情境发生了变化，这种变化是如何促使企业家精神形成的仍需要进一步的研究。

（3）数字化转型背景下企业家精神对企业创新影响的机制未系统探究。

企业家精神不同学派研究的基本出发点是实现企业的创新发展，但是由于情境的不同，在企业家精神和企业创新之间的作用机制也存在差异。例如，在德国学派中，主要探讨了企业家精神通过产品创新影响企业的创新发展；在新古典学派中，主要探讨了企业家精神通过冒险、承担及决策来影响企业创新发展；在奥地利学派中，主要探讨了企业家精神对市场机会的识别、把握和转化对企业创新发展的影响。但是在数字化转型背景下，在企业家精神出现的情境和基本的概念内涵都发生了变化时，其对企业创新的影响机制需要在新的理论基础下进一步展开讨论。例如数字化转型背景下，企业的创新发展需要更多主体、更大范围及更深程度地参与完成。企业数字化转型最终也朝向企业商业生态系统的方向发展，那么企业家精神的作用对象就不仅是单个企业，而且以整个生态系统为作用对象。在新情境下，从员工具有企业家精神出发，需要探究企业家精神对企业内部员工、企业本身及企业所在的整个生态网络的影响。因此，在数字化转型背景下企业家精神对企业创新影响的机制未系统探究，这也为本书的研究提供了一个良好的契机。

2.5.3 理论框架设计

根据以上的分析内容，本书主要从三个方面进行理论框架的设计：

（1）探究数字化转型背景下企业家精神的内涵与概念模型。

本书主要采用扎根理论的分析方法对企业数字化转型背景下企业家精神的内涵与概念模型进行研究。具体的研究思路包括选取酷特智能、赛莱默等在数字化转型中或已经进行数字化转型的企业进行数据收集，为了数据收集的多样性，本书对目标企业的高层、中层、基层领导及员工进行访谈，保证了数据收集的层次性，另外从新闻网页、学术期刊论文等上补充相关的材料，保证了数据收集的多来源。在此基础上，成立数据分析小组，对收集的数据进行开放式编码、主轴编码及选择性编码，最终获得了企业家精神的概念内涵。为了进一步深入的分析企业家精神的概念内涵，将扎根理论得出相关构念与研究中已有的构念进行比较分析，保证了研究的科学性。此外，本书为了对企业数字化转型背景下企业家精神的理论内涵有更深的理解，还对作用层次等进行了分析，最后构建了其概念模型。

（2）明晰数字化转型背景下企业家精神的涌现机理。

本部分的研究主要是对数字化转型背景下企业家精神的涌现机理进行研究。研究的支撑包括：一方面现有研究结论和理论发展为本书研究提供了重要的理论基础和有益的研究启示；另一方面剖析了在企业数字化转型背景下关于企业家精神现有研究的盲点，以此成为本书研究的出发点。本书拟在企业数字化转型的情境下，将情境变化及企业家精神的概念内涵整合起来，利用案例研究的方法探讨数字化转型背景下企业家精神的涌现机理。具体的研究思路包括：首先，严格遵循规范的案例研究对案例对象的选择原则。为了更好地完成本书的研究内容，拟选择酷特智能和赛莱默两个典型的案例企业。其次，本书通过与企业高层领导进行座谈、面向领导层和员工代表进行访谈、实地参观调研，以及线上、线下丰富的二手数据四个方面进行数据收集。再次，结合概念内涵对收集的案例企业资料进行分析，识别出数字化转型情境下企业家精神的前置影响因素和涌现特征。最后，分析了组织运作逻辑从"命令—控制"型到"赋能—服务"型的转变，同时也识别出了企业家精神内涵的转变。

（3）数字化转型背景下企业家精神对企业持续创新能力的实证研究。

本书利用实证研究的方法，对数字化转型背景下企业家精神对企业持续创新能力的作用机制展开研究。由于企业数字化转型使得企业和所有参与企业价值创造的主体紧密联系在一起，需要从多个层面来进行深入分析，因此本书根据新情境特点将研究划分为三个层面：合作网络层、个体层及组织层。在合作网络层，根据企业家精神、价值共创等相关理论，引入了角色压力、价值共创等变量，来探究数字化转型背景下企业家精神对企业持续创新能力的影响。在组织层，本书在知识基础观等理论的支撑下，在构建的模型中引入了知识整合、知识共享氛围、共享型领导力等概念，以此来探究数字化转型背景下企业家精神对企业持续创新能力的影响。在对个体层的研究上，本书主要在企业家精神相关理论的支撑下，将组织承诺、人与组织价值观匹配等变量引入分析模型中，最终构建数字化转型背景下企业家精神对企业持续创新能力的影响模型。

（4）本书的总体理论分析框架

本书遵循"what""why""how"的整体思路，设计研究内容。在相关的概念界定、文献检索及理论分析之后，确定了主要的三大研究部分。第一部分是"what"对应的数字化转型背景下企业家精神的内涵和概念模型研究；第二部分是"why"对应的数字化转型背景下企业家精神的涌现机理研究；第三部分是"how"对应的数字化转型背景下企业家精神对企业持续创新能力的影响研究。

根据以上的分析，本书从研究主题的选取，使用的研究方法及具体的研究思路构建了如图2－11所示的理论分析模型。

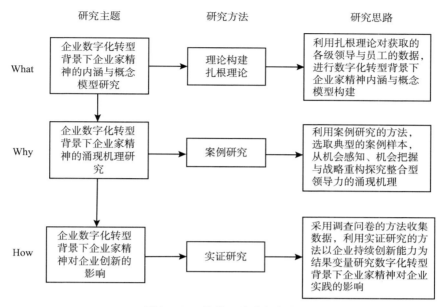

图 2-11 总体理论分析框架

2.6 本章小结

本章首先对本书涉及的变量进行界定、对文献检索情况进行概述，确定本书研究的理论支撑与研究热点性；其次，对相关理论进行了梳理，这一部分主要梳理了社会认知理论、知识基础理论和价值共创理论；再次，对本书涉及的相关变量的内涵与研究现状进行了梳理；最后，对以往的研究成果进行了分析，结合企业数字化转型的情境特点，查找出以往的研究局限。在此基础上从数字化转型背景下企业家精神的内涵和概念模型探究、数字化转型背景下企业家精神的涌现机理探究及数字化转型背景下企业家精神对企业实践的影响探究三个方面构建了本书的理论研究框架。

第3章

数字化转型背景下企业家精神的
内涵及概念模型研究

3.1　研究方法选择

3.1.1　访谈对象选择的原则

扎根理论（grounded theory）是情境化研究方法论的代表，并日益得到学界的认可和接受。扎根理论最初由格兰瑟和施特劳斯（Glaser & Strauss，1967）在《扎根理论的发现：定性研究的策略》（*The discovery of grounded theory：strategies for qualitative research*）一书中共同提出。之后，两人在合作出版了三本著作后，基于对扎根理论的不同理解，学术方向分离，催生了不同的扎根理论学派。1978 年，格兰瑟（1978）以独立作者身份出版了《理论灵敏度》（*Theoretical Sensitivity*）一书，成为经典扎根理论（classical grounded theory）最具代表性的著作；1987 年，施特劳斯（Strauss）出版了《定性数据分析》（*Qualitative Data Analysis*）一书，标志着程序化扎根理论的诞生。扎根理论是一个不断比较、思考、分析、转化资料成概念以建立理论的过程，其强调理论的发展，而且植根于所搜集的现实资料，以及资料与分析的持续互动。随着中国管理实践的不断深入发展，实践企业的突出性实践证据为扎根理论的广泛应用提供了丰富的经验基础。扎根理论也被认为是一种符合中国国情、蕴含中国特色、具有中国风格、展现中国气派和传递中国故事，从而从具象化的实践证据中发掘、发展和构建普适性理论的科学研究方法[176]。

扎根理论作为一种方法论，其本质目的便是通过对经验数据的分析来建构理论。扎根理论主要分为三大流派，以格兰瑟（Glaser）为代表的经典扎根理论学派、以施特劳斯（Strauss）等为代表的程序化扎根理论学派和以查默兹（Charmaz，2000）为代表的建构型扎根理论。经典扎根学派认为主要原则在于避免研究者带着自己的研究思考进行问题研究，研究主要起始于研究者的个人兴趣，研究者要根据研究问题收集相关的研究资料，在研究问题所处的社会过程及对其进行研究的过程中实现自然涌现，在此过程中按照既定原则不断地进行比较，严格遵循数据处理的方法与步骤，以此来构建理论。格兰瑟（Glaser）认为理论是可以脱离特殊情境、个人情感经验和生活而客观独立的存在，这一认识也反映在经典扎根理论"All is data"的原则中，强调研究者应该脱离时间、地点对数据的束缚，通过任何形式的数据去发现理论。程序化扎根学派主要以施特劳斯（Strauss）等为代表。与经典扎根学派不同，程序化扎根强调理论是人们生活的场景、事件、情绪的体现，与"All is data"相对应的是"All is scene"原则，即一切都是场景。从某种程度而言，以查默兹（Charmaz）为代表的建构型扎根理论学派是对于前两大学派观点的整合，查默兹（Charmaz）一面继承了格兰瑟（Glaser）的初衷，另一面又更加强调理论。本书的目的在于探索数字化转型情境下，企业家精神的内涵与外延的意义变化。因此，结合扎根理论流派的基本认知，探索数字化转型情境下的企业家精神实质需要建立在已有企业家精神理论认知的基础之上，通过识别数字化转型触发企业家精神变化的动态因素挖掘新情境下的企业家精神的内涵与外延。综上所述，本书选择遵循查默兹（Charmaz）代表的建构型扎根理论学派。

　　本书的数据收集主要源自两方面。一方面，集中调研团队长期跟踪的数字化转型企业，深入访谈其组织层面企业家精神涌现的现象，对于样本企业的选择遵循现有研究对数字化转型的界定，即数字化转型是指通过信息、计算、通信和连接技术的结合触发对实体属性的重大改变，从而改进实体的过程。因此，第一，调研企业正在经历数字化转型，数字技术在企业的经营管理中发挥着至关重要的作用，企业在研发设计、生产制造、品牌营销等价值创造环节广泛实现数字技术的嵌入，并利用数据驱动从根本上改变企业价值创造的逻辑与模式；第二，样本企业应为数字化转型企业，这一原因在于数字化转型取决于企业是否能够掌握敏捷性，只有打破传统科层制的僵化组织架构，转而打造灵活多变的组织单元，形成数字化转型组织才能够具备创造数字价值的能力；第三，企业需要设立独立的研发部门，并对数字化创新具有足够的重视，且数字化成熟度高于行业平均水平[177]。因此，本书调研访谈对象主要包含4家国内数字化转型较为成功的制造企业。虽然4家样本企业分属于不同行业，但是这些企业最大的特点就是以数字技术为核心，重视对数字化创新的持续投入，构建了平台架构基础，连接多边主体，样本的选择具有合理性。另一方面，由于研究关注于更加普遍的数字化转型背景下的企业家精神的涌现现象，因此本书从网络渠道整理出大量的关于数字化转型与企业家精神的相关材料，这些材料覆盖了华为、阿里巴巴、腾讯、海尔、京东、酷特智能和韩都衣舍等众多国内领先的制造企业与互联网企业，内容包含与数字化转型、数字化创新相关的新闻报道、企业高层领导在公开场合的演讲及企业家公开性内部讲话实录，大量二手数据的收集也为本书探索数字化转型背景下的企业家精神的内涵与外延提供了坚实的基础。

3.1.2　访谈对象简介

根据企业家精神理论、数字化转型研究的相关研究，本书拟对企业家精神演化的动因、变革原理、维度变化和作用效果展开全面分析，从而构建数字化转型背景下企业家精神的演化模型。研究访谈对象主要包括企业中的员工、基层、中层和高层领导。本书对样本企业进行了严格的筛选，根据上述的调研原则，本书对4家数字化转型企业进行了历时4年的跟踪调研，调研总共包括62人次，涉及企业高层领导7人、中层领导8人、基层员工16人，不同企业的小微主8人，共计39人。调研对象描述性统计信息及部分访谈样本的基本情况如表3-1和表3-2所示。

表 3-1　　　　　　　　　　调研对象的描述性统计信息

统计变量	类别	频数	占比（%）
性别	男	22	56.41
	女	17	43.59
年龄	30 岁以下	11	28.21
	30~40 岁	13	33.33
	40~50 岁	9	23.08
	50 岁以上	6	15.38
学历	博士研究生	1	2.56
	硕士研究生	8	20.51
	本科	18	46.15
	本科以下	12	30.77
企业性质	集体制企业	1	25.00
	民营企业	2	50.00
	外资企业	1	25.00

资料来源：作者调研资料整理。

表 3 – 2　　　　　　　　　　　受访企业基本情况

特征	酷特智能	海尔集团	韩都衣舍	赛莱默
所属行业	纺织服装、服饰	家电电子	互联网	工业机械
创立日期	1995 年	1984 年	2008 年	2009 年
关键数字化转型事件	2003 年管理层决策开始接受定制化服装订单	COSMOPlat 工业互联网平台的成立	2009 年"小组制"的初步试验	2019 年 6 月，与国际水协会联合发布《数字化水务：行业领袖勾勒转型之路》白皮书
主要数字化业务	消费端需求数据驱动工厂自动化生产，产品在平台完成客户自主设计、制造、直销与配送，消除传统中间商所占据的价格空间，实现消费者和生产者直接交互，使客户以最低成本享受高端产品与服务。依靠自身转型经验汇总而成的"转型方法论"，为传统的制造企业输出"互联网+工业"全流程解决方案，帮助中小企业进行柔性化和个性化定制改造，中小企业无须更换新的机器、建设新厂房，以低成本高效益帮助实现全面数字化转型	聚焦生活场景的物联网生态品牌打造，通过生态链群驱动与用户间的深度价值交互，从而充分挖掘用户需求，持续为用户提供所需的个性化产品和服务，实现从'做产品生命周期'到'做用户体验周期'的转型。生态品牌的核心就是用户，所谓共赢就是要与用户一同分享共赢，最终实现从用户体验生态到终身用户的塑造	依托大数据建立的互联网全链路品牌运营管理体系，可以根据不同类目、不同品牌的不同特性、不同发展阶段提供最优的发展路径，保证生态系统中的成员在合适的时间匹配最合适的资源，实现让数据助力品牌成长	聚焦于与中国经济转型和环境可持续发展相契合的智慧水务解决方案，围绕中国政府提出的海绵城市建设、地下综合管廊建设、城市黑臭水体治理和城镇污水处理提质增效等领域，积极参与水生态和水环境的治理
主要受访者及访谈时长	董事长（100 分钟）工程系统总经理（200 分钟）工学院副院长（60 分钟）工学院体验店经理（30 分钟）智能工厂生产人员（15 分钟）	小微主 A（30 分钟）小微主 B（30 分钟）小微主 C（30 分钟）海尔研究院负责人（60 分钟）	副总经理（180 分钟）产品组长（60 分钟）	设备负责人（60 分钟）精益生产负责人（60 分钟）EHS 经理（60 分钟）

资料来源：作者调研资料整理。

（1）青岛酷特智能股份有限公司。酷特智能是一家服装制造企业，在董事长张代理的带领下于2003年开启传统制造向大规模定制探索的数字化转型之路，企业采用利用RFID射频技术、大数据分析和机器学习等数字技术实现战略与组织转型，酷特智能以源点论治理体系为核心，以"细胞核"组织为价值创造载体，赋能用户个性化定制实现用户与员工、员工与企业，以及企业与用户之间的协同联动。员工的主观能动性与冒险意识得到充分激活。

（2）海尔集团。2005年海尔集团便意识到互联网时代用户价值的重要性，开发"人单合一"管理模式，即每个员工都直接面对用户需求，为用户创造价值，从而实现自身价值、企业价值和股东价值，充分唤醒潜在员工内在的创客精神，海尔凭借其《海尔：一家孵化创客的中国企业巨头》成为美国哈佛大学商学院教材的案例。2016年，海尔收购美国通用电气家电业务后，采用"人单合一"模式对其进行改造，成功实现管理模式的跨界复制。2019年9月，海尔正式开启生态品牌战略，探索生态链群小微组织体系，打造工业互联网赋能平台COSMOPlat，"链群"以开放、共享、合作、共赢为目标，通过建立与社群相互融合、相互对应的生态圈，实现价值创造利益相关者的增值分享。COSMOPlat旨在通过物联网技术全面赋能中小微企业，以客户体验为中心，实现大规模制造向大规模定制的全面转型。

（3）韩都衣舍。韩都衣舍成立于2008年，是国内知名的互联网快时尚品牌，公司历经代购、自有品牌构建和互联网品牌赋能三次重大转型。创始团队为了激活每一名员工的潜力，创新性地运用了"以产品小组为核心的单品全程运营体系"，自主设计"小组制"组织架构，将责权利分配给员工，从而激活末端决策能力。目前韩都衣舍已经形成280多个产品小组，每个产品小组通常由2～3名成员组成，包括设计师（选款师）、页面制作专员、货品管理专员。

（4）赛莱默（赛莱默）是全球领先的水技术供应商，致力于开发创新的技术解决方案，以应对全球最严苛的水资源挑战。公司的产品和服务专注于市政、工业、民用和商用建筑等领域的水输送、水处理、水测试、水监测和水回用。此外，赛莱默还为水、电力和天然气等公用事业提供业界领先的产品组合，包括智能计量、管网技术和先进基础设施分析解决方案。2019 年赛莱默与国际水协会（IWA）联合发布《数字化水务：行业领袖勾勒转型之路》，自此涉足智慧水务，公司通过组织文化、组织架构、服务理念的全面转型促进了员工层面的数字化服务创新的实现。

综上所述，4 家企业都进行了不同程度的数字创新，为数字化转型背景下企业家精神的培育创造了得天独厚的条件基础。

3.2　资料来源与收集过程

3.2.1　资料来源

数据收集主要围绕"数字化转型背景"这一主线展开，资料来源大致主要源于四种渠道：一是与董事长、员工、董事会成员和用户的访谈、后续电子邮件、微信记录和针对问题的电话回访；二是内部实时观察（数字化生产车间、数字化体验展示厅）；三是公司内部文件（详细的商业计划或战略制定文件）；四是档案数据，包括公司网站、新闻报道、中国知网、微信公众号和视频摘录。数据的多样性增强了推断的准确性，降低了回顾性偏差。五年内研究团队分别于 2016 年 7 月至 2019 年 10 月对酷特智能进行了 6 次访谈（5 次位于公司总部）；于 2018 年 7 月至 2020 年 7 月对韩都衣舍进行了 2 次访谈，其中包含 1 次线上会议；于 2019 年 4 月至 2019 年 7 月对海尔进行了 3 次访谈，其中 2 次位于海尔集团总部，共计 16 次半结构化访谈，每次访谈超过 3 小时，累计访谈资料汇总 68 万字，共计参与 9 次培训会议，收集了 73 页的档案文件。每次访谈过程都涉及企业中不同身份的成员，并针对部分受访人员采取了反复访问，同时强化了对企业产品部门与市场部门的访谈以加强对企业数字化转型的了解。为了进一步丰富研究数据，本书还搜集了阿里巴巴、华为、腾讯、京东4家企业相关主题的二手数据。资料收集途径如表3-3所示。

表3-3　　　　　　　　　　　　　　**本书的数据来源**

案例企业	数据获取方式（编号）	数据信息统计
酷特智能	半结构化访谈（KF）	董事长（×3）、酷特智能工程系统总经理（×6）、新动能治理工学院副院长（×6）、体验店经理（×3）、生产车间员工（×2）、客户（×2），累计26万字访谈数据
	内部观察（KW）	数字化车间讲解（×3）、数字化体验厅（×5）
	公司内部文件（KF2）	宣传手册、SDE工程解决方案手册、管理培训PPT文档、供应链视频展示
	档案资料（KS）	《"一人一版"实现个性化定制!》《个性定制也能规模化生产，看"酷特智能C2M商业模式"如何实现》等10篇网页新闻报道
		《张代理：引领传统制造业嬗变》《酷特智能：互联网＋数据成就智能制造企业》等6篇中国知网文章和《数据治理——酷特智能管理演化新物种的实践》专著1本
		酷特云蓝数据工程微信官方、云说管控评论、公司官网信息摘录，累计4.8万字材料
海尔	半结构化访谈（HF）	海尔研究负责人（×3）、海尔研究院小微主（×3）
	档案资料（HS）	《海尔的"链群"，让每个人都找到"量子自我"》《张瑞敏"创组织"：海尔"链群"在生长》《海尔张瑞敏：链群，紧跟物联网时代的"增才组织"》等10篇网页新闻报道
		人单合一公众号、海尔集团公众号等累计6.2万字材料
	内部观察（HW）	海尔大学（×1）、海尔集团总部（×1）
韩都衣舍	半结构化访谈（HDF）	韩都衣舍副总经理（×3）、韩都衣舍产品组长（×2）
	档案资料（HDS）	《韩都衣舍管理杀手锏——"小组制"裂变式创新》《韩都衣舍的阿米巴小组制解析》《韩都衣舍的"小组制"及海尔的"人单合一"到底是什么组织结构?》《平台型企业的演化逻辑及自组织机制——基于海尔集团的案例研究》等10篇网页新闻与知网文献
	内部观察（HDW）	韩都衣舍总部（×1）

续表

案例企业	数据获取方式（编号）	数据信息统计
赛莱默	半结构化访谈（XF）	设备负责人（×1）、精益生产负责人（×1）、EHS 经理（×2）
	档案资料（XS）	公司官方网站
	内部观察（XW）	赛莱默水处理系统（沈阳）有限公司
阿里巴巴	网页档案资料（ALS）	《阿里巴巴的数字化转型案例分享》《看阿里二十年巨变，思数字化转型》《解密阿里数字中台：数字化转型 2.0》《华为、阿里巴巴等企业的成功最关键的企业家精神是什么？》《困难时只有具备企业家精神的创业者才能活下来》
华为	网页档案资料（HWS）	《星光不负赶路人》《"傻子"照亮世界》《鼓足干劲，力争上游，不畏一切艰难困苦》《要敢于改革也要谨慎改革》《数字化转型需要双轮驱动》《华为绝地反击　展现中国企业家精神》
	在线视频（HWW）	《从大道到实践，数字化转型三部曲》《新常态下的华为数字化转型实践》
腾讯	网页档案资料（TES）	《数字化撬动企业数字化转型升级》《腾讯正在酝酿第三次组织架构变革》《腾讯组织架构的新调整与这背后的三次转身》
京东	网页档案资料（JDS）	《京东数科是怎么面对数字化转型的》《企业家精神根植在其所创的企业中》《透过京东近期组织变革深入了解组织设计》

资料来源：作者根据调研资料整理。

　　本书资料收集工作的主要特点是动态性、持续性和问题导向性。扎根理论方法非常重视在研究中发现并探讨问题，倡导边收集边分析，根据发现的问题再次收集资料。因此，本书的资料搜集工作并不是一次完成的，而是由研究过程驱动，遵循理论抽样原则展开，当研究中遇到内涵不完备或逻辑关系不清晰的概念或范畴，或是在资料分析中提出新假设、新猜想或新问题时，都会根据理论抽样原则再次补充收集新资料。而且，课题组对来自不同数据源的资料进行了三角验定（确保对同一事实的描述来自不少于两个数据源），以确保资料的可靠性。

3.2.2 资料收集过程

为了提高数据的信效度，本书对访谈过程进行了严谨地设计，具体如下：

（1）研究团队结构。

研究团队由 1 名长期从事组织管理领域，擅长扎根理论与案例研究方法的教授带领，1 名以企业家精神为研究方向的博士研究生（该作者长期在从事学术研究的同时，也具有相对较为丰富的实践经历），1 名以数字化转型为研究方向的博士研究生，总共 3 人组成的专题小组，1 名擅长数据分析的硕士研究生。研究团队的合理性决定了资料收集过程的可靠性。

（2）研究前准备。

研究人员首先分工在权威性网站、中国知网、万方数据库等在线资源中广泛搜集与受访企业相关的二手资料，以期在访谈调研前对受访企业拥有一定的了解，该部分以二手资料的方式被整合到相关企业的案例数据库中。与此同时，研究人员根据所掌握的受访企业情况结合企业家精神的研究主题设定初始访谈提纲，并由带队教授对访谈提纲进行严格审核，审核主要围绕调研提纲设计中语言的可理解性、命题的明确性及研究问题的合理性三个方面，经过三轮反馈修正后研究人员确立了初始访谈提纲，提纲包括两类问题，一部分主要围绕普遍所有企业均会涉及的数字化相关问题等归集为一般性问题，另一部分主要结合受访企业的具体情境归集为一类。

（3）访谈结构设计。

本书在每次访谈的过程中设计了两个步骤：第一步，在没有初步理论预设的前提下，对企业关于在数字化转型过程中遇到的问题及企业的发展历程进行开放式的访谈，这种方式的访谈也符合扎根理论的基本逻辑精神[178]，访谈内容主要关注数字化转型的关键事件、数字化转型的阻碍瓶颈、数字化战略及数字技术对现有企业的影响；第二步，在开放式访谈的基础上对企业发展中的企业家精神、员工工作认知与工作方式及组织文化等相关主题进行有针对性的半结构化访谈，每一类别的访谈问题均涵盖高层领导者、中层领导者、基层领导者及员工。

（4）访谈时间线设计。

本书采用纵向访谈的设计思路，即长期跟踪企业的数字化转型历程和企业家精神在组织日常价值创造活动中的具体表现，一方面是通过对不同时间节点同一企业的深入访谈，另一方面是对数字化转型背景下不同企业进行深入访谈，二者的结合更易把握企业数字化中企业家精神发生变化的缘由、构成要素、形成过程及外延性影响，从而更好地达到理论建构的目的。例如，本书分别于 2016 年 7 月、2017 年 8 月、2018 年 1 月、2019 年 4 月、2019 年 7 月和 2019 年 10 月对酷特智能展开深入调研，期初研究团队主要关注董事会成员对数字技术的影响及数字化转型的认知行为，主要关注高层管理者对于数字化转型所采取的具体转型措施和战略部署。随着研究团队对受访企业的不断深入了解，研究开始逐渐转向数字化转型背景下企业家精神的议题展开，此时关注员工认知、心态及工作行为方式相较传统互联网时代发生的变化，以及员工如何适应这些改变。研究团队的访谈周期几乎与酷特智能数字化转型的实践发展并驾而行，数字化转型背景下企业家精神的内涵也随着访谈的逐步深入而逐渐浮现。

（5）访谈数据分析。

研究采用编码的方式对收集到的数据进行详细的分析。首先，由所有研究者共同协商确定理论视角的选择，同时分别对搜集的资料进行数据处理，随后对产生的编码结果采取集中讨论商议的方式对各自观点进行补充与完善，通过不断的质疑与补充，一方面加强了调研人员对于数据的认知，另一方面减少了由于个人见解或主观性引发的结论片面性。在分析过程中，如果发现不充分或自相矛盾之处，则会以扩大信息搜索范围的方式对数据进行检验和补充。其次，研究者根据资料的整理识别

4 家企业数字化转型的行为活动事件，形成缜密的叙事链条[179]。故事链条的形成一方面来自网络公开发表的关于企业发展历程的可靠性文章，另一方面来自企业内部受访者自述的按照时间序列排布的数字化转型活动事件的归类。最后，结合数字化转型与企业家精神的现有理论研究，通过数据、理论和编码三者之间的反复补充和迭代，促进多重数据来源间的交叉印证，进而逐步深化构建理论对于数字化转型背景下企业家精神的解释潜力，最终提炼出数字化转型背景下企业家精神的内涵及外延，构建出数字化转型背景下企业家精神的概念模型。

3.3　数据分析过程

3.3.1　数据编码策略

研究人员首先组建数据分析研究队伍，为了保证扎根理论分析结果的准确性，邀请管理学专业的青年教师和管理学专业的硕博士研究生和本科生分别建立两个独立的研究小组（A 小组和 B 小组），分别由 1 名教师、2 名博士生、2 名硕士生及 2~3 名本科生组成。然后，两个小组中，由 1 名硕士生和 2 名本科生初步整理调研的材料，以及查找网页、新闻报道和公开发表的期刊论文上的材料，小组的其他成员进行扎根理论分析，两个小组完成各自资料的分析后，彼此交换资料，另一小组重新进行扎根理论分析。交换资料分析完成后，两个小组在青年教师的指导下进行对比分析，确定最后的分析结果。最后，进行企业回访，将分析结果回馈给被调研企业的不同层级的领导和员工，确保分析结果的准确性，若调研和分析的结果存在不足，调研小组会根据反馈意见再次进行调研访谈和数据分析，直至达到企业对基本材料的认同，确保研究依据的真实性。

　　本书运用扎根理论的资料分析技术，将资料获取的灵活性与资料分析的严谨性有机结合，借助开放性译码，将原始资料分解，提炼出概念和范畴；通过主轴译码，进一步挖掘资料背后的真实含义，形成发展概念及范畴，识别它们的联结关系，重新组合资料并提炼主范畴；基于选择性译码，将主范畴聚焦，提炼核心范畴和故事线。在研究过程中，一方面为提升资料分析的理论触觉及概念的有效性和解释力度，成立译码小组，通过小组研讨的方式来提炼概念和范畴，不断探究其本质内涵，动态发掘其逻辑关系；另一方面，为充分利用质性研究的优势，本书采用边收集、边分析、边调整、边补充的方式，不断进行资料之间、资料与概念之间、概念之间的反复比对，基于源自资料的概念、问题和假设展开理论抽样和后续资料搜集工作。

3.3.2　开放式编码

　　开放性编码是结合相关文献对搜集的原始资料逐字逐句进行编码、标签和登录，目的是通过深入挖掘原始材料提出概念和范畴。为了减少研究人员带来的偏见、定见或影响，本书将搜集的资料打散，尽量使用原话作为标签进行初始概念的发掘。在进行范畴化的过程中，仅保留重复频次在三次及以上的初始概念，剔除个别前后矛盾的初始概念，我们从初始概念中抽取出了 29 个范畴。表 3 - 4 列出了原始语句和初始范畴内容。

3.3.3　主轴编码

　　主轴编码是根据各个范畴之间的逻辑关系和相互联系对前文所得范畴进行归类，将具有相似主题的范畴归为一类，形成主要范畴。研究最终归纳出四个主范畴，各个主范畴及其对应的开放式编码范畴如表 3 - 5 所示。

表 3 - 4 　　　　　　　　　　　　开放式编码范畴化

范畴	初始概念	原始语句举例	编码来源
创业资质自涌现	领导力涌现	想要成为一个合格小微主，我们不能像以前一样去思考问题，因为我们不再仅仅作为一名船员而是真正的掌舵人，这就要求你必须有远见，激发自己的潜能，不把眼界局限于组织内部，还要吸引和吸纳市场中不同的参与人，一些有利于我们更好发展的知识源，我们相信公司一直所强调的整个世界都可以成为你的人力资源部	KF，HDF，HF，HS，ALS
	想象力映射	万物互联产生了这个时代的想象力。依靠想象力，人类可以创造无限可能，未来人类甚至可以遨游太空，想象力的方式是产生未来生产力的重要途径，"设计师"的时代终将到来，摆脱规则的束缚、打破行业的限制，这也是为什么会涌现出那么多颠覆性企业的原因之一	HF，SS，ALS，HWS
	自我驱动力	成功的背后要有源源不断的动力支撑，我们总是在寻找下一个成长的机会。如果小微企业已经达到了第一条曲线的峰值，但是为了进一步发展，我们必须找到下一条曲线究竟在哪里	HF，SS，ALS，HWW
重塑企业使命	回馈社会	我非常感谢改革开放使我有了非常多的想法、机会与创新意识，而国家的大力支持，也使很多原来不敢想的事。因此，从内心来讲，我又是很感激这个社会的。我认为帮助别人、成就别人是我们的使命，一个不懂得帮助他人的企业就是没有价值的	KF，HDF，HF，HS，HWS，ALS，TES
	回归企业本质	我们会更多地思考做企业究竟是为了什么，企业之所以存在的目的便是创造利润，如果一个企业无法创造利润，负债累累，那也就没有存在的必要了	KF，HDF，HF，HS，XF，JDS，TES
主动感知市场机会	扫描利基市场	原来三星的智能手表做了将近两年，但是一直市场不好。它这里面我觉得主要是几个方面，第一个就是说整个市场的需求没有起来，就是手表带给用户的需求不是一个强需求……	KF，HDF，HF，HS，XF
	关注行业发展趋势	在 05 年开始做教育这个行业，原来主要是在做海外，像我们 2007 年的时候就做马其顿……我们在教育这一块的实施能力和实施经验是有优势的，现在教育面临的一个主要问题其实就是和实际教学的一个结合问题，就是你没有实施经验，你做了产品，但是你最后到了学校用不了，这是一个很大的问题，这也是以前国内教育行业面临的一个问题，现在学校在做试点，跟我们原来老师传统的这种教学方式是不一样的，所以我们在全球的实施经验来说优势是非常明显的	KF，HDF，HF，XS，XF，JDS，ALS，HWS
	锁定客户偏好	另外一个思维就是我要往纵深处做，在我的生态圈里面我把用户黏得非常深非常死，那我也能够做到极致	KF，HDF，HF，HS，HWS，TES

续表

范畴	初始概念	原始语句举例	编码来源
机会客观评估	风险抗击	尽管公司能够为我们提供各种资源支持，但是我们仍然面临着很多风险，在作出选择的时候仍然要谨慎行之，随时准备好面对风险	KF，HDF，HF，HS，HWS，TES
	数字检验	必须尊重客观现实。那么只有通过必要的数据试验才能追溯到问题源头，进而制订合理的解决方案，彻底解决问题，这也大大增加了我们对问题的深入理解	KF，HDF，HF，HS，SW，ALS，HWS
	寻找赢利点	最终的目的在于将所有资源都转化成利润和利益相关者分享，如果不创造利润，那么就将面临被解散	KF，HDF，HF，HS，ALS，JDS
资源整合	整合互补资源	车小微本身隶属于海尔的日日顺平台，成立后整合了海尔原来的6 000多家服务商的送装服务，吸引了数万社会车辆的加盟。他们通过互联网自主进入，自主抢单，服务评价来自用户，考核则靠信息系统	KF，HDF，HF，HS，HWS，TES
	协调目标一致	通过一致的目的才能够把真想做事情的人聚集在一起，这样才能够发挥出集体凝聚力，他们一定是拥有各自的优势的同时也拥有同样的目标，我们说目标对应全员，全员对应目标	KF，HDF，HF，HS，XF
精益化实施	成本控制	我们已经不再是"员工"，而是自负盈亏的"小微"。所以，我们要精打细算，但是为客户创造价值的导向却始终坚定不移	KF，HDF，XF，HS
	效益追求	我们需要在成本控制与价值创造间取得一个平衡，如何能够利用有限的资源创造最大的价值才是最难的	XF，KF，HF，HS
	敏捷迭代	在最短的时间不断试错，寻找产品存在的缺陷，同时不断获得用户的反馈	KF，HDF，HF，HS，HWS，TES
遵循客户主导	生命周期	不再受制于有限的企业寿命、产品生命周期、争夺用户的时间窗口，在产业快速重组、用户需求不断迭代的数字时代，获得永不衰竭的生命力	XF，KF，HF，HS
	场景嵌入	在一个场景中，有两种互动关系，首先是人与人之间的互动，其次是人与环境的互动。在互动中产生情感体验，从而让用户沉浸在场景之中，这就需要企业提高场景中的"连接能力"	XF，KF，HF，HS，ALS
	体验价值	连接各自资源方创造"场景价值"，最终的目的是构建以"用户最佳体验"为中心的共创共赢生态圈。即场景是价值的载体，价值的核心是"用户体验"	XF，KF，HF，HS，HWS

续表

范畴	初始概念	原始语句举例	编码来源
谋求共同发展	共同成长	原先是公司激励我们，但是现在是我们回馈公司，实际上公司为我们提供了资源和平台，我们也希望能够与公司共同发展共同成长	HF, ALS, JDS, HWS
	情感认同	我们其实很感谢公司能够为我们创造自有发展的环境，正是因为公司鼓励合作，在制度上的开放、包容才能够使我们把内在的潜力释放出来，站在实现自我价值的舞台上，为公司创造更多价值	KF, KS, ALS, HWS
	建立共同愿景	一旦形成共同的愿景，它就会改变组织和成员间的关系，唤起组织的凝聚力	XF, KF, HF, HS, ALS, JDS
坚持利他主义	利益共享	我们共同承担风险，公司也有价值分享的工具，创造的价值都是可以量化的，最终获得的利益增值也会一起分享	KF, HDF, HF, HS, HWS, TES
	潜能相互开发	每个人都有自己的优势和待开发的潜能，领导者的任务是要为潜能的开发创造良好的机制，使每个人在合适的位置上做合适的事，从而让每一个主体都能够为组织的成长做出最大的贡献	XF, KF, HF, HS, HWS, JDS, TES, ALS
	平等互尊	团队中没有层级，没有领导，我们都是创业者，在身份上大家都是平等的，我们是一个整体，一个整体就是要彼此信赖，相信彼此的知识储备，也相信我们一起能够为彼此创造出巨大的价值	KF, KS, HS
结构适应	跨界适应	现在比以往任何时候都强调合作的重要性，单打独斗的时代已经过去了，能力再强的人也需要和别人强强联合，这也是为什么现在都强调复合型人才的关键	XF, KF, HF, ALS
	跨级适应	很长一段时间我们其实是不知道怎样去工作的，有了问题向谁请示，慢慢地我们发现我们确实需要转变思维，真正肩负起更多的权利和责任	KF, HDF, HF, HS, ALS
功能转换	角色适应	原先是听领导的命令，领导让我们干什么我们就干什么，现在是听数据的，只要是能让消费者满意的，我们就想方设法地干	HDF, HF, HS, JDS, TES, ALS
环境响应	拥抱变化	我们原先很少了解市场，现在不得不深入到市场当中，去了解顾客需要的是什么，回过头才发现，我们原先做的很多功能都不是客户真正想要的	KF, HDF, HF, HS, HWS, ALS

资料来源：作者调研资料整理。

表 3 – 5   主轴编码形成的主范畴

主范畴	范畴	范畴的内涵
责任感	创业者资质自涌现	组织成员主动激活潜在的创业者潜能，主动数字化情境下的创业者义务，实现员工身份向企业家身份的转换
	践行企业使命	回归企业存在的本质，从经济效益与社会价值创造的双重角度重新审视并践行企业使命
创业精神	主动感知市场机会	组织成员把环境中众多分散的信息归纳出创业机会，涉及对未被充分开发的技术、未被满足的需求的整合
	机会客观评估	组织成员利用组织提供的资源支持，对所识别的机会进行科学评估，从而获得应对未知风险的韧性
	资源整合	组织成员利用组织的平台化优势组合有形与无形资源，创造新颖的资源组合以利用机会
	精益化实施	组织成员不断测试新思想和快速应对不断变化的竞争威胁或消费者偏好来进行实验实现效益的最大化
共同体精神	遵循客户主导	组织成员遵循服务主导逻辑，围绕客户的生命周期需求与场景需求为客户创造体验价值
	谋求共同发展	组织成员认同核心企业的文化、价值观等，并建立与核心企业相一致的愿景和目标，实现自身与核心企业的共同发展
	坚持利他主义	组织成员在平等互惠、相互尊重原则的基础上，以开发他人的潜能为己任，通过与利益相关者分享利益持续激励主体参与价值共创活动
环境适应精神	结构适应	组织成员适应组织扁平化的调整进而从事更加广泛的跨部门沟通协作，促进知识的跨界整合
	功能转换	组织成员从传统的听从领导者命令的执行者角色转换成为随时响应客户需求的服务者角色
	环境响应	组织成员主动响应外部环境的动态变化，与外部环境发生协同演进

资料来源：作者调研资料整理。

（1）环境适应精神证据链。

环境适应精神强调组织成员能够主动适应组织内外部环境的变化，

并针对改变及时做出认知与行为调整，其反映了组织成员顺应组织变革的基础条件，是组织成员能否发生由普通员工向创业者身份转换的前提。首先，组织成员需要适应组织结构日趋扁平化的改变，这意味着他们需要适应层级的缩减与边界的模糊，在开放式管理模式下，主动联合不同知识主体从事更加广泛的跨界协作。例如，一位酷特的受访者强调："组织变革之前，各个部门之间都存在自己的利益，部门之间的信息是不对称的，任务都是由上层领导下发到我们身上，我们只要把自己的活儿干好就行，但是现在不一样，我们必须去从事更多协调的活动，这倒逼着我们必须去加强和其他人去沟通，我们也必须去了解其他领域的知识（KF）。"与此同时，组织成员需要改变对自身角色的认知定位，从传统组织中服从领导命令的执行者转向响应客户需求的服务者，并强化外部环境的适应性，通过拉近自身与客户的距离，主动识别变化的规律和趋势，与外部环境协同演进。海尔集团的小微主在访谈中谈道："三权下放后意味着我们要为自己负责，要为团队负责。所以必须改变传统的认识，这也是成为一个小微主的必备条件，能够成为小微主必要的就是打破旧的观念，想要赚更多的钱，就必须围着客户需求转，最大限度地调用资源，有时你甚至需要站在客户的角度换位思考，绞尽脑汁地去琢磨（HF）。"

（2）责任感证据链。

责任感强调数字化时代组织成员对自我实现价值的高度追求，即员工更多地考虑摆脱传统员工的角色身份，通过主动激活内在的创业者资质和领导能力，从而立足于企业家的视角主动承担和践行助推社会发展的企业责任。其中，创业者资质的自激活是指为了实现企业的可持续发展，在组织环境变革的条件下，组织成员自发性地涌现出创业者的优质潜能，这要求他们能够激发想象力，实现领导力涌现，形成自我驱动力。想象力通常表现为组织成员通过即兴创作、隐喻等方式打破个体思维、行业边界的局限，将知识、经验与动机转化为新的组合，从而创造性地解决实践问题。领导力涌现强调组织成员为实现对获得感的追求而自发性地实现潜在的非正式领导力的激活，是由个体员工所表现出的水平的、自下而上的非正式领导力模式。自我驱动力表示组织成员能够通过持续的自激励不断创造和挖掘企业成长的机会。访谈中多数受访者都将自己视作"创业者"而非公司的"员工"，他们强调自身与"员工"在角色身份上的差异："我们与别的公司的员工存在最大的区别在于，我们是创业者，是公司的合作伙伴，我们会自己运营一个公司，从战略、生命周期、资源储备等各个方面去衡量未来的发展，这是普通员工所不具备的一种理念，我们与公司之间不再是雇佣关系，而是合作关系，这种关系本身就是一种颠覆（KF）。"此外，责任感始终是企业家精神的主要构成元素，而数字化时代则强调组织成员对企业责任的践行。由于数字化情境下以离散化的组织成员所构成的临时性团队成为企业与市场、社会交互的主力军。因此，传统企业家精神概念中固有的责任感的承载主体发生拓展，这意味着组织成员同样需要思考和践行企业发展的使命，他们不仅需要通过自身能力的发挥为企业创造更多可持续的利润来源，同时还需要格外关注市场占有变化、客户支持及利益相关者的协调与价值分配等内容，以此承担企业更多推动社会发展的责任。

（3）创业精神证据链。

创业精神强调组织成员主动感知市场，加强对潜在机会的客观评估，通过迅速集结所需资源，在精益化管理的实施中创造价值，其反映了组织成员在组织赋能情境下的主观能动性，即对创业表现出"做成"的行为条件，创业精神有助于触发组织成员将机会转化为价值的过程，是广泛嵌入创业过程中的一种行为特质。首先，组织成员要主动感知市场环境，这要求组织成员能够保持对利基市场、行业发展趋势、客户偏好的洞察力等，进而从众多分散的信息中归纳出创业机会。组织成员需要对所构建的机会进行客观的评估，尽管在数字化情境下企业能够为组织成员创业提供必要性的资源支持，从而降低创业的风险，提升成功的概率，但是组织成员仍然需要具备抗击风险的韧性，并通过运用数据分析的手段从海量数据中挖掘出有价值性的信息，尽可能地形成对客户需求的系统认知，用以验证创业机会的可行性，挖掘能够带来利润增长的极点，例如海尔集团小微主强调："我们要市场关注市场需求的变化，市场与客户保持沟通，不仅仅是进行市场调研，在客户使用产品的过程中，我们也要有捕捉用户行为数据的意识，因为这是保证我们持续创新的关键动力。"其次，组织成员需要在短时间内集结周围资源，这既包括对组织内外部互补者资源与能力的审视，也涵盖对组织内部平台中标准化、模块化资源的快速调用，组织成员需要在目标一致性的基础上，集成不同来源的知识内容，构建出新颖的资源组合来达成机会转化的条件。最后，由于组织成员自负盈亏，因此创业精神还强调组织成员对精益哲学的引入，这意味着组织成员需要针对性地实施精益管理的实践原则，同时兼顾成本与效益，通过与客户的不断交互，识别产品缺陷，优化产品功能，实现版本的快速迭代。正如海尔集团的小微主所言："原先用材料实际上需要用多少我们并不会顾及，但是现在不一样，我们会想如何用最少的量达到生产的目的，因为我们需要核算各方面的成本支出，这就使得我们既要保证客户的价值，有品质意识，也要对成本支出进行严格管控。"

（4）共同体精神证据链。

共同体精神强调组织成员遵循客户导向，坚持自利利他，形成谋求共同发展的共同体信念，是决定组织成员能否将价值创造进行延续的精神来源，它反映了组织成员将企业"做强"的哲学观。首先，强调遵循客户主导，即组织成员应具备的生命周期与场景理念的结合，即考虑时间与空间两个维度对客户价值创造的影响，从人与时间、人与人及人与环境的互动中捕获客户体验或情感价值的来源，逐步实现客户体验的不断升级。海尔总裁张瑞敏提出"产品被场景替代、行业被生态覆盖"，其关键就是以为客户创造价值为中心，通过数字技术链接多个用户场景来满足客户的场景需求，为用户提供场景组合的产品或服务。针对生命周期与场景理念的结合，海尔衣联网推出了全球首个智慧阳台场景解决方案，用智慧洗衣机、晾衣架、叠衣机演示了智慧阳台从洗涤、晾晒到叠衣一步到位的全过程。其次，共同体精神强调组织成员与核心企业建立共同发展的理念，组织成员能够积极感知到企业对自身发展提供的支持，并在核心企业文化、价值观、使命等方面形成情感共鸣，进而与核心企业建立共同的愿景，以效益创收的方式回馈。数字化时代下组织成员从事组织的价值创造活动从物质驱动转向使命驱动，这表现为尽管组织在一定程度上赋予了组织员工更多的决权利，但是员工在从事创造活动时仍然需要与企业的整体价值观、使命保持一致，只有使组织成员与核心企业的整体目标保持一致才能够确保发挥出自组织与企业之间的协同效应。共同体精神强调坚持利他主义，即组织成员在平等互惠、相互尊重原则的基础上，以开发他人的潜能为己任，能够通过与相关者分享利益持续激励主体参与价值创造的意愿。

3.3.4　选择式编码

选择性译码是指从概念、范畴和主范畴中提炼核心范畴，运用故事线来剖析主范畴之间内在逻辑关系的过程。通过回顾文献资料并与访谈数据的持续迭代，深入挖掘主范畴的本质内涵，提炼出能够统筹整合"责任感、创业精神、共同体精神和环境适应精神"这四个主范畴的核心范畴：数字化企业家精神。研究基于范畴之间的内在逻辑关系，通过主范畴的串联解析数字化转型背景下企业家精神核心范畴的故事线：组织成员需要借助环境适应精神适应组织内外部环境的颠覆性变化，主动实现由组织员工向领导者身份的转变，通过激活自身潜在的创业者资质，重审并履行企业发展的重任，在创业精神的作用下，通过对市场中潜在机会识别、客观评估、资源整合利用与精益实施实现机会向价值的转化，共同体精神能够显著作用于组织成员从事价值创造活动的各个阶段，是组织成员持续创新的动力来源。

3.4 数字化转型背景下企业家精神的内涵研究

3.4.1 数字化转型背景下企业家精神的动因

数字创新的不确定性与组织结构和制度的适应性调整共同构成了企业家精神演变的关键动因。数字创新的不确定性表明市场需求并非是恒定不变的，要求组织利用额外的数字技能和更多的即兴、跨边界能力捕捉潜在的市场机会，促进其向用户价值发生转化。这种不确定性不仅加剧了组织生成解决方案的复杂性，同时对产品上市的周期提出了更高要求，倒逼组织以更加灵活和更强的适应性来管理创新前端，从而维持组织前端与环境的持续交互创新[180]。因此，数字创新的不确定性触发了数字化转型背景下企业家精神的演化，具体体现为数字平台缔造的资源易配置性[181]、数据价值性的决策改善及可访问的交互渠道。首先，数字技术的可重编程性削弱了形式和功能之间的耦合，从而破坏了垂直交易中资产专用性的传统驱动因素，提升了资产的灵活性[182]，它允许企业将资源进行标准化、模块化处理并储存在核心企业的数字平台中，形成固化的、可随时更新的组织模块或惯例资产，进而提升了组织资源部署的效率[183,184]，缓解了组织成员从事价值创造活动的成本顾忌，增强了组织成员创造价值的主观意愿[184]，扩大了成功的机会。其次，大数据资源的储备为组织成员决策提供了可循依据，这使得组织成员能够摆脱传统的经验型决策，提升关键决策的精准性与科学性，组织成员得以更加有效地规避和应对创业活动中的风险。最后，可访问性为组织成员深入理解客户需求创造了条件，传统情境下组织成员仅通过市场调查加深对用户画像的描绘，然而智能产品使得组织成员能够扩大理解用户需求的覆盖范围和延展深度，从生命周期与交互场景的时空维度配置客户需求的感知环境[185]，大量搭载传感器、制动器等元件的智能设备使组织成员主动地获得客户的异质性需求资源，组织成员必须转变传统产品主导逻辑，参与更高层次的交互并掌握更高级的数据分析技能[186]，从数据中预测用户需求并挖掘潜在机会[187]。此外，触发数字化转型背景下企业家精神的另一个关键诱发因素在于企业组织结构与制度在数字化情境中的适应性调整，基于平台化与权利弱化的组织适应性调整是数字化转型背景下企业家精神演变的必要条件。一方面，僵化的组织架构尽管能够在工业化时代满足企业对效率的追求，但是却在适应物联网技术环境变化方面表现不佳[188]。企业通过缩减组织中非必要的层级，打破部门之间的边界隔阂，建立平台型的组织架构获得灵活性的提升[189]。通过鼓励不同部门的组织成员自发形成微型的项目团队，来加强组织成员间知识的高效沟通[190]，实现跨越边界与层级的知识整合，使得组织成员获得复杂性问题的解决能力。另一方面，通过调整组织管控机制，从传统的组织管控转变为组织赋能，赋予组织成员更大的权利，包括用人权、决策权，甚至是财务分配权，同时从资源和心理有效激发组织成员内在的创新活力，实现群体领导力的涌现[191]。

3.4.2 数字化转型背景下企业家精神的关键维度分析

数字化转型背景下企业家精神是传统企业家精神概念的演变，其承载主体发生由企业家向组织成员的层级转换。数字化转型背景下企业家精神是对传统企业家精神概念的延续与扩展，传统企业家精神囊括了创新、冒险、合作、先动性等特质[192]，然而数字化时代愈发要求组织成员的数字化转型背景下企业家精神，数字环境的不确定性影响了企业家精神的演变，并从数字技术的社会属性与组织情境的适应性调整两个方面改变企业家精神的意义与表征。数字化转型背景下企业家精神的意义在于推动企业的持续创新，这种持续创新与数字创新的本质相关联，反映出企业应对数字环境不断变化而对组织创新活动的敏捷性与持续性的根本诉求[193]。因此，数字化转型背景下企业家精神是企业为适应不断变化的创新范式而激发的隐匿于组织成员意识与行为背后的精神体系，它既是组织成员创业特质的变现，也是创新行为意识的反映，同时体现出以价值创造为核心的过程性特征。本书将数字化转型背景下企业家精神解构为以下四个维度：

（1）环境适应精神。

随着外部环境复杂性的提高及组织日益扁平化，员工如何快速学习新技能，进而提升适应性是组织成功的关键[194]。环境适应精神是数字化转型背景下企业家精神的基础，它体现组织成员主动适应环境变化，熟练掌握创新的规则与惯例，以及时地调整自身认知与角色的行为，实现执行者向创业者的角色转换。数字技术嵌入组织的日常经营活动，通过与管理特征相互作用，改变了资源、流程、价值观和企业文化，这意味着数字化时代企业需要将与数字化紧密相关的新元素与组织内的现有元素进行整合，从而改变组织的情境特征，这导致解锁更多新颖的组织活动，例如开发动态能力[195]和增强组织学习能力[196]。企业逶过构建协作和敏捷的企业架构来实现对组织环境的灵活性调整[197]，相应的组织成员必须基于主动意愿调整个体认知与角色行为，个人与环境匹配理论强调个体行为基于个人对工作环境的感知而产生，人与工作环境的互动会导致特定的行为[198]，当组织成员积极地融入数字化工作环境时，这包括培育数字化思维[199]、从事更为广泛的跨职能协作[200]及开发更多团队型领导者技能，往往表现出更大的价值创造潜力。

（2）责任感。

责任感体现了组织成员摆脱员工身份限制，激活自身创业者资质，从而主动承担和履行企业可持续发展的社会责任与使命义务。一方面，组织成员需要激活自身潜在的创业者资质，培育对工作成就、风险倾向、不确定性容忍的心理基础[201]与领袖气质，从而形成支配创业行为的稳定性特征，实现组织成员角色从员工向创业者的转变。另一方面，以离散组织成员组成的临时性团队将成为数字化转型背景下企业与市场、社会交互的主要媒介，也是创造经济效益和社会价值的主要承载主体。

（3）创业精神。

创业精神体现出数字创业行为的典型特征，即组织成员需要利用数字技术推动数字机会向价值的转化，这一过程蕴含数据资源如何转变为数据价值的本质逻辑，利用数据来反映客观的现实以增强对某种现象解释的说服力[202]。尽管数字技术能够在一定程度上降低组织成员的决策风险或创业风险，似乎有助于摆脱企业家冒险精神的强制性要求，但是他们仍然需要思考的是如何将数据与经验、直觉、理论等融合加强对市场机遇的客观评判[203]及如何在最短的时间内实现最佳的资源配置，这意味着创业精神是一种创业者理性决策与感性直觉共同驱动的创业行为。

（4）共同体精神。

共同体精神是维持数字化时代创新可持续的一个关键内生变量。它强调以平等、互利互惠为原则实现价值创造活动的"利他"，组织成员需要学会换位思考与价值共享，激发价值共创的意愿，不断开发彼此的潜能。数字化情境下，基于消费者体验的价值共创标志着传统价值创造主导逻辑从以往关注产品主导逻辑下的交换价值转而关注消费者个性化的体验价值。组织成员需要进一步明确客户在价值创造中占据的主导地位，即围绕用户需求与场景需求为客户创造体验价值，聚焦用户自身可利用的知识、技能等资源，并倾向于从海量的客户数据中挖掘潜在的商业机会，这要求组织成员建立与组织相一致的愿景与目标以谋求在客户主导逻辑的前提下的共同发展。原因在于，数字创业的成功取决于组织成员能否持续地实现客户需求的满足，组织成员必须建立服务意识，保持与组织愿景与目标的一致性，从而确保组织资源配置的高效精准。另外，数字化时代客户需求的满足打破了知识的固有边界，要求更为复杂的知识资源进行重组，因此组织成员需要建立知识共享氛围，并不断促进不同参与者的知识创新，以开发他人潜能为己任，通过与利益相关者分享利益持续激励主体参与到价值共创活动中。

3.4.3　数字化转型背景下企业家精神的演变原理研究

企业家的概念可以追溯到 19 世纪初，法国经济学家萨伊在研究企业活动时在《政治经济学概论》中，论述了劳动、资本和自然力三种生产要素的作用，以及创造产品的三个步骤，即研究产品的规律，应用这些知识来实现一个有用的目的，最终完成产品制作。萨伊认为，科学家主要承担着产品规律的探索，而企业家的目的则是应用既得知识去创造供人类消费的产品，通过集聚生产工具，指挥工人完成产品制作任务。企业家往往具备常人所不具备的品质和技能，即判断力、坚毅、常识和专业知识，某种程度上他们还需要承担未知的风险。熊彼特在创新理论中将企业家置于引导市场经济发展的核心位置。他认为创新意味着生产手段以新组合的形式出现，而担负实现新组合的人就是企业家。企业家要把握市场机遇，引导生产手段进入新渠道，然后通过竞争消除旧组合。在工业化时代相对确定的市场经济环境中，对于企业家精神的勾勒体现出以企业家为载体，精神特质与行为特征是企业家精神的重要表征，企业的成功与否更依赖于企业家个体理念与行动。

随着经济发展进入信息化时代，市场经济环境愈发强调环境的不确定性，企业管理从组织内生观转向环境适应观，德鲁克更加强调企业家精神中蕴含的行为独特性，企业家精神的本质是有目的、有组织的系统创新，驱动企业持续创造新的价值。成功的企业家正是积极面对不确定性，通过创造性地打破市场均衡来获取超额利润的机会。米勒（Miller，1983）提出公司企业家精神的概念，将企业家精神置于公司中的不同层面，不仅限于公司领导层或某个人所表现出的企业家精神，主要还体现在企业的创新与风险创业行为上，企业家需要结合外部环境改变企业资源配置模式和创造新的能力，以增加新的市场定位的可能性[87]，因此信息化时代强调企业与环境的动态互动，企业家精神在外部环境的变化中引导公司做出调整和改变。

在数字化与智能化的时代背景下，数字技术的去耦、脱媒化与生成性触发了社会价值创造方式的转变[182]。与此同时，市场中消费者需求的个性化与产品创新的复杂性升级也导致知识整合的难度大幅度提升。工业经济时代以生产效率为核心的官僚制组织结构的环境适应性被不断削弱，取而代之地是一种以客户的价值创造为导向的灵活多变的组织架构。更深层次的原因在于，数字技术实质上打破了原有企业创新创业的边界，使得创业的过程和结果更具流动性，这反过来导致了数字领域企业价值创造行为和行动的变化，创业者的成功可能不再通过预先确定的机会或预先确定的价值主张的执行来体现。相反，创业行动需要以促进不断发展的价值主张为导向，即利用潜力不断重新界定机会的意义，这要求组织拥有持续感知外部机会，并将机会转化为价值的动态能力[187]，即企业必须具备可持续价值创造能力。组织层面的研究指出通过建立平台组织或双元性组织来提升整体的柔性以获得适应外部环境变化的能力基础。由此可见，追求灵活多变是数字化时代组织变革的关键诉求。克劳迪娅（Claudia）将平台组织视为一种拥有高度灵活性和可变性的元组织，它的价值在于允许组织成员在任何情况下以任何方式进行活动，使组织能够通过构建灵活性的资源、惯例和结构组合应对环境中的潜在商业机会，从而满足企业可持续发展的目的。这种组织环境对员工提出了更高的要求，将员工的信念、能力和价值进行前所未有的放大，"员工至上"从某种程度上甚至超越"股东至上"成为众多企业的经营信条，组织允许员工成为内部创业者在成就自身价值的同时提升企业持续创新能力。研究表明当组织为员工提供各种与工作相关的信息，赋予员工更大的自主权与决策权时会有助于激发员工的创造潜能[204]，员工得以摆脱"上面决策、下面实施"的执行者角色，取而代之地成为拥有企业家精神，能够进行自主决策的行动单元[205]。另外，数字技术与平台组织的融合有助于企业实现灵活的资源调配，有效地降低了组织成员完成价值创造活动的内部沟通成本，削弱了组织成员参加创新创业活动的不可预测风险，从而使员工从事自主创新或创业的意愿大大提高。因此，根据企业家精神的演化性[206]，企业家精神从工业经济时代强调的个体企业家精神过渡到信息化时代强调的公司企业家精神，而数字化时代的企业家精神的一个关键演化特征在于承载主体的组织化，数字化时代企业成功的关键在于组织层面数字化转型背景下企业家精神的引领。

在数字化创新的影响下，数字化转型背景下企业家精神发生演变的原理可以解析为两个方面：一方面，由企业家层面转移至组织层面，成为组织层面广泛存在的一种精神体系。传统意义的企业家精神研究将企业家精神视为一种企业家或领导者独有的特质或行为，它被广泛地认知为一种个体层面的概念，部分学者将其拓展成为公司企业家精神[207]、制度企业家精神[192]等，企业家精神由此成为企业技术创新、战略变革的重要前置因素。然而本书发现，数字创新体现出以敏捷性与持续性为集成特征的创新表现形式[208]，这对组织响应能力提出了更高的要求，企业的创新不再单纯依赖于个体层面的企业家精神推动，这是因为企业家或管理者个体很难在时刻变化的市场环境中准确地把握所有机遇。相反，组织得以持续创新的关键取决于企业家或领导者能否将企业家精神传递至组织层面[209]，这需要通过组织结构、管理制度[210]等适应性调整将组织成员内隐的企业家精神显性化，从而发挥企业家精神在组织中的集体效应加强组织与外部环境的深度交互。另一方面，研究普遍遵循行为论和特质论对企业家精神进行解构[211]，然而组织层面企业家精神的演变体现出更加明显的过程性特征，即激活组织层面企业家精神的目的在于创造价值，一切创造价值的活动需要建立在企业家精神的潜在影响之上，企业家精神要求组织成员首先适应组织的适应性变革，释放出潜在创业者潜质完成组织员工向内部创业者的转换；其次，组织成员需要利用创业精神推进价值创造活动，实现从机会向价值的转化；最后，遵循共同体的精神理念不断巩固和维持价值创造的来源。因此，在数字化时代的组织中，企业家精神可以脱离个体层面，形成一种依托于创业者行为过程的、广泛存在于组织群体中的精神体系，指导企业的持续价值创造。

3.5 数字化转型背景下企业家精神的概念模型研究

3.5.1 相关概念与已有文献的比较研究

本书将数字化转型背景下企业家精神解构为环境适应精神、责任感、创业精神和共同体精神。传统企业家精神研究大多聚焦于公司、组织层面，企业家精神被普遍视为一种创造价值或创新的手段[212]。米勒（Miller，1983）首次提出公司企业家精神的概念，将企业家精神从个体层面拓展至群体层面[87]。公司企业家精神是与现有组织相关的个体或者群体创造的新组织或是对组织内部业务进行更新创新的过程，与个体企业家精神相比，公司企业家精神本质是一种创业行为，且只有在现有企业内开展新业务时才能被称为公司企业家精神。其他一些研究者认为公司企业家精神应该还包括内部进行新的资源整合，以及改变与环境的原有关系而进行战略更新的行为。有学者将公司企业家精神划分为战略更新、创新和风险活动（Sharma & Chrisman，1999）。然而数字化时代的企业家精神逐渐从公司层面过渡到组织层面，相比公司企业家精神，数字化转型背景下企业家精神更加强调以组织员工作为企业家精神的载体，尤其强调以自组织形态支持企业创新活动的员工群体，通过焕发员工企业家精神来实现企业的持续创新。

从企业家精神的驱动因素来看，现有关于企业家精神影响因素的研究主要涵盖组织结构、战略和外部环境等多个方面，涉及外部变量（技术复杂性、动态性、敌对性和产业生命周期阶段）、战略变量（愿景战略、管理实践和竞争策略）和内部变量（高管团队经营哲学、组织资源与结构的变化），实质上，立足于数字化转型背景下，技术变革与组织变革是触发数字化转型背景下企业家精神发生改变的深层次原因，数字技术从社会层面重塑经济、市场和制度环境，其所表现出对创新效应的影响并不完全体现为破坏性创新，而是通过增强客户与企业的交互，对创新提出更高的要求，这主要体现为创新的创新范围、创新周期以及创新频率的改变，企业成功的秘诀可能不再是一次性的完成产品或服务的交互，而是通过不断感知客户需求，提供围绕客户全生命周期的快速迭代的新颖资源组合，数字化转型背景下的企业家精神正是满足这一过程的前提条件。立足于组织变革的过程，数字技术使得组织结构、组织管控方式发生了适应性调整，由此触发了传统企业的组织变革，在新的组织情境下，组织间互联互通属性的增强使得固有的组织边界趋向于模糊，组织成员为适应这种情境下的企业创新诉求，必须激活内在的数字化转型背景下企业家精神，进而引致公司层面或企业家个体层面的企业家精神向组织群体发生转移。因此，数字化转型背景下企业家精神的驱动因素表现为数字技术引发的不确定性及组织结构与制度的适应性调整。从数字化转型背景下企业家精神构成的维度来看，传统强调创新与冒险的特质并未发生改变，值得一提的是，传统的创新与冒险通常依赖于个体层面的经验决策及组织层面的试错性学习，然而数字化转型背景下企业家精神则更加强调利用大数据资源进行精准决策及快速原型的迭代开发，这从某种程度上降低了企业家对风险的感知，从而以更加科学的方式实现了商业机会向经济社会价值的高效转化。从数字化转型背景下企业家精神作用的结果而言，数字化时代创新更加强调创新的持续性，与传统创新焦点不同，数字化时代使得物理空间与虚拟空间相互融合，搭载智能组件的产品不再单纯聚焦于提供基本功能特性，而是成为企业与客户的需求沟通窗口，客户需求的个性化程度与迭代速度迫使企业必须围绕客户需求不断提升响应速度，本书从两个视角解读数字化转型背景下企业家精神的作用结果，即持续创新体现为空间与时间维度的组合，持续创新要满足客户全生命周期的体验需求，同时需要结合全场景的需求识别。

3.5.2 数字化转型背景下企业家精神模型建构

研究立足于数字化转型背景下，采用扎根理论的定性研究方法，提炼出数字化转型背景下企业家精神的内涵与关键维度。研究识别出数字创新的不确定性与组织结构与制度的适应性调整是触发企业家精神发生演变的两大诱因，企业家精神承载主体、属性特征发生改变，形成以环境适应、创业、责任感和共同体为核心要素的数字化转型背景下的企业家精神，从而作用于企业的持续创新。由此，本章节构建出数字化转型背景下企业家精神的概念模型，如图 3－1 所示。

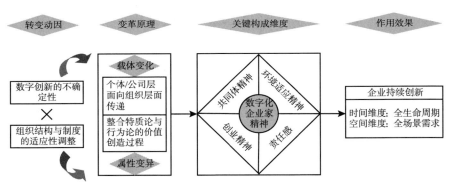

图 3－1 数字化转型背景下企业家精神模型

3.6 本章小结

本章节通过扎根理论方法对数字化转型背景下企业家精神演变的现象予以揭示。首先，数字创新的不确定性是触发企业家精神发生演变的关键动因。由于数字化时代的企业创新范式的改变，迫使企业家必须改变和向组织传递企业家精神，这包括提供灵活的资源配置环境[181]、增强数字技术在创业活动中的运用以及扩展可访问的交互渠道等[213]，这使得企业家精神与数字创业行为的典型特征相匹配。本章研究响应了企业家精神动态演进的特性[214]，识别出数字化转型背景下企业家精神演变的动因，丰富了关于企业家精神前置因素的探讨。其次，数字化转型背景下企业家精神的本质属性与作用主体发生改变，企业家精神不再是企业家或管理者独有的精神特质，而是广泛存在于组织环境中的一种精神体系，组织成员成为企业家精神发挥作用的主要承载主体，格外强调围绕组织成员价值创造过程的精神组成。最后，本章研究丰富了数字化转型背景下企业家精神的意义与构成维度的探索。尽管现有研究指出企业家精神存在向组织传递的现象[215]，但是并未解读这种企业家精神与之前企业家精神存在哪些差异。研究结果指出数字化转型背景下企业家精神是企业为适应不断变化的创新范式而激发的隐匿于组织成员意识与行为背后的精神体系，它既是组织成员创业特质的变现，也是创新行为意识的反映，同时体现出以价值创造为核心的过程性特征。

第4章

数字化转型背景下企业家精神
涌现机理的案例研究

4.1 案例选择

4.1.1 选择的原则

本章针对数字化转型背景下企业家精神的涌现机理进行研究，严格遵循规范的案例研究对案例对象的选择原则。

首先，案例对象的选择必须满足重要性与代表性原则[216]。案例研究之目的在于选择行业领先的企业作为分析对象，以期基于其最佳实践的探索，进而获得具有引领性的智慧和知识，在理论层面建构出新的理论或者拓展原有理论的边界，同时在实践层面给其他企业的实践以启示，引导其他企业的实践。

其次，案例对象的选择必须满足遵循理论抽样原则[217]。所选案例出于理论的需要如拓展新兴的理论，或者填补已有理论的空白，而非统计抽样原因。相较于传统企业家精神的研究，选择具备全员参与经营模式的企业作为案例对象更符合员工企业家精神的发展趋势，从而有可能在全员企业家精神方面做出有益的探索，进而拓展和丰富企业家精神在数字化时代下的内涵和边界，最终明确数字化背景下企业家精神内涵的应有之义，并在企业持续创新能力这一结果变量上为其找到归宿。

最后，研究对象的选择还必须兼顾理论目标与企业最佳实践的一致性原则。本书关注数字化转型背景下企业家精神的影响因素及其涌现机理，案例选择必须在数字化转型背景进行有益的探索，并与理论研究的目标形成一致性，确保案例分析的结论能够回答现有企业家精神理论研究存在的缺失与不足。

4.1.2　案例选择对象

囿于案例研究对案例对象的选择原则，本书选择青岛酷特智能股份有限公司和赛莱默水处理公司作为案例研究对象，基于这两个企业在数字化背景下的管理创新实践，深入探究企业家精神的涌现机理并构建理论模型。

首先，案例对象必须经历过数字化转型的挑战并在组织文化转变、流程转变、组织结构调整方面进行了有益的探索，最终在企业家精神的内涵及其形成机制上有所体现，具备案例研究的可行性，满足重要性和代表性的原则。

酷特智能（前身为青岛红领有限公司）成立于 1995 年，是一家传统的服饰生产企业。2000 年后，随着改革开发的深化，中国服装制造业经由繁荣转入低迷，再经历颠覆性电子商务模式带来的挑战，服装制造业举步维艰，一场激烈的生死角逐就此拉开帷幕。2003 年，不堪行业恶性竞争荼毒的红领踏上了大规模定制的探索之路，于 2007 年改组成立青岛酷特智能股份有限公司，开始了长达十余年的数字化转型之路，在制造模式和管理模式上都进行了大胆地尝试与创新，实现了大规模流水线定制的生产制造模式，同时实现了家庭式细胞核组织的自管理模式，在组织扁平化、员工自主化方面进行了有益的探索，成为世界领先的服装智能制造企业，满足案例研究对案例对象关于重要性和代表性的要求。

赛莱默前身 ITT 公司成立于 1901 年，距今已有 110 年的历史，是世界工业 500 强之一，公司于 1928 年开始进入中国。2011 年，ITT 公司拆分重组，赛莱默公司成立，是一家大型跨国工程技术和制造公司，致力于专门为客户解决最具挑战性水问题的优质应用解决方案，业务遍布全球 150 多个国家。1989 年在中国江苏省南京市成立第一家企业，并在中国 10 个主要城市设有办事处，员工超过 1 000 人，总部位于上海市。一方面，全球化经济发展的浪潮到来，赛莱默公司在中国市场的发展面临严峻的考验，能否掌握世界一流的水处理工艺和技术成为参与中国市场竞争的重要因素。另一方面，由于美国经济减弱、欧洲经济调整等原因，赛莱默公司在相关地区业务下降明显，发展受阻。相比全球海外市场，在中国市场上，政府陆续推出更严格的水资源管理制度及新的环保法案，表明政府对治理水污染的态度和决心，同时也给水处理行业描绘了一个很有前景的未来。基于此，赛莱默公司开始了长达三年的"世界一流工厂"建设，以探求世界一流水处理工艺和产品的建设。通过全员积极参与、共商共建、打造员工的主人翁意识，2015 年赛莱默公司的产品制造水平大幅提升，各项指标跃升世界先进水平，最终建成世界一流工厂，实现了快速、无缺陷、精益、环保、灵活的工厂供应体系，同样满足了案例对象选择的重要性和代表性原则。

其次，案例对象就企业家精神的发展而言，必须符合理论抽样的原则，以及符合理论研究目标与实践的一致性原则。只有符合理论抽样和理论与实践一致性的原则，才能尽可能地保证案例分析最终可以在理论层面获得新的建构与突破，最终对企业家精神的理论研究发展有所贡献，从而具备充分的研究意义。因此，案例选择必须在数字化转型背景下在管理模式、组织结构变革等方面进行有益的探索，并在企业家精神的层面有所反应、有所贡献，确保案例分析的结论能够回答现有企业家精神理论研究存在的缺失与不足，从而与理论研究的目标形成一致性。

酷特智能在转型之前与其他传统的服装制造业企业情况相似：低信息化、低自动化，投入约 3 亿元人民币对企业进行信息化改造。酷特智能通过技术引进和自主创新的协同促成了生产经营方式的转变[218]，重新定义了服装制造业企业的业态，实现了数据驱动流水线定制的生产模式，解放了员工的自主性和创造性。酷特智能经过 11 年的探索，在敏捷制造方面上取得了很大的成绩，打造了世界第一的智能制造工厂，成为服装制造行业的佼佼者，并荣登国家十九大献礼纪录片《辉煌中国》。综合来看，酷特智能的转型一方面体现为数字化转型促成的生产模式转变，实现大规模流水线定制模式；另一方面体现为管理方式的转变，领导者授权赋能下属自管理、自激励，形成了家庭式细胞核组织。对酷特智能的数字化转型过程的企业家精神内涵和作用机制等进行深入剖析，能够拓展和丰富企业家精神的理论研究。

赛莱默公司为提高自身竞争力，进一步拓展中国市场，开始了长达三年的"世界一流工厂"建设之路。赛莱默公司通过邀请中高层管理者参与一流世界工厂的构想，激发员工的使命感、责任感及主人翁意识，刺激其参与公司变革的积极性和主动性，推动互助型、共享型团队的建设。高层领导通过共享自己的决策权、资源支配权、用人权赋能一线员工，推动员工自主决策和自主管理，员工自主性大大提升，世界一流管理工厂构建过程中的各个难题、责任灰色地带的角色外任务都能得到很好地解决。在整个战略周期过程中，赛莱默公司顶层领导通过激发员工的主人翁意识，持续诱导员工培养企业家精神，追求事业的成就感、使命感，公司实现了战略愿景共同绘制、战略过程共同执行、战略成果共同分享的全员参与式组织，诠释了全员企业家精神之于企业持续创新的积极作用。同样，对赛莱默公司战略转型过程中的企业家精神内涵和作用机制等进行深入剖析，能够拓展和丰富企业家精神的理论研究。

最后，案例对象的选择还需要保证研究资料的可行性。酷特智能作为本书团队长期跟踪的智能制造企业，研究团队与企业保持有长期友好的联系，研究获得了早期积累的丰富资料，还为数据收集提供了极大的便利，酷特智能满足本书对案例对象资料可获得性的要求。赛莱默公司是作者长期供职的企业，全程参与了其战略转型的过程，熟知转型过程的具体细节，并掌握了整个转型过程的全部资料。赛莱默公司同样满足研究对案例对象资料可获得性的基本要求。

此外，酷特智能作为本土上市企业，具有浓郁的本土管理文化基因，隶属服装制造行业；而赛莱默公司作为外资独资上市企业，隶属工业机械行业，两者具有明显的企业性质和行业差异，能够为跨案例分析提供对比的可能性，有利于构建跨文化情境下的企业家精神内涵及其涌现机理模型。

4.2　资料来源与收集过程

遵循数据收集的三角验证原则[219]，同时为了保证案例研究的信度和效度，根据案例对象的接入方式和程度不同，本书针对性地采用了恰当的多种方式收集研究资料，丰富的一手和二手数据确保了本书资料的可靠性。

遵循案例研究理论模型构建的"实践—模型—理论"相互一致性原则，参照潘善琳等[220]提出的理论构建研究步骤，最终确定本书的研究步骤设计如图 4-1 所示。

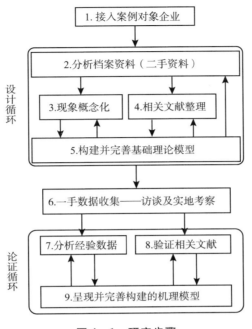

图 4－1　研究步骤

4.2.1　酷特智能数据收集

本书对酷特智能的数据收集的来源主要包括四个方面：一是研究团队与企业高层领导进行座谈，从高层视角了解其转型的起因、过程和结果，以及转型过程的相关事宜；二是面向领导层和员工代表进行访谈，了解其在转型过程中的认知、态度、角色、工作内容等的变化，拟从中解析和辨析出企业家精神的内涵拓展与丰富，以及构建出这些外部环境和技术因素、内部个体发展与制度建设对企业家精神的形成机制模型；三是实地参观调研，以局外人的身份收集酷特智能转型相关资料，并对与高层领导者座谈及领导和员工代表访谈的证据的真实性进行核验；四是线上线下丰富的二手数据，具体包括其新闻报道、官网信息、微博音视频及文字材料、微信公众号推文等。

本书使用的分析资料主要来源于研究团队成员的内部资料共享，研究团队基于其他项目研究的需要已跟踪调研酷特智能多年，这为本书提供了丰富的基础分析材料。在进行最新的调研补充之前，本书首先对其他成员共享的、先前收集的资料进行了梳理和熟悉。此外，通过回顾相关文献，从相关研究中梳理研究现象和理论视角之间的关系。通过对收集数据和相关文献进行整理和分析，发现酷特智能的转型实践能够对现有企业家精神的理论研究进行重要补充，再次印证了案例对象选择的可行性。

酷特智能公司的一手数据收集记录如表4-1所示。

表4-1 酷特智能数据收集记录

收集时间及时长	地点	数据收集形式	收集资料内容
2017.08.08 上午2小时	酷特智能二楼会议室	副总裁李总主题分享并接受深度访谈	酷特智能企业介绍 企业数字化转型经历分享
2017.08.08 下午2小时	酷特智能工学院教室	酷特智能工学院副院长宋总讲解	企业智能车间介绍 企业数字化转型成果分享
2017.08.08 下午1小时	酷特智能实验车间	实地参观调研	了解酷特智能的生产流程 了解员工的工作协作方式
2017.08.11 上午3小时	酷特智能一楼会议室	副总裁讲解并接受深度访谈	生产各环节对于数据运用的详细讲解
2017.08.11 下午3小时	酷特智能一楼接待室	董事长张总讲解并接受深度访谈	企业数字化转型历程与感受 企业未来发展展望分享
2017.08.15 上午3小时	酷特智能二楼会议室	深度访谈副总裁李总	企业数字化转型和数据驱动生产系统的相关问题交流
2018.01.04 下午3小时	酷特智能一楼会议室	副总裁李总解答访谈疑问	解答上期数据收集中的疑问
2018.01.06 下午2小时	酷特智能展厅和车间	实地参观调研	了解数据驱动生产系统

续表

收集时间及时长	地点	数据收集形式	收集资料内容
2018.01.08 上午 1 小时	酷特智能一楼接待室	酷特智能工学院副院长宋总讲解并接受深度访谈	酷特数据驱动生产模式深度了解和前期资料补充
2018.07.21 上午 3 小时	酷特智能一楼接待室	各环节代表员工访谈	了解酷特智能组织转变对员工的影响
2018.07.21 下午 1 小时	酷特智能一楼接待室	副总裁李总接受访谈	了解酷特智能临时小组运行模式
2018.07.22 上午 1 小时	线上访谈	合作伙伴代表访谈	了解外部合作企业与酷特智能的合作逻辑 了解外部合作企业对酷特智能数据驱动生产模式的评价
2019.04.05 上午 2 小时	酷特智能新大楼接待室	副总裁李总主题分享和访谈	副总裁分享酷特智能转型的最新成果 了解酷特智能转型的新问题和解决方法
2020.08.03 上午 2 小时	酷特智能新大楼接待室	副总裁李总主题分享和访谈	酷特智能转型的最新成果 关注酷特智能面临的最新转型问题及解决方案
2020.08.03 下午 2 小时	酷特智能实验工厂	实地参观调研	酷特智能智能制造转型最新实践现状

资料来源：作者调研整理而得。

为了方便后续案例分析的数据来源标注，本书把酷特智能董事长、副总裁和接待办经理的标签分别设置为 Kc、Kvp 和 Kd，把员工代表的标签设置为 Kei，原料供应商代表设置为 Kms，服务合作伙伴代表设置为 Ksp。另外，由于其他二手资料获取渠道宽泛，文章统一采用 Ksd 标签标识。整理研究团队对酷特智能的访谈提纲如表 4 - 2 所示。

表 4 – 2   酷特智能访谈提纲整理

访谈对象	访谈问题
董事长（Kc）	1. 公司做智能制造转型的背景、动机是什么？ 2. 公司实现智能制造生产系统的内外部因素有哪些？ 3. 公司实现个性化大规模流水线定制的大致历程如何？ 4. 公司进行了哪些组织变革，为什么进行这些转变？公司的变革给领导和员工带来了哪些影响？ 5. 公司未来的规划如何？
副总裁（Kvp）	1. 从产品研发到制造到销售，公司的组织转变是如何支持其实现智能制造的？ 2. 公司实现智能制造生产系统有别于其他企业的创新有哪些？ 3. 公司实现智能制造生产系统的成效如何？相较于传统模式哪些优劣势？ 4. 公司细胞核家庭组织之于管理者和员工的转变有哪些？有哪些利弊？ 5. 公司组织架构的转变与传统的组织扁平化相比有哪些异同？这些不同给公司带来了什么价值？
工学院院长（Kd）	1. 公司如何进行营销的，包括有哪些营销方式？ 2. 公司最初的面料合作商是怎么确定的？后期是如何进行更新的？ 3. 公司最初的快递合作商是怎么确定的？后期是如何进行更新的？ 4. 公司员工对企业数字化转型前后的满意度如何？离职率如何？ 5. 公司转型对于员工的角色转变、工作积极性、责任心等的影响具体如何？
员工代表（Kei）	1. 在你们看来，公司转型前后的区别有哪些？给你们的工作带来了哪些影响？ 2. 在具体工作中，公司都给了您哪些权利？ 3. 相较于之前，您的收入、获得感、幸福感等有没有变化？如何变化？ 4. 您对公司当前的组织结构和组织管理方式有什么建议？
原料供应商（Kms）/服务合作伙伴（Ksp）	1. 贵公司在酷特智能的智能制造系统中是如何与其协同的？ 2. 酷特智能的智能制造系统对贵公司做了哪些改造？ 3. 贵公司与酷特智能间业务开展的逻辑是什么？ 4. 贵公司从酷特智能的转型过程中得到了哪些启发？并作出了哪些转变？成效如何？ 5. 贵公司对酷特智能的智能制造生产体系作何评价？

资料来源：作者调研准备。

本书对酷特智能数据收集可以分为六个时段：

第一个时段在 2017 年 6 月下旬，研究团队 10 人用 3 周时间收集了关于酷特智能的新闻报道、微博及其官网网页和手机软件（App）

上相关的资料（二手数据收集情况如表 4 - 3 所示）。后期又用 1 个月时间对收集的资料进行了整理和分析，完成了对企业概括的了解，梳理了相关度较高的研究。

表 4 - 3　　　　　　　　　酷特智能二手资料收集情况

序号	新闻报道（示例）
1	大数据周刊．酷特智能："一人一版"实现个性化定制！．2017 - 12 - 14.
2	山东商报．2017 年酷特智能业绩再创新高，开启第二次转型之路．2017 - 12 - 20.
3	香港商报网．张兰兰：打造个性化定制，追求高质量发展．2018 - 01 - 27.
4	环球文化网．商界领袖年会嘉宾丨酷特云蓝总裁张蕴蓝的扛与变．2018 - 01 - 03.
5	鲁网．酷特智能亮相央视《大国重器Ⅱ》．2018 - 03 - 15.
6	鲁网．酷特智能董事长张代理：一半海水一半火焰的追梦人．2018 - 05 - 09.
7	印刷经理人杂志．我们为什么要去参观酷特智能？智能印厂又该如何建设？．2018 - 07 - 11.
8	赖燕芳．酷特智能李金柱：C2M 模式大起底，数字化改造是趋势．2019 - 03 - 22.
9	掌门人学院订阅号．酷特智能和海尔集团的新型模式，有哪些可以直接复制？．2019 - 04 - 28.
10	中国日报网．酷特智能今日创业板上市　规模化定制独具特色．2020 - 07 - 08.

序号	官网资料：新闻（示例）
1	酷特智能"大规模个性化定制系统"入选国家工信部优秀大数据应用解决方案！
2	央视《大国重器Ⅱ》为青岛智造打 call 大数据助力个性化智能制造
3	张蕴蓝：3~5 年内会出现一个全球性的定制时尚品牌
4	央视国庆献礼纪录片《百年中国制造》摄制组走进酷特智能
5	酷特智能打造政—研—企平台　助力数据智能与产业融合
6	亮相央视《超级工程》酷特云蓝代言新时代"中国制造"
7	酷特登上央视党的十九大献礼纪录片《辉煌中国》
8	多次交流　数次点赞　吴晓波与酷特云蓝的不解之缘
9	酷特智能成功上市：深耕产业互联网　生态赋能新引擎
10	内促跨界赋能＋外助大众创业，酷特智能领跑产业互联网新赛道
11	人民日报关注酷特智能创新：数据驱动让流水线有个性

续表

序号	线下二手数据
1	酷特智能培训 PPT1：源点论精义
2	酷特智能培训 PPT2：酷特云蓝治理平台
3	酷特智能培训 PPT3：企业数字化转型对组织体系的要求
4	App：酷特云蓝
5	书籍：《数据治理：酷特智能管理演化新物种的实践》

资料来源：作者整理。

第二个时段在 2017 年 8 月 5 日到 20 日，主要在企业进行访谈和实地调研，获得了一手资料。关于访谈，本书主要采用的是半结构化访谈，访谈问题如附件 A 所示。目的性抽样能够为研究问题确定最大信息的研究对象，酷特智能的转型时间跨度较长，研究有针对性地对酷特董事长和副总裁及接待办经理进行了较为深入的访谈。团队间断地开展了25 个小时的访谈，采访过程采用一个主问人和多个提问者对应一个受访者的深度访谈形式。在访谈过程中，主问人主要负责围绕访谈提纲对受访者进行提问，控制整个访谈的局面，最后各个提问者结合各自的理论研究视角对受访者补充提问主问人没有涉及的内容，这样能兼顾各个研究者需要的讯息，同时保证访谈结果信息的全面性。此外，研究还分别访谈了数据采集、制版、缝纫、刺绣、熨烫、质检、仓储与配送等各环节一个多面手员工代表和一个普通员工代表，同时还通过线上视频访谈了部分原料供应商和快递服务商的负责人代表。

第三个时段是在数据整理过程中发现尚有部分必要的信息不明和欠缺，通过给公司副总和接待办经理发送电子邮件和打电话等进行了有目的的信息补充。

第四个时段是研究人员在对资料进一步地分析和文献整理时，发现研究所需的资料仍然还存在不足，并在 2018 年 7 月下旬进入企业进行补充调研。

　　第五个时段是在获知酷特智能转型有了新的进展后，在 2019 年 5 月上旬再次进入企业听取工作人员分享转型进展，并就转型变化的点展开交流，补充了新的资料。在数据收集过程中，访谈团队成员不仅进行了现场记录，还采用了会议录音，录音内容会后整理形成了 6 份文字材料共计 13 万余字，访谈期间拍摄、挑选并留存了企业董事长和副总裁讲解的 PPT 照片 57 张，访谈结束后获得接待办经理宣讲 PPT 1 份（29 页）。

　　第六个时段，酷特智能数字化转型进一步加深，在管理模式创新上又创新了颗粒化绩效，伴随持续的模式输出，酷特智能于 2020 年 7 月 8 日成功在深交所创业板上市，获得市场资本的认可。为进一步跟进酷特智能的最新实践，研究团队于 2020 年 8 月 3 日再次到酷特智能公司进行实地调研和访谈，本次调研研究团队共形成笔记 4 份，整理形成文字材料约 3 万余字，拍摄并挑选出与研究主题相关的照片 34 张。

　　为了实时跟进酷特智能最新动态，研究团队还定期进行二手资料的检索和补充，直到第六个时段的数据收集结束。

　　本书针对酷特智能公司的二手数据收集情况整理如表 4 - 3 所示。

4.2.2　赛莱默数据收集

　　本书对赛莱默公司的数据收集的来源包括五个方面：一是本人长期供职于赛莱默公司，参与了公司转型的全过程，收集和保存了公司转型过程的所有内部相关文件；二是研究团队反复与赛莱默公司进行谈论和交流，主要以小组的形式与公司领导进行专题交流，以及邀请公司领导到学校做转型的案例分享，从高层视角了解其转型的起因、过程和结果，以及转型过程的相关事宜；三是面向领导层和员工代表进行访谈，了解其在转型过程中认知、态度、角色、工作内容等的变化，拟从中解析和辨析出企业家精神的内涵拓展与丰富，以及构建出这些外部环境和技术因素、内部个体发展与制度建设对企业家精神的形成机制模型；四是实地参观调研，以局外人的身份收集赛莱默公司转型相关资料，并对高层领导者座谈及领导和员工代表访谈的证据的真实性进行核验；五是线上线下丰富的二手数据，具体包括其新闻报道、官网信息、微博音视频及文字材料、微信公众号推文等。

赛莱默公司的一手数据收集记录整理如表 4 - 4 所示。

表 4 - 4 　　　　　　　　　　　赛莱默公司数据收集记录

收集时间及时长	地点	数据收集形式	收集资料内容
2016.07.13 上午 2 小时	公司二楼会议室	座谈会	世界一流工厂的指标介绍 转型成果介绍
2016.07.13 上午 1 小时	工厂车间	实地参观	了解世界一流工厂建设实况
2016.07.13 下午 1.5 小时	公司二楼会议室	中层管理者访谈	世界一流工厂建设的起因、过程、障碍及解决方案 企业领导者在转型过程中的作用 世界一流工厂建设对管理者的影响
2016.07.13 下午 2 小时	总经理办公室	深度访谈	转型的起因、经过、结果 了解企业家特质 掌握转型的结果及其影响
2016.10.18 晚上 2 小时	学校生科教学楼 109 室	企业家最佳实践课堂分享	"世界一流工厂建设"分享
2018.04.17 ~ 2018.05.26	赛莱默公司	以实习形式浸入式调研	了解企业数字化转型过程、结果 企业规章制度、章程 了解对战略转型的企业成员影响
2018.05.10 上午 3 小时	公司二楼会议室	高层领导（1 人）深度访谈	关于世界一流工厂建设的最新情况 赛莱默公司领导力演化
2018.05.10 下午 3 小时	公司二楼会议室	中层管理者、基层员工深度访谈	从下级视角了解公司领导的领导风格 了解公司的企业文化
2018.09.24 晚上 2 小时	学校生科教学楼 109 室	企业家最佳实践课堂分享	"企业家文化建设"分享

续表

收集时间及时长	地点	数据收集形式	收集资料内容
2020.07.21 上午 1 小时	上海总部第二会议室	销售副总讲解公司情况	了解公司近几年的业务发展情况 了解公司企业基本情况（文化、组织、制度建设等）
2020.07.21 上午 1 小时	上海总部各办公室区	销售副总带领参观	了解公司各个部门的设置、功能及其基本情况
2020.07.21 下午 2 小时	上海总部第一会议室	管理层工作内容分享	了解公司具体的运转逻辑 了解公司持续转型过程、最新结果
2020.07.21 下午 2 小时	上海总部第一会议室	团队成员主题分享与相关点讨论	了解公司转型过程的困境 了解公司业务发展对组织变革的需求
2020.07.22 上午 2 小时	上海总部第一会议室	公司销售总经理及员工代表访谈	转型过程企业领导者授权赋能创新 转型过程的企业氛围、员工获得感

资料来源：作者整理。

　　为了方便后续案例分析的数据来源标注，同时考虑与酷特智能公司的数据来源标签有所区分，本章把赛莱默公司总经理的标签设置为 Xc、时任赛莱默公司三位副总经理的标签分别设置为 Xvo1、Xvo2 和 Xvo3，把员工代表的标签设置为 Xei（i = 1 - 5）。另外，由于其他二手资料获取渠道宽泛，文章统一采用 Xsd 标签标识。汇总整理赛莱默公司的访谈提纲如表 4 - 5 所示。

表 4 - 5　　　　　　　　　赛莱默公司访谈提纲整理

访谈对象	访谈问题
总经理（Xc）	1. 公司做世界一流工厂转型的背景、动机是什么？ 2. 公司实现世界一流工厂的内外部因素有哪些？ 3. 公司实现世界一流工厂的大致历程如何？ 4. 公司进行了哪些组织变革，为什么进行这些转变？公司的变革给领导和员工带来了哪些影响？ 5. 公司未来的规划如何？

续表

访谈对象	访谈问题
副总经理（Xvoi）	1. 从产品研发到制造到销售，公司的组织转变是如何支持其实现世界一流工厂的？ 2. 公司实现世界一流工厂有别于其他企业的创新有哪些？ 3. 公司实现世界一流工厂的成效如何？相较于过去的模式有哪些优劣势？ 4. 公司文化对管理者和员工的转变有哪些？有哪些利弊？ 5. 公司组织架构的转变与传统的组织扁平化相比有哪些异同？这些不同给公司带来了什么价值？
员工代表（Xei）	1. 在你们看来，公司转型前后的区别有哪些？给你们的工作带来了哪些影响？ 2. 在具体工作中，公司都给了您哪些权利？ 3. 相较于之前，您的收入、获得感、幸福感等有没有变化？如何变化？ 4. 您对公司当前的组织结构和组织管理方式有什么建议？

资料来源：作者整理。

本书将赛莱默公司的数据收集分为五个时段：

第一个时段主要集中在 2016 年 7 月 13 日的集中调研，首先通过公司中层管理介绍"世界一流工厂"的各项指标，了解赛莱默公司创建"世界一流工厂"的过程和成果。其次，通过参观赛莱默公司的生产车间，实地感受各项生产设备的生产流程、生产工艺，深入观察公司精益制造的具体过程。最后，基于对"世界一流工厂"各项指标的了解和掌握及对工厂车间的参观，对公司中层管理进行访谈，具体包括：世界一流工厂建设的起因、过程、障碍及解决方案，企业领导者在转型过程中的作用，以及世界一流工厂建设对管理者的影响等。另外，基于这些访谈和了解，研究团队还通过深度访谈公司总经理，从高层领导的视角对公司转型做"世界一流工厂"的起因、经过、结果及转型结果对公司组织、文化、经营绩效等的影响，并对总经理的企业家特质画像进行讨论，为后续从企业家层面探讨其对转型的积极作用机制分析奠定数据基础。

第二个时段是研究团队老师邀请了赛莱默公司总经理到校做关于"世界一流工厂"的企业最佳实践主题报告分享，要求研究团队成员在听取报告时作报告记录，最终形成文字材料 7 800 余字。同时，获得课程分享 PPT 共 72 页。

第三个时段是研究团队安排了 2 位研究生三年级的学生在 2018 年 4 月 17 日到 2018 年 5 月 26 日期间以实习生的身份到赛莱默公司进行浸入式调研，数据收集包括实地观察报告 2 篇计 4 000 余字，期间对赛莱默公司的中层管理者和员工代表进行了访谈，访谈录音整理形成文字内容共计 1.36 万字。

第四个时段是研究团队小组到赛莱默公司中华区总部的上海进行参观调研和访谈，包括听取销售副总讲解公司近几年的业务发展情况及文化、组织和制度建设情况，结合实地考察和公司销售副总讲解的方式了解公司各部门的设置、工作内容分配、人员搭配等情况，结合座谈的形式了解了公司转型过程的困境和组织变革现状，最后还对公司总经理和员工代表就公司转型过程中的领导和组织成员角色转变、转型结果评价和自我心理感知等进行访谈。最终整理形成文字材料 3.7 万字。

4.3　数据分析

企业家精神是一个语义丰富的概念，在其研究中已经形成了三个主流学派：德国学派、新古典学派和奥地利学派。德国学派特别强调企业家的创新精神，而新古典学派则强调企业家精神的冒险和风险承担精神，奥地利学派则相对关注企业家对市场机会的识别和开发和运用能力。其中，奥地利学派的观点相对得到了绝大多数研究学者的认同，学者们从广义和狭义上对企业家精神进行了解读。从广义上讲，企业家精神主要指的是对不确定性环境的承受能力。由于普通劳动者的工作也具有较强的不确定性，因此企业家精神被认为是参与企业生产活动人员的一种特质，而不仅仅是企业家所拥有[27]。从狭义上讲，企业家精神是指在实现生产结构和商业模式过程中，应对各种风险的能力[221]。在后续的研究中，学者们进一步对企业家精神进行了概念的界定。诺思（North）在新制度经济学中强调了合作精神是企业家精神的重要来源[222]。有学者指出，企业家精神既包含抱负、创造性和精力充沛，还包含强烈的道德准则（Brown & Thornton，2013）[223]。德鲁克指出，企业家精神需要创造企业效益和社会效益，除了要承受风险、识别和利用机会以外，还应该平衡各利益相关方的价值[32]。尽管不同学者对企业家精神的概念还未统一，但是其包含的核心内涵基本达成了一致，即善于发现和利用机会以获得可观察到报酬的能力[224]。

综上所述，本书根据德鲁克对企业家精神的定义[32]，结合"机会感知—机会把握—战略重构"三阶段逻辑对收集的案例企业资料进行分析，通过识别出数字化转型情境下企业家精神的前置影响因素和涌现特征，结合第3章的研究识别出来的企业家精神内容，构建形成企业家精神的涌现机理。

数据分析过程由具有资料编码经验的2位教授、3位博士研究生和2名硕士研究生完成，包括独立重复编码和小组讨论修正过程。第一步，采用开放式编码对收集的一手和二手资料进行编码分析。其中，开放式编码用到的概念标签是依据收集的数据提炼出来的。第二步，通过主轴编码，将开放式编码的相近概念结果归入构建的模型当中。通过主轴编码，可以对研究现象有深入而有意义的了解[225]。第三步，采用选择性编码技术整合和精炼主轴编码的概念，实现对观测对象的连贯性描述[226]。数据分析的编码方案（示例）如表4-6所示。

更进一步地，在理论模型的提升循环中，通过不断地对比访谈数据、研究文献和已构建的模型，将主轴编码概念与模型结合了起来，充实和完善了理论模型。理论框架的提升循环（如图4-1的步骤7、8、9）持续了近2个月，将第三、第四阶段获得的新数据加入模型论证，同时结合新的文献进行考察，直至模型能够完全解释研究的现象，才认为构建的模型达到了理论饱和。

表 4 – 6 　　　　　　　　　　　　编码方案（示例）

数据类别	编码释义	编码	数据类别	编码释义	编码
基础编码（在所有文本资料中通用）	赛莱默	总经理：Xc 副总经理：Xvoi 员工代表：Xei 内部资料：Xd 其他二手资料：Xsd	机会把握	精益思维	LT
				资源利用	RU
				主动意识	AC
				灵活响应	FR
				能力互补	CC
	酷特智能	董事长：Kc 副总裁：Kvp 工学院长：Kd 员工代表：Kei 其他二手资料：Ksd	战略重构	风险最小化	MR
				共同承担风险	SR
				目标整合	TI
				共同发展	MD
				持续创新	CI
机会感知	好奇心	C		社会责任	SR
	需求导向	DD		利他精神	AS
	环境适应	EA	机会感知	机会识别	OR

资料来源：作者整理。

4.4　案例描述

4.4.1　酷特智能

　　红领（酷特智能前身）成立于 1995 年，是一家传统服装制造企业，随着自动化水平逐步提高，服装制造业竞争愈发惨烈，库存成本居高不下，门店压力日益趋升，制造业中间加工环节的利润越发微薄，红领不得已踏上了转型探索之路。2007 年，红领改组成立酷特智能股份有限公司，用 3 000 人的工厂做实验室，经历 12 年时间，投入几亿元做"大规模个性化定制"的探索，为实现数据驱动的敏捷生产制造系统进行了多

113

次组织变革和制造转型。通过跨企业、跨边界的数据平台建设和持续的组织变革，酷特智能获得了强大的数据获取和运用能力，将原有的流水线工厂改造成了数据驱动的大型 3D 打印工厂，销售额实现了年几亿元到几十亿元的转变，生产订单遍布全球，出口占比从 10% 提升到 90%，效率从 3 个月完成一单到最短 7 天完成一单。2017 年，酷特入选中国"大国制造"系列宣传片，成为我国智能制造又一张新的名片。如今，酷特智能已经成为引领世界智能制造的服装定制企业。

4.4.2 赛莱默

赛莱默公司是一家大型跨国工程技术和制造公司，致力于专门为客户解决最具挑战性水问题的优质应用解决方案，业务遍布全球 150 多个国家。其前身是著名的 ITT 公司，成立于 1901 年，距今已有 110 年的历史，是世界工业 500 强之一。早在 1928 年，赛莱默公司的前身公司 ITT 集团便已经进入中国，1989 年在中国江苏省南京市设立了第一家企业，从此开始了在中国的足迹。目前中国的总部是在上海市，并在中国的南京市、无锡市、沈阳市设有生产企业。赛莱默公司前身是 1995 年 ITT 公司与沈阳金杯集团共同出资成立的合资企业，主要生产世界一流品质的潜水污水泵、搅拌器等水处理和输送设备，是赛莱默飞力品牌除瑞典工厂之外的最大的生产制造基地。由于美国经济减弱、欧洲经济调整等原因，赛莱默公司在相关地区业务下降明显，发展受阻。相比全球海外市场，在中国市场上，政府陆续推出更严格的水资源管理制度及新的环保法案，表明政府对治理水污染的态度和决心，同时也给水处理行业描绘了一个很有前景的未来。未来几年随着中国市场的发展，一线城市水基础设施的升级改造，以及二三线城市环保需求的增长，使赛莱默公司看到了更多的发展机会。

为更好地服务本土客户，赛莱默公司借助全球能力，夯实本土力量，提升国产化水平。公司在北京市、沈阳市、南京市和福州市开设了工厂，在上海市和南京市拥有研发团队，在南京市设有智能决策支持中心，通过数字化转型帮助客户解决水问题挑战。我们的 200 家渠道伙伴和赛莱默一起，为中国市场提供最多样化的产品组合。遍布全国的 59 个售后服务网点为客户提供"妥妥服务"。在中国，赛莱默代表着国际先进技术，为水与污水管理提供智能产品和优质服务，帮助客户解决水问题，携手合作伙伴实现更清洁的水环境，共创更美好的未来。

4.5 案 例 分 析

4.5.1 酷特智能的案例分析

本书采用扎根理论的三级编码对资料进行分析和整理。依据资料的来源对一手、二手资料进行编码。研究从大量的定性资料中提炼主题，从而论证理论研究部分提出来的问题。

（1）机会感知阶段。

在机会感知阶段中，酷特智能管理层领导敏锐的洞察能力和战略定位能力帮助公司明确了大规模流水线定制的数字化转型战略。红领（酷特智能前身）在进行转型战略选择和设计时，一方面，管理层领导基于对当时服装制造行业整体竞争环境逐步趋于恶劣的预判，并且洞察得到服装制造的未来属于个性化定制。而传统的个性化定制模式耗时耗力、成本居高不下，定制品只属于高端消费行列，普通消费者根本没有享受得到定制带来的产品和服务。21 世纪初，信息技术飞速发展，智能制造装备逐步兴起，进行智能设备和装备的集成，进而打造大规模流水线定制的研发设计、生产、质检、包装的一体化系统成为摆在红领数字化转型面前的一大机遇。对此，红领公司斩钉截铁，改组成立酷特智能有限公司，开始了长达十余年的智能制造转型之路的探索。另一方面，实现服装个性化定制的过程就是基于服装全生命周期的消费者需求导向过程，形成消费者需求导向思维具有重要意义。对企业的组织流程、组织结构、资源配置机制进行调整以捕获消费者需求，并建立起企业对消费者需求的理解和转化工具体系和机制，进而将消费者需求成功转化成生产驱动指令，最终将消费者需求导向思维落地。

在环境不确定和顾客定制诉求的前置因素影响下，酷特智能的企业家精神表现为积极主动的环境适应，通过战略洞察明确了其智能化定制的转型结果，鉴于转型参照的缺失，酷特智能在风险权衡的前提下利用现有技术积极探索。

酷特智能在机会感知阶段企业家精神涌现机理的数据编码示例如表4-7所示，对应企业家精神涌现机理如图4-2所示。

表4-7 机会感知阶段编码示例

编码	示例（来源）
战略洞察/ 智能化定制	做服装20多年，对于整个行业的基本走向我们还是有一些基本认识的，传统的制造模式大家都搞价格战，走下去肯定是一片红海，智能制造刚好提供了一个很好的转型机会（Kc、Ksd）
	人民生活水平的提高，使人们对服装的需求绝不仅限于有的穿就行了，我们也看到个性化渐渐成为一种消费的主流（Kc、Kvp）
参照缺失	服装的智能制造到底要怎么做，我们走访了德国、日本、韩国、美国等先进制造强国的案例，都没有得到答案。经过长期的探索，我们觉得用大规模流水线的模式来做定制，降本增效同时联动可能是一个不错的机会（Kc、Kvp）
	我们算是全球最早做服装大规模流水线定制的（企业）了，所以很多东西都是我们自己在摸索，每一步都在看成效（Kc）
风险权衡	公司决定做大规模流水线定制的转型，主要还是看到了转型成功的可能，如果连这个可能都没有，公司就没有勇气去做这么大的投资了（Kvp、Kd）
	我们转型的时候认为当时的社会已经具备了大规模流水线定制模式的基础技术，我们只需要对自动化技术和智能化技术进行集成就可以（Kc）

续表

编码	示例（来源）
技术赋能	因为互联网相关的这些技术运用，我们发现消费者对参与到产品和服务的全生命周期很感兴趣，我们就瞄准了一定要做用户需求导向的产品，个性化定制肯定是服装制造的未来（Kc、Kvp）
	自动化牵引设备是引进意大利的，我们会在这些技术上进行二次开发，使之更能符合我们的需要，最后通过开发智能制造系统对这些技术进行集成（Kvp）
环境易变性	现在做服装不像过去，能买到就不错了，现在的消费者太讲求个性化，什么都要不一样，要彰显自我，企业是跟着需求后面去做事的，需求往哪儿指，企业就得往哪儿走，这样才能活下去（Kvp）
	环境变了，现在的员工也不像过去那么好管了，大家都希望少管束，都需要自由，弄不好他就辞职，管理要适应这种新的变化（Kvp、kd）
顾客定制诉求	"顾客是上帝"这句话在今天来看真是正确的，现在消费者的选择很多，你提供的产品和服务不符合他（她）的预期，他（她）转身就会走掉，我们搞设计、生产、包装，这些都得听顾客的（Kvp、Kd）
	生活水平提高了，大家闲余的时间和精力多了，就有部分时间和精力溢出到消费过程中，慢慢地大家都想决定自己穿什么、什么样的款式、什么样的颜色、什么样的布料等（Kvp、Ksd）

资料来源：作者整理。

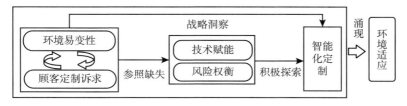

图4－2　机会感知阶段企业家精神涌现机理

（2）机会把握阶段。

在机会把握阶段，酷特智能尤其强调组织的资源利用、积极发挥企业全体成员的创业精神，帮助企业把握住了数字化转型的时代机遇，推进了大规模流水线定制模式的落地。

其一，在个体主动性激发方面，酷特智能尤其强调员工的主动意识，从机制规则上为激发员工主人翁意识创造条件，比如去除车间主任、班组长的管理等，让员工能够积极主动地去解决生产服务过程中出现的问题，缩短问题发生到问题解决中间的延迟，同时激发员工的自我创造性，员工自主性的提高保障了公司把握数字化转型机遇的能力基础。

其二，在组织灵活性方面，通过员工个体主动意识的激发，酷特智能在解决突发事件时，组织成员会迅速自发地形成强组织单元，从组织中抽调必要的人、财、物解决突发问题。这种灵活性超高的小团队被酷特智能称为家庭式细胞核组织，组织单元这种灵活响应性很好地回应了不确定、不稳定经营环境对组织灵活性的要求，提高了企业对数字化转型机遇的把握能力。

其三，在组织资源利用及事务解决方面，针对传统生产制造的极度浪费，酷特智能在内部极力推行精益思想，培养全体成员的精益思维，通过构建强大的智能制造系统实现消费者需求数据驱动的按时间、按地点、按数量要求的物料供给和成品产出。与此同时，酷特智能在转型过程中尤其强调精益创新，通过对手边资源的利用实现创新创造，包括引入法国最先进的悬挂牵引系统、加盟世界设计大师等，这些创新资源要素的整合运用让酷特智能很好地把握了数字化转型机遇。

酷特智能机会把握阶段企业家精神涌现的数据编码示例如表4-8所示，对应的企业家精神涌现机理如图4-3所示。

表4-8　　　　机会把握阶段企业家精神形成编码示例

编码	示例（来源）
顾客定制诉求	现在的员工不像过去那样为了挣点钱可以忍气吞声，每个人的自主性都很高，不光要挣到更多钱，还要更多自由，还要被尊重，这些诉求都必须在转型过程中进行很好的回应（Kvp）
	为了迎合员工的自主性诉求，我们很多团队项目都是按照员工自己的意愿进行自由组建的，团队成员之间摩擦降低了，大家协调的效率也就上去了（Kvp、Kd）

续表

编码	示例（来源）
去层级管控	因为没有班组长，生产线上出了问题自己能解决就解决，不能解决就找工作小组里的多面手，让多面手来协调大家一起解决（Ke1、Ke2）
	遇到问题的话都是员工自己去解决，这就减少了再请示和审批过程中的额外损失，并且公司事后评估后会给问题解决人员奖励的（Kc、Kvp）
	某种意义上，我们的组织成员只要不主动就会失去很多工作机会，项目制都是员工自我申报、自我拓展的，指派的任务很少，你参与贡献少，收益自然就少，所以大家都比较积极主动，这是自管理模式带来的好处（Kvp、Kd）
	以前工厂上班都是早八晚五，周末还要加班，按点按量在进行工作，现在不一样了，只要完成目标，你早做完你就早下班，工资都是按照工作量来的，不是按时间来的（Ke3）
体系灵活	我们整个体系的灵活性主要有三个方面：生产线的灵活性，……；人的灵活性，个人的工作岗位是流动的，是面向任务的，有项目需要就会走掉；供应链伙伴关系的灵活性，……（Kvp、Kd）
	家庭式细胞核组织单元中通常都会有一到两个多面手，有个别员工可能会有临时缺勤的情况，这些多面手就会直接顶上去，确保团队工作不受影响（Kvp、Kd）
环境易变性	消费者需求的变化太快，上个月还流行的颜色可能这个月就切换到另外一个颜色了，供应链体系的变化也很快，上季度还好好的供应商，莫名其妙地就倒闭了，我们的灵活响应看似主动，其实是被动的（Kvp）
	供应链还是比较脆弱的，为了应对这些各种各样的不确定性，我们的很多供应商都会有备胎计划，这些供应来自不同的国家，国内的话尽量也来自不同的地区（Kvp）
能力自由链接	没有层级的命令和管控，大家就会相对自由，同时响应性就提高了，不需要指令的行动，能力节点的快速链接应该数据驱动生产体系的底层支撑（Kc、Kvp）
	我们遇到问题的时候基本不用向上报告，快速组织问题解决小组，迅速解决问题减少损失，这样对个人和企业都好（Ke4）
定制高成本悖论、技术赋能	定制有个问题是产品之间兼容性很难保证，成本会很高，所以要降低一切可能降低的成本，数字化技术就可以做，每项成本都可以测度和精细化运用（Kvp、Kd）
	我们开发了自己的定制App，顾客在线拖拽标准化的模块基进行组合，手动输入定制内容就可以快速生成自己想要的样式（Kvp、Kd）
	以前用流水线做定制是没法做的，因为每个地方都没法标准化，现在借助计算机，做模块的标准化，这个可以做（Kvp）

续表

编码	示例（来源）
主人翁意识	工厂生产有很多废料本来是可以用的，但是员工没有这样节约动机，当我们把员工的绩效跟其工作的成本绑在一起时，他就会有主人翁意识，他知道浪费的不仅是公司的损失，还是自己的损失（Kvp、Kd）
	现在最大的感受就是你努力了是确确实实能够得到充分的回报的，我以前在其他工厂待过，无论做出多大的成果，拿的都是一个固定的工资，奖励的额度也很小（Ke5）
资源依赖	现在不比过去，企业创新对资源的依赖性更强了。白手起家的，想要抓住创新的机遇都是比较困难的。国家双创的钱就应该多扶持成熟的民营企业，拿给创新团队的，100个有99个打了水漂（Kvp）
	我们专注做服装很多年了，积累了很多顾客的基本数据和经验，转型做大规模定制有很好的底子，大规模定制不仅是平地起高楼，还是要很多基础的（Kc、Kvp）
精益创新	数字化转型一下子要求很多资源和能力都要到位，对企业而言几乎是不可能的，我们只能把手边资源利用好，一点点地改，慢慢往前走，这个过程赚不了钱，整个转型投资很大（Kc）
	现在我们这个实验工厂也已经经历了很多次改造了，上次你来看到的不是这样吧？整个工厂都是持续在改进和完善的（Kd）

资料来源：作者整理。

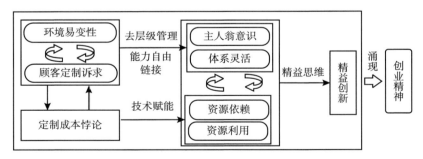

图 4-3 机会把握阶段企业家精神涌现机理

（3）战略重构阶段。

在战略重构阶段，酷特智能选择了循序渐进的变革之路，单独将大规模定制改造项目单独出来设立实验工厂，削弱战略重构对整体业务的影响，确保公司原有的盈利业务能够持续为公司造血，最小化战略变革对公司持续经营的风险。

在企业战略愿景设计和落地过程中，张代理先生一直在思考一个问题："企业为何而存在？"对此，酷特智能将分担社会责任作为公司发展的重要任务之一，一如张代理而言"有幸生在这个年代，就应该力所能及地为这个时代的发展贡献自己的绵薄之力……，我希望我们能为这个时代的制造文明的进步贡献一套酷特方案。"

在组织结构设计方面，酷特智能意识到未来的企业必须充分尊重客户、充分尊重员工，要实现公司与客户和员工的共同发展，因此在组织架构设计和时间探索过程中，酷特智能一直尝试着构建一个没有层级的管控的内部组织，最终实现了二维化网格组织的家庭式细胞核组织，极大地提高了内部组织成员的积极性和组织效率。此外，酷特智能还设计了配套的薪酬绩效方案，组织成员不仅仅享有基本工资和绩效奖金，对于参与的项目产生超额利润，公司还会按照一个规定的标准与组织成员进行分成，这大大提高了员工的福利待遇和获得感，提高了组织成员对企业的忠诚度。与此同时，对于非连续性的工作岗位（如设计师），酷特智能还采取外包形式进行补充，从而极大地减少了这些岗位的人工成本，分摊了经营压力。此外，还通过为合作伙伴提供标准化的数据接口，让合作伙伴共享酷特智能接入的消费者需求数据，共同达成敏捷、柔性的供应系统。

在流程设计和持续优化方面，酷特智能通过引入意大利最先进的悬挂装置，并开发自主智能控制系统，实现服装设计、下料、制造、质检、出口的智能化改造，智能化系统的运用让酷特智能可以在恰当的时间采购适量的原材料，并在恰当的时间投入到生产车间对应的节点供机器人和操作员工使用，这大大减少了不对等仓储带来的成本和延误造成的低效率。

在合作伙伴管理方面，酷特智能通过开放系统的互通互联，推动合作伙伴的信息化改造，同时提高合作伙伴的效率。例如，酷特智能在工厂内为供应商合作伙伴开设了临时仓库租赁给供应商，酷特智能会根据用户下单情况产生的用料量实时监控临时仓库的库存情况，当库存低于安全生产阈值时会触发系统向对应的供应商发出补货通知，供应商在接到通知后会根据现有的库存量和系统提供的未来一段时间生产预测情况进行补货，如果补货不及时造成生产停滞等问题，那么供应商合作伙伴需要赔偿酷特智能的损失，通过这种倒逼机制，酷特智能带动了合作伙伴的响应效率，帮助合作伙伴提高了竞争优势。

酷特智能战略重构阶段企业家精神涌现的编码示例如表4-9所示，对应企业家精神涌现机理模型如图4-4所示。

表4-9 　　　　　　　　 战略重构阶段企业家精神编码示例

编码	示例（来源）
持续转型	要想保障转型能够持续下去，就要有足够的资本持续注入，公司不能一直不赚钱，所以我们先单独拿出一个工厂来做实验，其他工厂还是按照原来的模式经营（Kvp）
	我们的转型一直在继续，所以很多技术并没有完全复制到其他工厂，不可能成功一点就复制一点，这个对于工厂生产而言是致命的（Kvp）
技术赋能	为什么选择在2007年进行改组成立新公司探索新业务呢？是因为到2007年我们发现所有的技术都已经足够成熟，能够运用到生产运营过程中了，要不然是没办法转的（Kc）
	做大规模定制的想法要是放到20世纪90年代是没法做的，想都没法想，首先自动化机器人就是一个难以逾越的门槛（Kvp）
风险最小	我们不像传统企业一样弄很大的库存确保生产安全，库存就是一个资金的无底洞，通过数据库联通，我们和供应商之间实现了很好的联动，我们降低库存风险的同时也提高了他们的敏捷性（Kc）
	我们的临时仓库容量也不大，只是在工厂边上画出来一个很小的地方，而且我们不承担这个费用，而是租赁给供货商（Ksd）
与员工共同发展	要发展员工的主人翁意识，这个很重要，否则很多员工也不上心，残次品多了，口碑不好，最后连带员工的利益一起也会受损（Kvp、Kd）
	员工和企业是命运共同体，我们公司给员工的薪酬比同地区同行要高出六百到八百元，员工自然会很珍惜这份工作，要是公司经营不善了，他们转出去收入肯定不会有现在这么高（Kd）

续表

编码	示例（来源）
与合作伙伴共同发展	整个供应链都是面向顾客的，大家自然都希望能够达成更好的产品和更好的服务，所以大家都会接受我们协议，因为我们的初心是大家都好（Kvp）
	我们的合作伙伴都很乐意跟我们合作的，因为我们有一定的量，另外我们会帮着他们一起做信息化改造，就像为他们植入数字化的基因，这对他们的转型升级而言是很有意义的，至少不会在未来的某一天很轻松就淘汰掉（Kvp）
使命感	企业为什么存在，是为了创造价值，是为了解决人们的需求，酷特智能存在的意义就应该是为客户提供定制价值（Kc、Kvp）
	把这套方案做好并且传给更多的企业，帮助更多的企业成长，为社会创造更多的价值，这是我们的使命（Kc）
责任感	能力越大责任越大，酷特智能既然走在了智能制造的前列，就有这个责任去做更多有意义的事，在当下这个时刻要贡献到供给侧改革中去（Kc）
	当我们走到现在之后，我们就会去思考能不能为中国贡献一个世界名牌（Kc）
利润共享	员工参与的项目产生超额利润时，公司是会按照一个既定的标准进行分成的，不同的项目性质分成的标准不一样，我们是有这个标准的（Kvp）
	我们现在在基本的工资是X，但是项目的分成很不确定，有的月份能够很多，有的月份会少一些，这完全取决于项目，但是即便只是基本工资相对于其他企业而言已经很好了（Ke_6、Ke_7）
优势共长	我们的节奏其实挺快的，供应商的响应速度就得跟上，他们用这种效率去跟其他企业合作时就很有竞争力（Kvp、Kd）
	我们的供货商可以根据我们的订单来预测当季的流行色和款式等，因为我们手里有大量的数据做分析支撑，这提高了他们的战略前置预测能力（Kvp）

资料来源：作者整理。

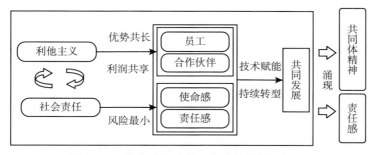

图 4-4 战略重构阶段企业家精神涌现机理

4.5.2　赛莱默的案例分析

本书采用扎根理论的三级编码对资料进行分析和整理。依据资料的来源对一手、二手资料进行编码。研究从大量的定性资料中提炼主题，从而论证理论研究部分提出来的问题。

（1）机会感知阶段。

赛莱默转型的机会感知源于经营环境变化带来的机遇和挑战，并且机会感知始于公司高层，赛莱默世界一流工厂战略的提出是对公司长远发展深入思考后作出的决定。

其一，在赛莱默公司世界一流工厂转型的机会感知阶段，高管团队表现出了对环境变化极强的适应。由于美国经济疲缓、欧洲经济调整等原因，赛莱默公司在欧美地区的业务发展受阻。相比全球海外市场，中国政府陆续推出更严格的水资源管理制度及新的环保法案，中国政府表明对治理水污染的态度和决心，同时也给水处理行业描绘了美好的前景。在中国市场发展充满机遇的同时，公司总经理同时还看到了机遇背后的诸多挑战：①在全球经济一体化的大环境下，世界经济联系日益紧密，金融危机引致的各种颓势对中国市场的影响日渐凸显；②人民币升值及中国劳动力成本优势的丧失等外部因素，正一点点地侵蚀着企业的国际竞争力；③互联网相关的新兴技术对企业组织架构、生产流程、市场营销、商业模式等的影响在一些领先的行业已经渐渐凸显，这种影响如果蔓延到水处理行业，赛莱默又当如何应对。针对这些机遇和挑战，经过再三思考，公司总经理提出了"建设世界一流工厂"的构想，并坚定认为只有一流的工厂才能造就一流的产品，并最终形成公司持续的竞争优势，只有这样才能帮助公司在即将进入高速发展的中国市场中获得成功。

其二，在赛莱默公司转型的机会感知阶段，企业高层管理还表现了极高的变革精神。面对企业各方对世界一流工厂转型的各种质疑，公司总经理向管理团队提出了一系列问题：我们为什么不行？怎么就不能创造出世界一流工厂？通过鼓励管理团队一起去想象世界一流工厂将会给全体带来什么样的回馈，而激发大家对共同梦想的认同，"既然我们生产的产品是世界一流的，那么我们就应该用世界一流管理的管理水平生产，世界一流的产品应该在世界一流的工厂生产出来……，如果我们的工厂成为世界一流工厂，我们这些在世界一流工厂工作的人价值就会增加，因为我们拥有最先进的管理经验和管理能力……我们的企业，不仅要生产一流的工业产品，也要向外界输送世界一流的管理人才，赛莱默公司应该成为让我们每个人价值倍增的平台。"最终，公司总经理坚定了整个管理团队的信心，就建设世界一流工厂的构想达成了意见一致。

赛莱默在机会感知阶段企业家精神的数据编码示例如表 4 - 10 所示，对应企业家精神涌现机理模型如图 4 - 5 所示。

表 4 - 10　　　　机会感知阶段企业家精神涌现的编码示例

编码	示例（来源）
自我追求/不安于现状	水处理设备和装备企业未来的出路在哪里？通过长期的观察、调研和思考，我就在想我们为什么不能做成世界一流工厂（Xc）
	我们生产世界一流的产品，按理说建成世界一流的工厂是没有问题的（Xc、Xvol）
	如果就目前的形势往前发展，我们也可以做得不错，但是决然不能成为一家卓越的企业，我们本可以做得更好（Xc）
对标比较	我参观过日本的丰田工厂、韩国的三星工厂、德国的精益制造工厂，逐渐认识到良好的产品必然有一流的工厂做支撑，工厂是产品的孵化基地，如果工厂做不好，产品就一定做不好（Xc）
	其实我们国内有很多工厂也是做得不错的，如鞍钢、宝钢等，但是相对那些公认的一流工厂，还是有差距的（Xc）
	相较于过去，我们的工厂确实有了很大的改进，很多地方也做得不错，但是仍有太多的地方做得不好，我们仍旧没有办法保证我们的工厂能够在一个很高的概率情况下生产出高标准的产品，建设一流工厂十分有必要（Xc）

续表

编码	示例（来源）
适应政策 变更	随着中国政府推进践行环保承诺，更严格的"三废"处理政策出台，这要求水处理设备和装备企业快速调整生产策略，满足中国市场对水处理的要求（Xsd）
	很多地方都出台了严格的环保政策，原本依托粗放式生产的企业都面临巨大的整改挑战，要么改，要么关闭（Xvo2、Xd）
适应市场 变更	比起早些年，现在的市场竞争更激烈，客户忠诚度维持起来很难，不仅议价能力越来越强，交货时间还要求越来越紧（Xc、Xvo3）
	市政工程的单子越来越多，但很难拿，我们的讨价还价的空间很小，我们只能靠品质脱颖而出，让他们不得不选我们（Xc、Xvo1）
服务社会	企业存在的价值就是服务社会，推进社会进步，并在这个过程中让我们的生活更加美好，赛莱默就应该是这样的一家公司（Xc、Xvo2）
	企业经营本身就是服务社会的过程，通过贡献自己的价值而换取社会资源，脱离这个本质，企业就没有存在的意义了。在企业框架下，职员工作也是服务社会的（Xc）
技术赋能	传统的生产工艺再精益也不能跟计算机和自动化设备媲美，搞工厂自动化升级就十分必要（Xvo4、Xd）
	劳动力成本在上涨，而市场竞争激烈导致价格在走低，如果控制不住成本，企业就无法盈利，做技术升级是我们必要走的出路（Xc）

资料来源：作者整理。

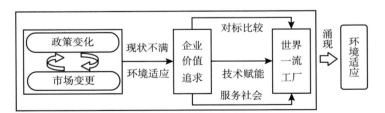

图 4 - 5　战略重构阶段企业家精神涌现机理

（2）机会把握阶段。

为了将"打造世界一流工厂"的转型构想落地，公司总经理需要激发全员的参与热情，形成全员贡献的合力，在现有的生产水平和生产条件之上明确转型任务，并明确组织架构的调整目标以确保转型能够执行落地。

一方面，通过与管理团队充分地交流、分享、讨论后，大家意识到如果每个员工都能以企业的主人翁自居以提高全体成员的自主性，持续追寻这一梦想，会使员工自觉地加入转型的行动和管理之中。通过对更高目标的不断冲击，每一位员工的工作技能会得到大幅提升，会得到连续稳定的工作机会、更好的薪酬、更高的个人价值。与此同时，全体的努力可以不断推进转型的成功落地，并且通过战略拆解能够发现组织内部的能力缺失，进而可以通过内部培养或者外部引入的方式进行技术补充，最终可以借由能力互补形成完整的转型执行能力体系。

另一方面，转型机会的把握阶段还要求企业明确转型基础。赛莱默公司深知自身具有领先的技术基础：公司拥有百年以上的水务设备制造和销售历史，是世界水务行业知名的领导者，拥有极高的知名度与号召力。例如，赛莱默公司与瑞典工厂合作生产的飞力品牌系列产品、Stainless泵及搅拌器产品在行业内属于高端产品，其技术先进性堪称世界一流。在此基础上，公司总经理代领管理团队明确了世界一流工厂的关键指标，包括交货率（OTP）、库存周转率（ITR）、人均产值（PCOP）、缺陷率（DPPM）和工伤事故（ESH）等，并且将各项指标拆解为对应的转型任务，为后续的转型组织任务分配奠定了基础。

赛莱默在机会把握阶段企业家精神的数据编码示例如表4-11所示，对应企业家精神涌现机理模型如图4-6所示。

表4-11　　　　赛莱默机会把握阶段企业家精神编码示例

编码	示例（来源）
技术基础利用	我们的水泵、搅拌器等水平都是世界领先的，我们只是需要在此基础上进行进一步的能力提升，构建更高的市场竞争壁垒（Xc、Xvol）
	我们的生产设备就国内而言，也是最好的，但是照着全球最先进的水平来看，我们还是有很大的进步空间的（Xc）

续表

编码	示例（来源）
区位资源利用	沈阳是国家重工业的发源地，重工业基础设施相对来说还是很完善的，在这里打造世界一流工厂自然成功概率就更高（Xc）
	因为沈阳具有重工业的基因，它的人才储备还是不错的，我们能够很快地招聘到我们想要的人才（Xvo1、Xvo2）
品牌能力利用	赛莱默生产的多个品牌在国内都具有绝对的竞争力，客户认可度高，借助前期积累的品牌效应，我们能够在新的竞争中获得先发优势（Xc）
	我们沈阳工厂在赛莱默体系中属于是亚太制造的中心，建设世界一流工厂有望快速地复制到整个亚太地区的其他中心（Xc、Xvo2）
开发新能力	世界一流工厂的建设是技术改造，也是管理变革，我们需要建设很多原本不具备的能力，这是能否建设成功世界一流工厂的关键之一，于是我们外派出国培训一批、招聘一批技术人员（Xc、Xvo1）
	为了跟上智能化、数字化的发展潮流，我们还需要对产品进行智能化提升，这些都是新的挑战（Xc、Xvo1）
能力补足短板	原本生产制造流程上的一些工艺、设备已经不能满足世界一流工厂的需求，一方面我们替换掉了这些落后的节点，另一方面我们新建了全新生产线的车间（Xc、Xvo1、Xvo2）
	我们的交货率、人均产值、库存周转率等这些指标都不尽如人意，所以管理能力提升是我们需要补的一块短板（Xc）
	世界一流工厂的建设并不是改天换日的工程，我们是有基础的，所以需要有规划的一点点地改进，不能一起都上，不然抓不出结果（Xc）
中层主动意识	变革能不能执行下来，最大的阻力其实来自中高层管理者，他们只要点头，自然附庸的底层员工就会动起来，因此动员这部分人就很关键（Xc）
	通过多次与中层管理者沟通，慢慢地获得他们的认可，不断激发他们的自我价值追求，最终提高他们的主动性，进而保障变革方案的通过（Xc）
员工主动意识	主动意识缺失不仅仅是管理层的问题，员工层面的问题同样重要（Xc）
	员工是终端变革行动的执行者，必然要让他们理解整个变革的价值和意义，这样他们在执行过程中才能明白某些具体障碍的解决方向（Xc、Xvo1）
	把员工的主动意识激发出来，就能够释放他们在整个变革过程中的积极性，从而帮助我们去思考一些我们没有注意到的问题（Xc、Xvo2）

资料来源：作者整理。

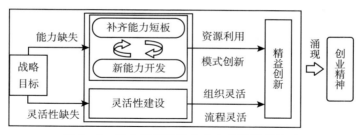

图4-6　机会把握阶段企业家精神涌现机理

（3）战略重构阶段。

基于机会感知和机会把握，赛莱默明确了"打造世界一流工厂"的战略构想，在战略重构阶段，赛莱默公司主要通过对战略目标进行清晰地阐释和共享建设世界一流工厂的重要意义与社会责任等，进而获得组织成员认可，并在公司战略、职能战略及业务战略层面形成良好的对应，最终实现战略重构。

在组织成员目标整合方面，总经理首先向公司中层管理者阐释了打造世界一流工厂的重要意义——建设世界一流工厂不仅意味着公司可以在市场竞争中拥有更强大的竞争优势，还意味着组织成员的自我成就达成，在更高、更大的平台上实现自我的价值；其次，在得到中层管理认可的基础上，赛莱默公司组织召开全体会议，向全体员工阐明战略目标，以期将建设世界一流工厂作为公司和全体成员的共同目标，形成全员共识。

在战略目标拆解方面，赛莱默公司的管理团队，兵分几路，通过外派学习、再培训、查找资料，一步步明晰世界一流工厂的内涵。日本丰田公司是全球制造业界公认的运营及精益管理领域的领先者，管理团队就查考、研究、学习丰田公司的各项运营指标和数据，同时找出米其林、宝马、普利司通、西门子、凯士比（KSB）、依贝思（EBS）等世界领先企业的相关指标，对照标杆企业的指标数据，在此基础上进一步拔高，要在学习的基础上超越这些竞争对手。在反复沟通、交流后，赛莱默公司提出世界一流工厂运营方面的五角星模型。他们提出，世界一流工厂需要从无缺陷、精益、环保、灵活和快速五个方面加以体现。在对组织结构进行重组的同时，企业还按照业务的属性对部门的业务进行重新配置。根据工作的内容，重新核准具体业务归属部门，通过大量反复的多轮多人的过程、流程、工作分析后，对各部门的工作任务重新划分、明晰、优化。

赛莱默在战略重构阶段企业家精神的数据编码示例如表4-12所示，构建赛莱默公司战略重构阶段企业家精神涌现机理如图4-7所示。

表4-12　　　　　赛莱默战略重构阶段企业家精神编码示例

编码	示例（来源）
整合高层目标	做了很多年的职业经理，我深知经理的命运是和企业捆绑在一起的，所以不能过多地追求个人的私利，如果企业发展停滞甚至倒退，经理也将失去展现自我价值的平台（Xc）
	我个人还是属于变革型的领导者，我乐意去做很多探索和改变，只要有助于提高生产绩效和管理绩效，我就一定会去变革（Xc）
	企业最难的就是找到一个能够符合企业发展需要的管理者，这决定了一个企业能否走得更远、飞得更高（Xvo_3）
整合中层目标	中层作为上承下达的关键，其向上要肯定，向下要尊重，很多怕犯错误所以不喜于变革，让中层"舒服地"参与变革，成为变革的重要推动力很重要（Xc）
	年轻一点的中层瞄准向上爬，向上爬无望的老中层就守着自己的既得利益，我认为协调好这些关键要素是很重要的（Xc）
	不是不喜欢变革，要是变革能够都能让大家受益，那大家肯定都会接受的，问题出在这个变革结果的不确定性上，大家心里都在评估的（Xvo_3、Xvo_4）
整合员工目标	员工最大的诉求就是多挣钱，工作环境更好，工作更令人尊重，世界一流工厂的建设自然符合这种诉求（Xc、Xvo_1）
	整合员工的目标不难，但是很少有企业能够做得好，原因就是员工人数多，个性化很强，众口难调（Xc、Xvo_4）
	我被安排去做什么就会去做什么，但是要去做我认可的工作，我肯定会更加投入，更加积极（Xe_1、Xe_2）

续表

编码	示例（来源）
深化企业价值	一个企业存在的意义是什么，必要强调企业的社会责任，这个很有必要进行明确的，做企业怎么能稀里糊涂的呢（Xc、Xvo_3）
	崇高的企业价值追求能够吸引志同道合的员工，能够获得群体的合力，员工忠诚度也更高，能够确保企业经营的韧性（Xc、Xvo_2）
重视环保责任	不仅是我们生产绿色环保的设备和装备，平时我们还会组织全员志愿参与社区的清洁，进行环保工作的宣传工作（Xc、Xvo_1、Xvo_2）
	不仅是国家政策要求，整个全球的企业经营都有必要将环保责任考虑进来，在全球污染危机下，这是企业获得社会认同进而形成良好品牌形象的重要方式，同时也能让企业成员感到自豪（Xc、Xvo_2）
提升员工幸福感	提高企业竞争力，进而获得更好的市场回报，高绩效就能保障员工的高收入，不断提高员工工资收入是一个企业的责任（Xc、Xvo_3）
	员工会因为在一个具有社会责任的公司工作而获得自豪感和成就感，这种幸福感在某种程度上比高工资更能产生员工忠诚，让员工自动将个人的价值和企业发展产生共振（Xc、Xvo_1）
	单纯地说做世界一流工厂，其实跟我们关系并不大，但是听领导说这个世界一流工厂意味着我们的荣耀，这就提高了我们的斗志，谁不希望做一个有社会责任的人呢（Ve_3、Ve_4）
利于社区	世界一流工厂不仅对公司单一主体有利，我们整个工厂所在的社区都会因为一流工厂的建成而受益，周遭的环境更好，企业经营状况更好，员工的幸福感自然会溢出到社区中，形成正向的促进和反馈（Xc）
	企业作为人的集合体，是嵌入在社区中的，要是不利于社区，就无法一直存续下去，利于社区是企业生存的必然要求（Xc、Xvo_4）
利于员工	员工是企业的主人翁，企业发展以人为本，第一类人就应当是员工（Xc）
	自然地，员工为了企业发展出卖了时间、技能和知识，企业发展反过来也要为这种付出买单（Xvo_1、Xvo_2）
	企业时时刻刻都为员工考虑，我们就关心医疗保险、家庭、教育这些，我们没有了后顾之忧，自然就更加投入工作了（Xvo_3、Xvo_4）
利于股东	股东是企业经营的重要利益相关者，企业经营必然要求符合股东的利益诉求（Xc）
	对股东负责也是对职业经理人的重要要求之一，只有符合股东的利益，职业经理人才能持续地获得股东的支持，使个人和企业的发展能够持续（Xc、Xvo_3）

续表

编码	示例（来源）
创新以求生存	创新是企业事业长青的关键所在，所有产品都有生命周期，当旧的产品来到生命终点，就需要新的产品出现拯救企业的持续发展，不创新毋宁死（Xc）
	尽管我们的产品已经处于世界第一梯队，但是我们每年的创新投入仍旧很高，创新是我们的持续胜出的关键（Xc、Xvo_1、Xvo_2）
商业模式持续创新	过去我们依赖稳健的分销渠道向全国销售我们的产品，尽管我们当前大部分的销售还是来自这种模式，但是为客户提供专门定制产品的业务正慢慢成长起来的，而且增长势头远远高于传统的业务模式，所以我们现在正在转向探索定制化的智慧水务解决方案（Xc、Xvo_3、Xvo_4）
	因为我们的产品是重型装备，很难借用电商交易的力量，但是我们也在尝试将电子商务的逻辑融入我们新的商业模式设计中，比如订单管理、线上产品的动态展示等（Xc、Xvo_3、Xvo_4）
组织结构持续创新	尽管我们作为传统的制造企业，稳定的层级式组织结构已经足够，但是我们还是在探索更加有效的组织结构，当扁平化成为主流时，层级结构就会被社会淘汰，到时候一下子改过来一定会很艰难（Xc）
	因为新创业务和商业模式创新的需要，我们的组织结构已经进行多次调整，并且新部门的组织形式更加灵活（Xvo_3、Xvo_4）

资料来源：作者整理。

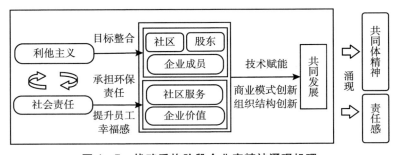

图4-7 战略重构阶段企业家精神涌现机理

4.5.3 酷特智能—赛莱默的跨案例分析

在数字化转型背景下，企业经营需要对环境的动态性进行回应，根据案例分析，本书识别出了企业家精神的环境适应、创业精神、责任感和共同体内涵及两种不同的涌现机制：面向顾客需求的自我探索机制和基于环境适应的自我价值追求机制，并且在数字化转型过程的各个阶段表现存在差异。

（1）机会感知阶段企业家精神内涵及其涌现机制。

酷特智能在转型的机会感知阶段，董事长张代理先生基于对传统服装制造行业激烈竞争的深恶痛绝，洞察制衣的未来一定归于定制化，但是传统的定制业务不仅效率低下而且成本高昂，只有消费能力极高的消费者才能获得定制服务，普通大众根本无力承担这种模式下的定制费用。经过反复地思考探索，张代理先生意识到采用大规模流水线的模式来实现定制产品，既能保障定制的效率，又能给消费者带来定制的价值，这应该是一个不错的探索方向。于此，张代理先生开始长期地考察和论证过程。张代理先生这种面向消费者需求进行主动探索和思考的思维方式代表了一类企业家的企业家精神的形成过程，当深入思考企业家在这个过程中涌现出来的精神内涵，会发现其底层的思想是对企业本质的深刻把握——企业存在的意义一方面是减少自由市场中多个独立交易主体之间的交易成本，另一方面也是其更加本质的理由在于为顾客创造价值，一个企业立命之本在于创造消费者价值，即环境适应是企业家运营企业和进行企业数字化转型的内在驱动力，是企业家精神的重要要义。

赛莱默的总经理在机会感知过程中同样展现了企业家精神的服务意识内涵，但是其涌现机制存在明显不同。赛莱默公司作为世界领先的水处理设备服务商，在转型之初并不存在任何经营上的严峻挑战，对打造世界一流工厂的设想完全出于企业家个人对企业现状的不满足，以及对经营环境的数字化机遇的适应。

（2）机会把握阶段企业家精神内涵及其涌现机制。

在机会把握阶段，酷特智能表现出了极强的创业精神。在感知用流水线的模式进行产品定制后，酷特智能便组织公司高层领导到世界各个制造发达企业进行参观调研和调查，试图从这些领先制造企业的制造工艺和流程中找到流水线定制的答案。在参观日本丰田、韩国三星、德国大众等先进制造企业之后，尽管没有得到直接的答案，但是酷特智能找到了当下最先进的制造设备和制造工艺——法国服装制造商先进的悬挂式牵引设备，德国汽车企业的标准模块化生产工艺，韩国三星公司的信息管理系统。当把这三种工艺结合起来，就可以借助信息系统建设，向消费者呈现可视化的定制界面，而定制内容实现标准化后，就可以借助服装悬挂式牵引工艺进行产品生产制造。当然，这个整合过程是极其艰难的，信息系统能够快速地传递消费者个性化交互设计结果，生产制造流程也能快速生产制造，难点就在于这两者之间如何协同，同样组织结构有需要做出怎样的调整才能灵活响应这种柔性的生产制造工艺。酷特智能的实践给出了答案，不断探索，持续创新改进。即在机会把握阶段的企业家创业精神通过灵活利用现有资源，对工艺流程进行持续创新及通过组织架构调整对柔性制造流程和工艺进行灵活响应，最终得以体现。

赛莱默公司在数字化转型的机会把握阶段涌现的企业家精神内涵与酷特智能公司相似。在明确"世界一流工厂"的转型战略之后，赛莱默公司内部进行多次深入的交流，对世界一流工厂战略的各项具体指标进行了确定。在这个过程中，赛莱默公司尤其强调现有资源的利用，是一种利用式的转型，通过针对各项指标的不断改良，这种精益创新的思维最终会在整体上达到新的状态和新的高度。同时，在不确定性和不稳定性的数据时代下，赛莱默要把握建构世界一流工厂的转型机遇，其同样对组织结构进行了必要的灵活性调整，将足够的权力下放给下层管理成员和员工，以便于其能够在各项指标达成过程中的协调。

（3）战略重构阶段企业家精神内涵及其涌现机制。

酷特智能在战略重构阶段的实践表明社会责任、集体利益都是企业家精神的价值追求。张代理先生认为无论是从经济学视角降低交易成本，还是管理学视角提升管理效率，企业存在的意义都是实现顾客价值，而顾客价值实现的进步会推动社会文明的进步，企业生存和发展得益于社会，自然也要反哺社会，将社会进步作为企业的重要使命。此外，酷特智能的转型过程不仅强调将价值导向的主动权交还给顾客，实现对顾客的赋能，同时还积极重构组织结构以实现新的组织功能，让权力和责任都能落到恰当的人手中，实现对员工的赋能。权力下放也意味着责任的下放，企业是企业所有成员共有的，经营压力不仅仅是企业管理层的，任何企业成员都有必要分担企业责任。

赛莱默在战略重构阶段的实践同样体现了企业家精神的责任感和共同体精神，但是其形成机制存在差别。赛莱默公司企业家精神的责任感是与公司所从事的业务紧密相关的，污水处理、饮用水净化，都深刻地烙印在其产品和业务当中，最终对从事这些业务的组织成员产生了潜移默化的影响。同时在转型过程中，由于组织权力的下放，包括决策权、用人权和分配权等，赛莱默公司的组织成员会更加强调成员之间的协调性，通过目标整合，推动组织成员之间的能力互补实现最高效率的战略目标达成。

综合以上分析，构建数字化转型背景下，企业家精神涌现机理模型如图4-8所示。

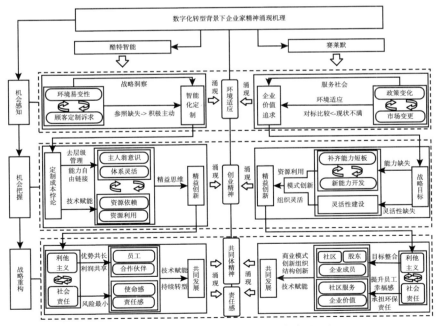

图4-8 数字化转型背景下企业家精神涌现机理

4.6　研究发现与讨论

4.6.1　数字化情境下企业家精神的关键属性

在企业数字化转型情境中，企业家精神在传统研究概念的基础上会涌现出一些新的关键属性，主要体现在三个方面：主动性、技术赋能和价值追求。

其一，在数字化情境的应对方面，企业家精神会突出强调主动性和对技术的利用。首先，组织整体会倾向去追求松耦合的状态，通过弱化组织内部的关联性提高其组织柔性[227]。企业的数字化转型是在追求内部价值创造与外部环境变化的适配性，这种适配性更加要求组织主动性，包括对环境施加影响力进而促使其向利于企业的方向发展，或者积极调整内部的组织文化、组织架构、业务流程和制造工艺积极响应环境要求等。其次，主动性是整个组织的特性要求，具体可以细化到每个环节、每个节点、每个组织成员身上，企业通过架设供需对话的桥梁，弥补需求端与供给端的错位来实现转型成功。其中，供需对话的桥梁架设必然地要考虑企业经营所处时期的特殊性，包括制度、技术、文化等宏观层面的影响，更包括微观层面的员工沟通技能的提升，尤其是对新兴信息沟通工具的掌握，这决定了消费者的需求能否准确地被供给端的企业捕捉到并被准确地理解。最后，信息技术基础设施和普及将消费者大部分的零散时间转移到了线上，并且激发了消费者对产品消费的主动性[228]。相较于过去，消费者更关心自己使用的产品和服务是如何产生的，以及这个过程是否符合自己的期望，包括是否合乎人道及可靠性等。但是供需匹配本身就是消费者和供给双方共同互动的结果，单纯地消费者主动并不能让企业自动地回应环境的不确定性带来的挑战[229]。

故而，企业自身也需要开发其积极主动性，进一步落实到组织层面便是每个组织成员的积极主动性。总而言之，应变是数字化转型情境中企业应对不确定性的客观要求，自然这种主动性及对新兴信息技术的运用也发展成为数据时代企业家精神内涵的关键属性。

其二，信息技术让世界的联系更加紧密，相较于破坏性创新，企业家精神内涵更侧重于利用信息技术进行全球范围现有资源的整合。首先，尽管基于文化、行政、地理和经济的国家间差异一直都存在[230]，并且这些差异或许会伴随整个人类文明的发展进程，尤其是对于富有民族、国家色彩的差异，任何一个民族和国家或许都不愿意放弃自己的文明。但是这并不能阻碍资源的跨边界流通和整合，市场无形之手将会持续作用于资源的最佳整合。其次，信息技术和全球贸易的发展让企业借助全球性的网络进行资源（创意、知识、技能、技术）的搜寻和整合变得更加容易。换言之，企业成员的全球视野会被打开，相较于内生式的创新，整合全球资源的能力成为企业发展进而组织成员价值创造的重要体现。最后，数据时代的企业竞争优势来源由于产业边界、行业边界和企业边界的融合发展，使得探索式创新和利用式创新的相对性得以减弱，尤其是数据资源打破了传统资源的独占性，企业必须深刻地意识到"能用"和"所有"之间的鸿沟在缩小。企业对资源整合的能力，并不仅限于自有资源，凡是能够触及的资源很大程度上都将进入企业可以整合的范畴。此外，还需要指出地是，由于企业的市场边界（包括生产要素来源的边界和产品市场的边界）打开，生产率边界被拉升到了另外一个新的高度，企业可以通过国际化战略就能实现更高的效益，只有全球范围内的生产要素和产品供需存在不对称性，那么现有生产要素的整合就仍旧会带来高绩效，资源整合对于企业就具有价值和意义。总之，数字化转型情境下企业家精神必然地强调了资源整合的含义。

其三，数字化技术飞速发展的今天，企业更加倾向于追问其存在的意义，这种追求经过内化成企业成员个人的精神内涵，在个体层面表现为企业成员对自我价值的追求更加重视[231,232]。一方面，在数字化转型背景下，商业经营环境变化莫测，包括宏观国际化形势半全球化、国内政策法规滞后、产业融合发展、市场需求个性化、企业内部管理理论及工具和方法失范等，企业经营管理者都在究问企业存在的意义是什么？对企业发展终极追求的探索被提到比以往任何时刻都要高的地位。另一方面，生产力水平的提升导致大部分工作开始被智能机器人取代，企业成员对于未来的惶恐必然地反向推动其思考个人的价值及如何实现。与此同时，经济生活水平的提高让企业成员不必要为生计而困扰，其同样在思考个人的价值和意义是什么。对于此，企业存在的价值、个人存在的价值成为企业全体成员开始关注的焦点。总而言之，对自我价值的拷问，最终转变为企业层面的社会责任承担精神，为全体成员层面的共同体精神和协作精神。

4.6.2　企业家精神内涵的阶段性涌现

企业家精神在回应环境变化（制度、市场、技术）时会突破管理层级的界限，在员工层面也得以涌现。与过去的企业家精神进行比较可以发现，企业家精神的内涵并不都是与生俱来的，而是受环境影响从具体经营过程中涌现出来的，这种涌现在转型的过程中会存在前后差异。

企业数字化转型最先由企业最高层领导主导，包括对当下经营面临的挑战和外部环境变迁涌现的机遇的把握从而感知战略转型的机会，以及推动企业启动转型机会把握所需要的各种变革和调整。即企业家精神企业在转型的初始阶段，主要体现在企业领导层面。尤其是对于传统型企业而言，由于转型之初，企业主要的转型动力来自企业家的自知和自觉，通过深入洞察企业的经营现状与经营环境的适切性，进而引领企业数字化转型的方向和节奏安排[233]。直到数字化转型的战略重构阶段，企业在机会把握阶段已经将组织架构和组织规则惯例等进行了必要的变革，企业员工在具体落实转型战略的时候获得了足够的主动权，员工与企业的角色由雇佣关系转向合作关系甚至是共同持有关系，这推动了企业家精神在企业员工成员层面的延伸体现。企业员工从而得以以企业主人翁的思维开展日常工作，例如时刻将经营成本最小化、效率与效益的权衡等映射到工作任务中。通过全员努力，企业经营绩效得到提高，最终全员可以共享这种由企业家精神带来的经营成果。

企业家精神在企业数字化转型过程中阶段性涌现的原因在于案例企业数字化转型的组织是一个从传统"命令—控制"模式到"赋能—服务"模式的转变过程。在传统组织层级制的企业中，企业不支持员工拥有企业家精神，或者说员工本身具备的企业家精神是被压抑的。传统企业经营模式下，企业需要的是能够听话、能干活的人，即便是人性假设从经济人转向社会人，企业对员工所有匹配的激励措施考虑的都是如何让员工更好地服务于企业的经营目标，而不是让员工发展成为企业的主人[234]。但是数字经济时代，企业经营单纯地依靠单一或者少数的高层管理者来对各种经营挑战作出决策和回应变得不现实，环境复杂化、不稳定性使得任何超出企业惯例的例外情况随时随地都在发生，单纯地缩减组织层级并不能完全回答这些挑战。尤其，企业需要做的就是将经营的决策权和责任同等比例地分担到所有成员身上，尽可能地将每位员工都打造成高层领导，让所有人都能应对变化的经营挑战作出正确的决策。诚然，这种转变使得企业内部的层级机制被瓦解掉，同时发展起了自管理、自组织、自激励的组织[235]。进一步地思考可以发现，当企业已经完成从层级制转向自管理模式的转变之后，新的转型过程将不会再出现这种企业家精神的阶段性涌现的现象，而是企业家精神会持续作用于转型的各个阶段。

4.7　本章小结

本章运用案例研究方法，结合"机会识别—机会把握—战略重构"的逻辑对酷特智能和赛莱默公司两家案例企业在数字化转型过程中的企业家精神涌现机理进行分析，并构建理论模型。数字化转型背景下组织扁平化导致权力和责任的下移，企业普通成员在接过这些权力和责任的同时，也逐渐在企业经营过程中贡献个人的知识、技能。企业员工对自我自主意识的争取也在要求企业进行必要的组织变革，包括组织架构和组织规则等，让员工实现自我管理，在企业经营过程中掌握更多的自我裁量权。这种变化致使企业员工开始转变角色，将自己视为企业的主人进行思考。这意味着企业家精神从传统企业高层领导的范畴延伸到了全体企业成员。企业家精神在企业的数字化转型过程中具有明显的阶段性区分。企业家精神在企业内部主体范畴上的延伸会由于转型的进行而逐步拓展到员工层面。

第 5 章

基于组织承诺的企业家精神对
企业持续创新能力的影响研究

5.1 研 究 假 设

5.1.1 企业家精神对企业持续创新能力的影响

随着互联网技术的应用，越来越多的企业实现平台化转型。数字化转型企业能够突破创新要素的边界约束来获取持续的创新能力[236]。在开放、赋能和以人为本的文化氛围渲染下，组织通过给予员工情感与工具的支持，在组织成员间建立客户导向、和合共生的价值观理念，从而使员工在一致性目标的引导中全身心地投入到企业核心竞争力的培育[237]。企业家精神作为企业重要的创新资源对企业持续创新能力产生重要的影响。

本书就数字化转型背景下企业家精神和数字化转型企业持续创新能力之间的关系做出如下理论猜想：首先，企业家精神强调了责任感。企业的经营和管理过程，要与客户对价值的界定和需求相契合，并且随着客户的需求变化不断做出动态调整。这种以客户价值需求为主导的企业管理过程，主要是为了满足客户的个性化需求。为此，员工需要增加更多的时间和精力的投入，在与客户、企业的互动过程中，通过增加沟通频率，有效识别价值需求。这一投入的增加会带来员工组织承诺升级，以更好地实现企业创新技术的更新换代，这是实现企业持续创新能力的基本保证[72]。其次，企业家精神强调的创业过程，充分赋予了员工创新的活力。随着员工自主能力的提升，相应的责任也会增加，员工的组织承诺升级。在面对复杂的情境时，就需要员工敢于承担相应的责任，自主灵活地调整创新研发活动，以保障企业长远的创新发展[47,238]。再次，企业家精神中强调了共同体的作用，即风险和成果共享的原则。当存在共同体意识时，员工不仅仅是完成自己这部分负责的工作，而且会投入更多的时间和精力，即组织承诺升级，对于合作中存在的问题，积极寻找解决的途径，从而增强企业内部成员间的沟通交流，实现企业持续创新能力的提升[239,240]。最后，企业家精神能够有效识别外部风险，并据此作出相应的企业调整。在这个过程中，员工也需要作出相应、及时地调整，以不断适应组织的变化[241]。由变化而带来的员工适应的需求，会进一步增加员工的投入，员工需求保持敏锐的洞察力，从而在实践中善于发展问题，并提出创新性想法，最终帮助企业提升持续创新能力。因此本书作出如下假设：

H5-1：企业家精神对企业持续创新能力产生积极的影响。

5.1.2 情感承诺在企业家精神与企业持续创新能力间的中介作用

情感承诺强调了员工基于情感想要留在企业工作的意愿，数字化转型背景下企业家精神赋能与员工个体自我实现，有利于员工对企业保持情感承诺，稳定的员工结构能够保证企业获取知识路径的稳定性。因此，关于情感承诺在企业家精神与企业持续创新能力间中介作用的猜想如下：首先，企业家精神的主旨在于鼓励创新，拥有企业家精神的组织更加强调通过搭建员工间沟通交流的平台和塑造开放性的创新文化来唤醒和强化员工对组织价值目标的一致性认同，从而触发组织员工情感承诺的提升，获得更加强烈的想要留下为组织做出实质性贡献的愿望[242]。其次，企业家精神意味着组织拥有更强的风险承担意识，数字化转型企业使得领导的决策权得到有效的下沉，员工开始意识到自身决策意见对于组织实现价值目标的重要性，进而表现出基于主人翁意识的积极创新行为，全身心地投入到组织的创新活动建设当中以帮助组织获得持续的竞争优势[239,240]。最后，企业家精神通过塑造共享合作氛围鼓励员工进行更多地跨部门协作，这使组织成员能够在与组织和其他成员的交互中逐渐建立明确自身的角色定位，从而将实现组织目标和个人的价值相互绑定，表现出较高的风险承担意愿和更高的创造力。现有研究证实了情感承诺对于员工创造力与创新行为的影响，研究发现具有高情感承诺的员工通常会与组织间建立情感链接，使其能够对组织福祉损失的预期能力得到提高，进而有助于促进他们为了保护组织利益而愿意做出自我牺牲。斯韦莱斯（Swailes，2000）在调研中发现，情感承诺是创新的重要影响因素。高情感承诺的员工往往倾向于寻找创新性的方法来解决工作中的问题，从而实现组织持续创新能力的提升[243]。李树文等（2020）指出组织的情感承诺会促进组织中的知识资源转化为创新成果，从而实现组织创新能力的提升[244]。综上所述，本书作出如下假设：

H5－2：企业家精神对情感承诺有正向的影响；

H5－3：情感承诺对企业的持续创新能力有正向的影响；

H5－4：企业家精神通过情感承诺的中介作用影响企业的持续创新能力。即企业家精神对情感承诺产生促进性作用，从而促进企业持续创新能力的提升。

5.1.3 持续承诺在企业家精神与企业持续创新能力间的中介作用

首先，数字化转型企业中企业家精神的存在使得组织与员工之间的传统雇佣关系被弱化，取而代之组织与员工之间更加倾向于形成基于情感与信任的合作关系。拥有企业家精神的组织通过建立普适性的价值观来获得员工的情感认同，从而在员工间形成共通的心智模式[245]。员工的工作目的不再单纯地局限于经济收益，而是在于能否通过与他人的共同努力在实现组织成长的同时实现自我价值的提升，这一过程激发了员工对组织的责任行为，使员工留在组织中的意愿更加强烈[246]。其次，企业家精神强调主动地承担风险、应对挑战，随着组织结构的日益扁平化，组织通过鼓励员工围绕客户需求解决问题，员工不拘泥于自上而下、等候指令的固有工作形式，组织通过赋予员工更多的决策权和成长空间来为客户创造更多的附加价值，从而降低了员工的持续承诺。最后，企业家精神的创新与合作导向意味着组织对员工跨职能沟通的支持，即人人都能够成为一个项目的领导者，员工能够在与其他部门组织成员的交互中获得情感支持与能力认可，进而感知到自身对于组织的重要性，提升员工产生提高工作投入程度的动力和心理安全感，从事有益于组织或团队的行为。因此，企业家精神能够有效地降低员工的持续承诺。另外，现有研究大多强调了持续承诺对于员工创新行为、组织创新绩效的负向影响[247]。其本质原因在于持续承诺是一种基于经济交换的组织员工关系，高持续承诺条件意味着员工更加在意现有资源或能力的得失，通常情况下他们更倾向于选择被动接受或顺从、冷漠或回避两种消极的行为反应，从而不愿意付诸冒险性或创新性行为[243]。在数字化转型企业中，低员工的持续承诺意味着员工不会受到强制牺牲和选择困难的约束，从而使员工摆脱后顾之忧。员工会自愿地投入到组织的创新活动当中，通过发挥个人创造力、促进组织内部的知识交互，将自身的资源与能力投入到组织核心竞争优势的构建过程中，进而不断培育组织的持续创新能力。综上所述，本书作出如下假设：

H5 - 5：企业家精神对持续承诺有负向的影响；

H5 - 6：持续承诺对企业的持续创新能力有负向的影响；

H5 - 7：企业家精神通过持续承诺的中介作用影响企业的持续创新能力，即企业家精神对持续承诺产生抑制性作用，从而促进企业持续创新能力的提升。

5.1.4　组织支持感的调节作用

根据社会交换理论的"互惠原则"，首先高组织支持感意味着员工充分感受到组织对其投入的关心与帮助，这有助于员工企业家精神的显现，员工萌生主动创新的意识和行为以实现与组织的互利共生，过程中员工将表现出更为强烈的为组织利益和目标的达成做出贡献的责任感，促使他们用更高的组织承诺和更加努力的工作来回报组织[248]；其次，必要性的资源和支持是组织实现创新的关键。在数字化转型企业中，组织通过赋能的方式给予员工实质性的资源支持，从而降低员工对创新风险的感知，缓解组织与员工基于经济交换的关系嵌入，使员工将注意力聚焦到以客户为导向的解决方案的思考中，从而更好地在数字化转型组织中实现自我价值的提升，降低员工的持续承诺[249]；最后，已有研究验证了支持性文化和氛围不仅有利于预测员工的创新行为，还有助于形成一种信任和合作的组织氛围[250]。组织支持感能够使员工感受到源自组织中其他成员的支持、理解和对其能力的认可，进而产生一系列积极的情绪体验诱发员工持续合作行为的产生，从而使员工能够通过高效的合作、人际互动及信息交流获得更多的组织归属感与组织认同，最终提升员工的情感承诺。综上所述，本书作出如下假设：

H5-8：组织支持感正向调节企业家精神与情感承诺的关系，即组织支持感越强企业家精神对情感承诺的影响作用越强；

H5-9：组织支持感正向调节企业家精神与持续承诺的关系，即组织支持感越强企业家精神对持续承诺的负向影响作用越强。

5.1.5 价值观匹配的调节作用

数字化转型的企业普遍崇尚鼓励创新、和合共生的价值理念[199]。根据人与环境匹配理论，个体与环境的匹配有利于激发个体积极的态度与行为[251]，当组织中的人与组织价值观匹配度高时员工能够充分理解和践行组织对于创新的根本诉求，他们通过积极主动建立自身目标与组织价值实现的根本联系，努力弥补自身与组织预期之间的差距，形成了对组织更为强烈的情感承诺。同时，数字化转型组织中员工的角色身份由"被雇佣者"向"创业者"发生转变，"员工做主"的组织价值观使得潜藏在个体的敢于冒险、勇于担当作为的精神得以释放，员工的实际工作地位得到提升，他们拥有更多的自主决策权力，能够通过非正式的团队结构解决企业问题，在实现自我价值提升的同时获得更多的成就感[161]。拥有与组织共同价值观的员工在组织中会感觉融洽，与此同时他们通常会更容易获得组织的认同与资源支持，降低员工在创新活动中的不确定性并提高员工的工作安全感，员工因此能够感受到组织的吸引力，并且选择坚持留在组织中，通过贡献自身的创意与创新实现与组织的共同成长。综上所述，本书作出如下假设：

H5-10：人与组织价值观匹配正向调节企业家精神与情感承诺的关系，即组织支持感越强企业家精神对情感承诺的正向影响作用越强；

H5-11：人与组织价值观匹配正向调节企业家精神与持续承诺的关系，即组织支持感越强企业家精神对持续承诺的负向影响作用越强。

146

5.2　模 型 构 建

5.2.1　主 体 模 型 构 建

根据以上的分析，本章从组织承诺视角构建了数字化转型企业中企业家精神对企业持续创新能力影响的主体模型，如图5-1所示。

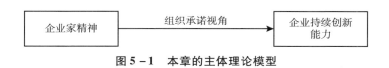

图5-1　本章的主体理论模型

5.2.2　整 体 模 型 构 建

本章的理论模型如图5-2所示。

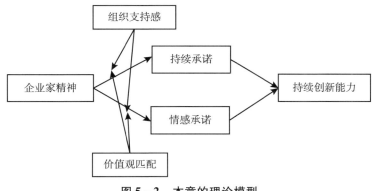

图5-2　本章的理论模型

5.3　问卷设计与预测试

5.3.1　问卷设计

本章问卷量表采用国内外已有研究的成熟量表，再结合研究情景对部分题项加以修正，并邀请了 80 名数字化转型企业中的工作者进行访谈，多次加以修改以保证最终问卷的信效度。变量的测量为李克特 5 点量表，1 表示非常不同意，5 表示非常同意。

（1）自变量为企业家精神。

由于本书研究的企业家精神是新情境下演化后的概念，下面对其测量工具在以往研究的基础上进行了修订与完善。

首先，整理与归纳量表题库。该部分主要包括两个方面：一是根据扎根理论过程中涌现的含义与已有相关研究内容进行对比，从中提炼出相似或相关的测量工具放入数字化转型背景下企业家精神测量的初始题库中，其中主要包括以往相关学者对于企业家精神量表的设计（Kirzner，1978；Drucker，1985；Covin & Slevin，1991；辛杰，2014）[79,32,252,81]；二是将本书扎根理论的初始范畴问项化，也放置在构建的数字化转型背景下企业家精神测量的初始题库中。经过上述步骤，数字化转型背景下企业家精神测量的初始题库中共包含了 36 个题项。

其次，进行项目纯化和预测试。邀请 16 名国内外知名数字化转型企业的领导和员工组成实践小组对量表初始题库进行提纯。邀请国内外 4 名对企业家精神有深入研究的学者组成理论小组，同时对量表初始题库进行分析。经过实践小组和理论小组的共同研究之后，确定了数字化转型背景下企业家精神的初始量表，该量表包含 22 个题项。本书将数字化转型背景下企业家精神的初始量表向数字化转型的企业（北京 1

家、山东2家、上海1家），共发放了258份问卷，回收234份问卷，经过检查发现有6份问卷答案一致性比较高，剔除后获得228份有效问卷。经过项目分析后发现（分析结果如表5-1所示），有4个题项不符合数据检测要求，予以剔除。经过项目分析后，数字化转型背景下企业家精神的量表剩余18个题项。

再次，为了进一步对数字化转型背景下企业家精神量表进行结构分析，本书向6家数字化转型的企业共发放了350份问卷，回收剔除无效问卷后剩余278份有效问卷。将调查问卷随机分成两个部分，其中一部分用于做探索性因子分析，另一部分用于做验证性因子分析。在进行探索性因子分析时，共获得4个因子（环境适应精神、共同体精神、创业精神、责任感），包括18个题项，累计方差解释69.72%。在利用AMOS20.0采用因子模型的分析方法进行验证性因子分析时，发现四个因子模型的拟合指数是最优的，并在经验值以内（$\chi^2/df = 2.34$，CFI = 0.914，TLI = 0.904，RMSEA = 0.031，SRMR = 0.022），如表5-1所示。

表5-1 初始量表的项目分析

序号	题项	CITC	项已删除的 α 系数	α	备注
1	组织成员会时刻反思组织所处情境	0.542	0.935		保留
2	组织成员会关注并追求自我价值的实现	0.571	0.931		保留
3	能对外部环境的动态变化保持敏感性	0.613	0.939		保留
4	持续地对企业的流程、制度、管理方法进行革新	0.317	0.935		删除
5	比同行竞争对手更加重视市场机会的开发	0.707	0.931	0.933	保留
6	拥有关于决策所需的新知识并愿意主动同大家分享	0.721	0.931		保留
7	对所讨论的问题有新观点并愿意积极地同大家分享	0.577	0.932		保留
8	多种资源获取方案的选择往往采用集体决策法	0.683	0.931		保留
9	公司喜欢以集体智慧来完善市场开发方案	0.619	0.932		保留
10	为实现企业目标，倾向于采取大胆的、迅速的行动	0.361	0.931		删除

序号	题项	CITC	项已删除的 α 系数	α	备注
11	一致认同追求卓越的标准	0.703	0.931		保留
12	组织成员关注顾客价值，以此为活动的依据	0.627	0.932		保留
13	组织成员认同企业的文化和价值观	0.511	0.931		保留
14	组织成员会主动自发地参与到价值创造中	0.624	0.932		保留
15	比同行竞争对手率先抓住市场机会	0.615	0.933		保留
16	组织成员适应组织结构变化，倾向跨界合作	0.677	0.932		保留
17	为了避免损失，倾向于采取小心谨慎的行动	0.309	0.932	0.933	删除
18	组织成员建立与核心企业相一致的愿景和目标	0.617	0.931		保留
19	组织成员在自己得到发展的同时，关注其他人的利益获取	0.624	0.933		保留
20	组织成员对事业总是充满激情	0.319	0.933		删除
21	组织成员根据市场需求能快速调整自己的角色	0.655	0.935		保留
22	组织成员关注外部环境的动态变化并主动响应	0.574	0.9321		保留

资料来源：由本书分析所得。

最后，本书对数字化转型背景下企业家精神的量表进行了信效度检验。从检测的数据结果显示各维度 α 系数及整体的 α 系数都大于 0.7，因此该量表通过了可靠性检验（环境适应精神维度 α 系数 = 0.893，共同体精神维度 α 系数 = 0.876，创业精神维度 α 系数 = 0.903，责任感维度 α 系数 = 0.846，整体量表 α 系数 = 0.911）。效度检验方面，各维度的 AVE 值分别为 0.538、0.572、0.611、0.604，各因子之间的相关系数介于 0.24 ~ 0.37 之间。从检验结果来看，各变量的 AVE 值在 0.5 之上，并且相关系数的平方小于 AVE 值，因此量表的判别效度通过检验。量表题项包括"组织成员会时刻反思组织所处情境"和"组织成员会关注并追求自我价值的实现"等。

（2）中介变量为情感承诺与持续承诺。

对情感承诺和持续承诺的测量主要借鉴了以往研究者的观点（Allen &

Meyer，1990)[253]，情感承诺主要包括 6 个题项，例如"以后的职业生涯我都愿意在当前的组织中度过"和"就个人而言，目前所在组织对我有很大的意义"等。持续承诺主要包括 6 个题项，例如"现在我必须要留在这个组织中，这也是我所希望的"和"我的选择太少，以至于现在不能考虑离开这个组织"等。

（3）调节变量为组织支持感和人与组织价值观匹配。

本书对组织支持感的测量采用的是以往学者编制的量表（Eisenberger，1986)[162]，共包括 8 个题项，例如"公司有着有效的程序来处理和解决来自员工的不满和意见"和"员工能通过公司的各种渠道了解公司的政策信息"等。人与组织价值观匹配采用以往学者编制的量表（Edwards & Cable，2009)[254]，探索价值观匹配对员工自身心理、态度和行为的影响采用主观匹配进行概念化和测量更合适，因此本书使用"员工感知自己的价值观与组织的价值观匹配的程度"来测量员工与组织价值观匹配，例如"我所看重的事情与组织所看重的非常相似"等。

（4）因变量为企业持续创新能力。

本书对企业持续创新能力的测量采用的是宋志红等人编制的量表[110]，共包括 5 个题项，如"与竞争对手相比，组织能够更快地推出新产品或服务"等。

（5）控制变量。

控制变量除了组织行为学中常见的性别、年龄、学历与工龄 4 个基础的人口统计学变量外，考虑到企业规模和企业性质会对企业家精神和企业持续创新能力的差异化影响，因此本书也对企业规模和企业性质进行了控制。

5.3.2　预测试

为了检验设计变量测量量表的科学性，本书进行了预测试。　　　*151*

（1）预测试数据收集。

在与实践界和理论界专家多次讨论后，本章确定如下的问卷收集过程：首先，选取适合本书研究情境的被试企业，结合本部分的理论分析选取 3 家互联网转型的企业作为预调研对象，3 家企业分别为酷特智能、海尔集团及美的集团（智能工厂）。其次，根据成熟量表确定数据收集的对象，本章中企业持续创新能力由领导填写，其余量表由领导下属员工填写。再次，本章采用领导与成员匹配的问卷收集方法，问卷调研主要通过线下和线上两个部分组成，线下调研会对小组及小组成员（领导和员工）进行编号，然后回收问卷，线上部分主要通过微信、邮件及 QQ 等方式发送问卷链接进行问卷的发放。线上部分的问卷设计会首先设计小组编号窗口，通过小组编号实现同一小组员工与领导的配对。最后，为了进一步避免收集数据的同源偏差，本书通过多时点收集相关数据。

根据以上的问卷收集过程，本书共在以上 3 家企业收集了 16 个团队的数据，共发放 150 份问卷，回收问卷 124 份，在剔出无效问卷后，共获得 112 份有效问卷，有效回收率为 74.67%。

（2）预测试数据信度分析。

通过预调研的数据对各个变量进行信度检验，利用 SPSS19.0 对相关数据进行检验，结果如表 5-2 所示。

表 5-2　　　　　　　　　预测试各变量的信度值

变量	Cronbach' α 系数	CR 值
企业家精神	0.908	0.908
情感承诺	0.901	0.905
持续承诺	0.913	0.904
企业持续创新能力	0.891	0.894
组织支持感	0.903	0.903
价值观匹配	0.902	0.901

资料来源：作者计算而得。

根据结果可以发现，各变量的 Cronbach'α 系数都在 0.7 以上，CR 值都在 0.6 以上，本书使用的研究量表具有良好的信度。

（3）预测试数据效度检验。

本章内容利用 AMOS17.0 和 SPSS20.0 进行量表的验证性因子分析，利用 AMOS17.0 测量的拟合指标主要包括 χ^2、df、χ^2/df、CFI、TLI 与 RMSEA，利用 SPSS20.0 测量因子载荷和项已删除的 α 系数，测量结果与经验值对比发现，各变量的拟合指标均在经验值参考标准范围内，说明本书使用的研究量表效度良好。企业家精神、组织承诺和组织支持感的拟合指数如表 5 – 3 所示。

表 5 – 3　　　　　　　　　预测试相关变量的拟合指数

变量	χ^2	df	χ^2/df	CFI	TLI	RMSEA
企业家精神	217.88	82	2.66	0.910	0.909	0.013
组织承诺	128.54	49	2.62	0.903	0.901	0.011
组织支持感	655.33	254	2.58	0.909	0.915	0.007

资料来源：作者计算而得。

利用 AMOS17.0 对数字化转型背景下企业家精神的测量量表进行验证性因子分析，发现各题项的因子载荷系数都在 0.4 以上，并且变量的拟合指数都在经验值以内（$\chi^2/df = 2.66$、CFI = 0.910、TLI = 0.909 与 RMSEA = 0.013）（如表 5 – 4 所示）。因此，本书保留数字化转型背景下企业家精神量表的 18 个题项。

利用 AMOS17.0 对组织承诺的测量量表进行验证性因子分析，由于本书研究主要涉及情感承诺和持续承诺，因此只选择这两个部分进行验证性因子分析。分析结果发现各题项的因子载荷系数都在 0.4 以上，并且变量的拟合指数都在经验值以内（$\chi^2/df = 2.62$、CFI = 0.903、TLI = 0.901 与 RMSEA = 0.011）（如表 5 – 5 所示）。因此，本书保留组织承诺中情感承诺的 6 个题项和持续承诺的 6 个题项。

表 5 – 4 企业家精神量表验证性因子分析

序号	题项	载荷	备注
1	组织成员会时刻反思组织所处情境	0.76	保留
2	组织成员会关注并追求自我价值的实现	0.58	保留
3	组织成员会主动自发地参与到价值创造中	0.64	保留
4	比同行竞争对手率先抓住市场机会	0.71	保留
5	比同行竞争对手更加重视市场机会的开发	0.63	保留
6	拥有关于决策所需的新知识并愿意主动同大家分享	0.57	保留
7	对所讨论的问题有新观点并愿意积极地同大家分享	0.68	保留
8	多种资源获取方案的选择往往采用集体决策法	0.64	保留
9	公司喜欢以集体智慧来完善市场开发方案	0.72	保留
10	能对外部环境的动态变化保持敏感性	0.66	保留
11	一致认同追求卓越的标准	0.59	保留
12	组织成员关注顾客价值，以此为活动的依据	0.61	保留
13	组织成员认同企业的文化和价值观	0.65	保留
14	组织成员建立与核心企业相一致的愿景和目标	0.58	保留
15	组织成员在自己得到发展的同时，关注其他人的利益获取	0.62	保留
16	组织成员适应组织结构变化，倾向跨界合作	0.64	保留
17	组织成员根据市场需求能快速调整自己的角色	0.65	保留
18	组织成员关注外部环境的动态变化并主动响应	0.58	保留

资料来源：作者计算而得。

表 5 – 5 组织承诺量表验证性因子分析

序号	题项	载荷	备注
1	我很高兴在这个组织度过我余下的职业生涯	0.49	保留
2	我认为组织的问题就是我的问题	0.53	保留
3	我觉得我是这个组织家庭中的一员	0.62	保留
4	我在情感上依附于这个组织	0.66	保留
5	这个组织对我个人而言意义重大	0.62	保留
6	我很忠于我现在所在的企业	0.54	保留

序号	题项	载荷	备注
7	即使我现在离开公司，对我来说也非常困难	0.57	保留
8	假如我现在离开公司，我的生活会被打乱	0.71	保留
9	对我来说，现在离开公司损失很大	0.65	保留
10	现在留在公司是我的一种需要	0.76	保留
11	我没有其他工作机会选择，所以我不能考虑离开公司	0.63	保留
12	离开公司所面对比较严重的问题就是可供选择工作机会太少	0.58	保留

资料来源：作者计算而得。

利用 AMOS17.0 对组织支持感的测量量表进行验证性因子分析，分析结果发现各题项的因子载荷系数都在 0.4 以上，并且变量的拟合指数都在经验值以内（$\chi^2/df = 2.58$、$CFI = 0.909$、$TLI = 0.915$ 与 $RMSEA = 0.007$）（如表 5-6 所示）。因此，本书保留组织支持感中的 8 个题项。

表 5-6　　　　　组织承诺量表验证性因子分析

序号	题项	载荷	备注
1	公司尊重我的想法和目标	0.55	保留
2	公司确实关心我的福利和待遇	0.57	保留
3	公司倾听并重视我提出的意见	0.58	保留
4	当我遇到困难时，公司会为我提供帮助和支持	0.63	保留
5	如果我因为好心而办错事，公司会原谅我	0.65	保留
6	公司不会千方百计地抓住机会利用我	0.54	保留
7	公司对我关怀备至	0.57	保留
8	如果我有特殊需要，公司会为我提供帮助	0.66	保留

资料来源：作者计算而得。

利用 SPSS20.0 对价值观匹配的测量量表进行验证性因子分析，分析结果发现各题项的因子载荷系数都在 0.4 以上，并且项已删除的 α 系数无明显变小（如表 5-7 所示）。因此，本书保留组织支持感中的 3 个题项。

表 5 - 7   价值观匹配量表验证性因子分析

序号	CITC	项已删除的 α 系数	α	备注
1	0.533	0.871		保留
2	0.546	0.832	0.874	保留
3	0.562	0.8011		保留

资料来源：作者计算而得。

利用 SPSS20.0 对企业持续创新能力的测量量表进行验证性因子分析，分析结果发现各题项的因子载荷系数都在 0.4 以上，并且项已删除的 α 系数无明显变小（如表 5 - 8 所示）。因此，本书保留企业持续创新能力中的 5 个题项。

表 5 - 8   企业持续创新能力量表验证性因子分析

序号	CITC	项已删除的 α 系数	α	备注
1	0.577	0.762		保留
2	0.503	0.708		保留
3	0.487	0.724	0.778	保留
4	0.512	0.712		保留
5	0.602	0.698		保留

资料来源：作者计算而得。

5.4　问卷收集与数据评估

5.4.1　问卷收集

本书的样本数据来源于问卷调研。为了提高样本代表性，调研中选择具有不同性质（包括国有、民营和合资）、来自不同地点（包括福建省、贵州省、湖北省和江苏省）及不同公司规模（包括50人以下、50~150人和150人以上）的企业作为样本。由于本书立足于数字化转型企业的研究情境之中，并将企业家精神看作是一种个体的精神特质，因此选取数字化转型企业中的员工、领导等数字化平台运营的参与者作为问卷填写者，调查每个数字化转型企业中的企业家精神、组织承诺、组织持续创新能力等的实际情况。

问卷发放和数据收集方式包括直接上门调研、信函和电子邮件等调研方式。本书一共选取了750家企业进行调研，最终获得387份有效问卷，有效回收率为51.60%。在获得样本数据之后，本书对调研企业中被试的性别、年龄、学历、工龄、所在企业的性质及公司规模进行了详细的分析，具体信息如表5-9所示。

表5-9　　　　　　　　　人口统计学特征（N=387）

特征	类别	人数	占比（%）	特征	类别	人数	占比（%）
性别	男	208	53.75	工龄	1年及以内	12	3.10
	女	179	46.25		2~5年	172	44.44
年龄	25岁及以下	117	30.23		6~10年	192	49.61
	26~35岁	154	39.79		11年及以上	11	2.84
	36~45岁	82	21.19	企业性质	国有企业	124	32.04
	46~55岁	31	8.01		民营企业	183	47.29
	56岁及以上	3	0.78		合资企业	68	17.57
学历	高职及以下	12	3.10		其他	12	3.10
	专科	73	18.86	公司规模	小于50人	78	20.16
	本科	225	58.14		50~150人	213	55.04
	硕士及以上	77	19.90		150人以上	96	24.81

资料来源：作者计算而得。

5.4.2 数据信度检验

尽管本书都是采用的成熟量表，但是由于研究情境的变化，本书利用 SPSS20.0 对涉及到的研究变量的测量量表进行了信度检验。通过检验发现企业家精神的 α 系数分别为 0.876；情感承诺与持续承诺的 α 系数分别为 0.865、0.872；企业持续创新能力的 α 系数为 0.814；组织支持感的 α 系数为 0.817；人与组织价值观匹配的 α 系数为 0.901。以上的结果都大于参考值 0.7，说明本书使用的量表内部一致性较好，量表的结构稳定。

5.4.3 数据效度检验

此外，本书使用 AMOS19.0 通过验证性因子分析进行效度检验。具体的检验结果如表 5 – 10 所示。通过检验发现，本书的六因子模型的检验结果最好（$\chi^2/df = 1.128$，CFI = 0.911，TLI = 0.907，RMSEA = 0.032，SRMR = 0.027），并且每一个测量指标都在标准值以上，说明本书的变量之间的区分效度较好，能够继续开展后续的数据分析工作。

表 5 – 10　　　　　　　验证性因子分析结果（N = 387）

模型	因子组合	χ^2	df	χ^2/df	CFI	TLI	RMSEA	SRMR
六因子模型	EP, EC, CC, POS, POVF, OCIC	95.930	88	1.090	0.908	0.905	0.031	0.022
五因子模型	EP, EC + CC, POS, POVF, OCIC	347.166	91	3.815	0.901	0.899	0.049	0.053
四因子模型	EP, EC, CC + POS + POVF, OCIC	458.809	84	5.462	0.898	0.883	0.065	0.071

模型	因子组合	χ^2	df	χ^2/df	CFI	TLI	RMSEA	SRMR
三因子模型	EP，EC + CC + POS + POVF，OCIC	527.311	83	6.353	0.887	0.871	0.084	0.077
两因子模型	EP，EC + CC + POS + POVF + OCIC	715.493	87	8.224	0.862	0.867	0.097	0.082
单因子模型	EP + EC + CC + POS + POVF + OCIC	1 072.824	89	12.054	0.841	0.853	0.112	0.095

注：EP 代表企业家精神；EC 代表情感承诺；CC 代表持续承诺；POS 代表组织支持感；POVF 代表人与组织价值观匹配；OCIC 代表企业持续创新能力。

5.4.4　数据同源方差检验

本书采取了多个时间收集数据，尽量规避同源方差问题。对收集的数据进行 Harman 单因子分析以检验是否存在共同方法偏差的问题。数据结果显示共提取出 7 个特征值大于 1 的因子，单因子最大解释方差为 19.227%，该数值远小于 40% 的参考值，因此可以判定本书收集的数据不存在明显的共同方法偏差问题。

5.5　假设检验与结果讨论

5.5.1　相关性分析

为了开展后续的假设检验，本书利用 SPSS20.0 对涉及的相关变量进行相关性分析，具体的分析结果如表 5 - 11 所示。通过以上分析发现，本书理论模型中包含的主要变量之间存在明显的相关性，企业家精神对情感承诺和企业持续创新能力有正向的影响（β = 0.104，p < 0.01；

β=0.093，p<0.01），企业家精神对持续承诺有负向的影响（β=-0.117，p<0.01），情感承诺对组织创新绩效有正向的影响（β=0.101，p<0.01），持续承诺对组织创新绩效有负向的影响（β=-0.216，p<0.01），分析结果能够初步验证本书的研究假设。同时数据分析表明，相关系数都在0.7以下，变量之间不存在明显的共线性，可进行接下来的进一步检验。

5.5.2 假设检验

本书利用层次回归分析法进行主效应的检验，研究结果如表5-12所示。

由表5-12可知，企业家精神对企业持续创新能力有正向的影响（β=0.138，p<0.01），因此H5-1得到验证。企业家精神对情感承诺有正向的影响（β=0.054，p<0.01），企业家精神对持续承诺有负向的影响（β=-0.105，p<0.01），因此H5-2和H5-5得到验证。情感承诺对企业持续创新能力有正向的影响（β=0.162，p<0.01），持续承诺对企业持续创新能力有负向的影响（β=-0.101，p<0.01），因此H5-3和H5-6得到验证。将企业家精神和情感承诺同时纳入模型中时，发现企业家精神和情感承诺都对企业持续创新能力产生正向的影响（β=0.146，p<0.01；β=0.109，p<0.01），说明情感承诺在企业家精神和企业持续创新能力之间起到部分中介的作用，因此H5-4得到验证。将企业家精神和持续承诺同时纳入模型中时，发现企业家精神对企业持续创新能力产生正向的影响（β=0.107，p<0.01），持续承诺都对企业持续创新能力产生负向的影响（β=-0.132，p<0.01），说明持续承诺在企业家精神和企业持续创新能力之间起到部分中介的作用，因此H5-7得到验证。

进一步的，本书利用Mplus7.4对构建的理论模型中的中介效应再次进行检验，研究结果显示情感承诺的间接效应为0.047，95%水平上的

表 5 – 11

相关分析 (N = 387)

变量	M	SD	1	2	3	4	5	6	7	8	9	10	11	12
性别	0.463	0.441	1											
年龄	2.093	0.532	0.033	1										
学历	2.948	0.526	-0.109	0.153	1									
工龄	2.522	0.531	0.053**	0.032	0.134	1								
EO	1.917	0.597	-0.062*	0.101**	0.203	0.093	1							
ES	2.047	0.603	0.067	0.086	-0.097*	0.217	0.026	1						
EP	2.615	0.512	0.133	-0.034	0.214	0.088	0.156	0.102	1					
EC	3.214	0.509	0.141**	0.025**	0.134	0.016*	0.263**	0.112	0.104*	1				
CC	3.103	0.511	0.181*	0.174	-0.235*	0.153**	-0.023	0.281**	-0.117**	-0.105**	1			
POS	2.773	0.523	0.201	0.161	0.013	0.214	0.077*	0.106**	0.121*	0.089*	-0.064**	1		
POVF	2.678	0.531	0.033	0.054	0.112	0.016	0.213	0.102**	0.034**	0.077*	-0.105**	0.014**	1	
OCIC	2.738	0.557	0.272	0.019	0.301**	0.218	0.009	0.107**	0.093**	0.101**	-0.216**	0.113**	0.079**	1

注: 1. * p < 0.05; ** p < 0.01; *** p < 0.001。

2. EO 代表企业性质; EP 代表企业家精神; EC 代表情感承诺; CC 代表持续承诺; POS 代表组织支持感; POVF 代表人与组织价值观匹配; ES 代表企业规模; OCIC 代表持续创新能力。性别中"男"=0,"女"=1; 年龄中"25 岁及以下"=1,"26~35 岁"=2, 以此类推; 学历中"高职及以下"=1,"专科"=2, 以此类推; 工龄中"1 年及以内"=1,"2~5 年"=2, 以此类推; 企业性质中"国有企业"=1,"民营企业"=2, 以此类推; 公司规模中"小于 50 人"=1,"50~150 人"=2, 以此类推。

表 5 - 12　　假设检验结果

变量	情感承诺					持续承诺				企业持续创新能力				
	M1	M2	M3	M4	M5	M6	M7	M8	M9	M10	M11	M12	M13	M14
控制变量														
性别	0.213	0.117*	0.126	-0.211	0.209	0.203	-0.201*	0.197	0.183	0.171	0.152	0.114	0.177	0.182
年龄	0.056	0.063	-0.078	0.073	-0.077	0.062	0.071	0.068	-0.063	0.055	0.048	0.033*	0.059	-0.047
学历	0.121**	0.109**	0.103**	0.105**	0.120**	-0.131**	0.127**	0.118**	0.123**	-0.119**	-0.102**	0.108	0.121**	0.108**
工龄	0.087	-0.065	0.061	0.077*	0.053	0.049	0.032	0.055	0.081	0.071	0.084	0.081	0.062	0.054
EO	0.018	0.021	0.037	-0.022	0.027	-0.032	0.017	0.019	0.025*	0.011	0.031	0.048*	-0.021	0.012*
ES	0.037**	0.043**	0.051**	0.025**	0.033**	0.036**	0.027**	0.029**	0.041**	0.037**	0.045*	0.029**	0.047**	0.031**
自变量														
EP		0.054**	0.324**	0.226**		-0.105**	-0.153**	-0.289**		0.138**			0.146**	0.107**
中介变量														
EC											0.162**		0.109**	
CC												-0.101**		-0.132**
调节变量														
POS			0.387*				-0.203							
POVF				0.365*				-0.039*						
交互项														
EP×POS			0.497**				0.112							
EP×POVF				0.382**				0.497**						
F	1.02	5.23	10.17	14.36	0.83	3.06	9.52	15.14	0.91	3.14	4.52	4.87	9.08	13.32
R²	0.01	0.07	0.15	0.21	0.01	0.09	0.13	0.28	0.01	0.17	0.23	0.31	0.17	0.25
ΔR²	0.01	0.05	0.13	0.018	0.01	0.07	0.012	0.24	0.01	0.15	0.21	0.28	0.14	0.19

注：1. $*p<0.05$；$**p<0.01$；$***p<0.001$。

2. EO 代表企业性质；ES 代表企业规模；EP 代表企业家精神；EC 代表情感承诺；CC 代表持续承诺；POS 代表组织支持感；POVF 代表人与组织价值观匹配；OCIC 代表企业持续创新能力。

置信区间为［0.017，0.231］，置信区间不包括 0，因此情感承诺的中介效应得到验证；持续承诺的间接效应为 -0.032，95% 水平上的置信区间为［-0.019，-0.183］，置信区间不包括 0，因此持续承诺的中介效应得到验证，因此 H5 - 4 和 H5 - 7 再次得到验证。

调节效应检验结果发现：当把组织支持感及组织支持感和企业家精神的交互项纳入企业家精神—情感承诺的分析模型中发现，企业家精神对情感承诺有正向的影响，组织支持感对情感承诺有正向的影响，两者的交互项对情感承诺有正向的影响（$\beta = 0.324$，$p < 0.01$；$\beta = 0.387$，$p < 0.05$；$\beta = 0.497$，$p < 0.01$）；当把人与组织价值观匹配及人与组织价值观匹配和企业家精神的交互项纳入企业家精神—情感承诺的分析模型中发现，企业家精神对情感承诺有正向的影响，人与组织价值观匹配对情感承诺有正向的影响，两者的交互项对情感承诺有正向的影响（$\beta = 0.226$，$p < 0.01$；$\beta = 0.365$，$p < 0.05$；$\beta = 0.382$，$p < 0.01$），数据分析说明组织支持感和人与组织价值观匹配在企业家精神和情感承诺之间起到正向调节作用，因此 H5 - 8 和 H5 - 10 得到验证。当把组织支持感及组织支持感和企业家精神的交互项纳入 企业家精神—持续承诺的分析模型中发现，企业家精神对持续承诺有负向的影响，组织支持感对持续承诺影响不显著，两者的交互项对持续承诺的影响不显著（$\beta = -0.153$，$p < 0.01$；$\beta = -0.203$，ns；$\beta = 0.112$，ns），数据分析说明组织支持感在企业家精神和持续承诺之间的调节作用不显著，因此 H5 - 9 未得到验证；当把人与组织价值观匹配及人与组织价值观匹配和企业家精神的交互项纳入企业家精神—持续承诺的分析模型中发现，企业家精神对持续承诺有负向的影响，人与组织价值观匹配对持续承诺有负向的影响，两者的交互项对持续承诺有正向的影响（$\beta = -0.289$，$p < 0.01$；$\beta = -0.039$，$p < 0.05$；$\beta = 0.497$，$p < 0.01$），数据分析说明人与组织价值观匹配在企业家精神和持续承诺之间起到正向的调节作用，因此 H5 - 11 得到验证。

5.5.3 研究结果讨论

（1）企业家精神对企业持续创新能力具有积极的影响，这与以往研究的结论基本一致[255~256]。本书的一大贡献体现在对企业家精神整体内涵和对企业持续创新能力的关注。通过数据检验再次证实了企业家精神是一个复杂的多维度概念，同时企业家精神不是企业家才具有的精神特质，而是企业内部全员都可具有的整体属性[257]。在数字化转型企业中影响企业创新的因素有很多，但是要保证企业持续创新能力的提升却仍旧困难，从企业家精神这一多维度的概念出发能够实现对企业持续创新能力复杂前因的探索，为企业的可持续创新发展提供理论保障。

（2）组织承诺是企业家精神到企业持续创新能力的重要传导机制。其中情感承诺在其中扮演着正向传导机制的作用，而持续承诺在其中扮演着负向传导机制的作用。企业持续创新能力不仅需要一定为员工稳定性，同时还需要员工较高水平的投入[253]，企业家精神能够促进员工对组织积极情感的产生，同时能够抑制员工因未找到更好工作机会而留在企业中工作的情况[242]。另外，也说明了企业要想实现持续创新能力的提升，要关注员工的工作需求，培养员工情感承诺的同时，积极规避员工持续承诺的产生。

（3）数字化转型企业中组织支持感在企业家精神和组织承诺之间的调节作用。当组织支持感的程度较高时，企业家精神对情感承诺的正向作用更明显，反之亦然；当组织支持感的程度较强时，企业家精神对持续承诺的作用不显著（如图5-3所示）。当组织支持感程度较高时，员工能够感受到来自组织的支持，增加在组织中的主人翁意识，也能够增加其对组织的情感承诺[258]。但是当面对持续承诺的员工时，员工对组织支持感的关注程度较低，也就是说组织支持感在企业家精神和持续承诺之间的调节作用非常微弱，这也与本书的数据分析结果相一致。

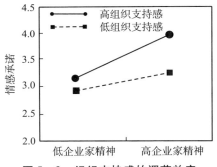

图 5 – 3 组织支持感的调节效应

（4）数字化转型企业中人与组织价值观匹配对企业家精神和组织承诺之间的调节作用。当人与组织价值观匹配的程度较高时，企业家精神对情感承诺的正向作用更明显，反之亦然；当人与组织价值观匹配的程度较高时，企业家精神对持续承诺的负向作用更明显，反之亦然（如图5 – 4所示）。

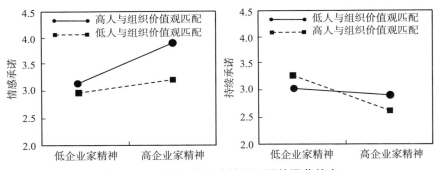

图 5 – 4 个人与组织价值观匹配的调节效应

5.6 本章小结

本章主要从组织承诺的视角出发，研究了企业家精神对数字化转型背景下企业持续创新能力的影响，其中模型中引入了情感承诺、持续承诺、组织支持感及人与组织价值观匹配等变量。本章研究主要包括四大部分的内容：一是研究假设与理论模型构建，二是数据收集与分析，三是假设检验，四是研究结果讨论。利用 SPSS20.0、AMOS19.0及 MPLUS7.4 等软件对数据进行相应的分析，得出如下结论，数字化转型背景下企业家精神对企业持续创新能力有正向的影响；情感承诺和持续承诺在数字化转型背景下企业家精神和企业持续创新能力之间起部分中介作用；组织支持感与人与组织价值观匹配在数字化转型背景下企业家精神和情感承诺、持续承诺之间起到调节作用。

第*6*章

基于知识整合的企业家精神对
企业持续创新能力的影响研究

6.1 研究假设

6.1.1 企业家精神对数字化转型企业持续创新能力的影响

随着互联网技术的应用，越来越多的企业实现数字化转型。数字化转型的企业能够突破创新要素的边界约束来获取持续的创新能力。依托企业数字化平台，成员之间能够更大限度地链接，充分利用和共享跨界资源，实现知识的交互、组合与重构[257,259]。企业拥有的知识是创新的基础，数字化转型的企业知识获取量更大，传播速度更快。企业获取的新知识会不断地整合到企业原有的知识结构中，甚至会更新或重构已有的知识结构。企业持续创新能力的提升要求企业不断地有新知识的获取和整合，根据数字化转型背景下企业所需新知识的获取路径，企业要不断的激发内部员工的积极性和主人翁意识，培养员工的企业家精神。

根据第 3 章中的研究内容，数字化转型背景下企业家精神的概念内涵主要包括四个方面：责任感、创业精神、共同体精神和环境适应精神。毫无疑问，企业家精神作为企业重要的创新资源对企业持续创新能力产生重要的影响。本书就企业家精神和数字化转型背景下企业持续创新能力之间的关系做出如下理论猜想：首先，数字化转型背景下企业家精神强调了责任感，组织成员不断突破自身的角色认知和发挥自身的主观能动性，通过相互之间的沟通和合作突破组织已有的知识体系[236]，挖掘和创造更多持续创新来源，这是实现企业持续创新能力的基本保证；其次，创业有利于员工积极面对复杂情境，积极配合企业制定的具有前瞻性的创新战略，根据情境的变化能够做到自主灵活的调整创新研发活动，保障企业长远的创新发展；再次，企业家精神中的共同体精神强调了风险共担和成果共享，能够充分发现创新活动开展过程中存在的问题，有效制定风险应对措施，提升创新政策的准确性及有效性，进一步明确创新目标及方向，加快内部创新文化建设，营造良好的内部创新氛围，增强企业内部成员间的沟通交流，实现企业持续创新能力的提升[260]；最后，企业家精神能够主动识别外部环境中隐藏的机会，不断推动企业内部变革实现与企业所处环境的匹配[261]，这有利于保障企业创新活动与社会价值趋向的一致性，对社会问题做出积极回应，从实践中发现创新问题，保持对实践问题的敏锐性，促进企业持续创新能力的提升。因此本书作出如下假设：

H6 - 1：企业家精神对企业持续创新能力产生积极的影响。

6.1.2 企业家精神对知识整合的影响

知识整合是企业家精神的重要体现。数字化转型企业的外部边界、水平边界、垂直边界和地理边界逐渐模糊化，企业家精神成为推动企业跨边界知识整合行为的重要推力。本书就企业家精神和数字化转型企业知识整合之间的关系做出如下理论猜想：企业家精神通常会在组织中塑造客户导向、鼓励创新、敢于尝试和容忍一定程度失败的开放性组织文化，进而有利于来自不同组织部门团队成员信息交流和知识资源的积累。根据知识分散理论，没有一个人能够拥有组织创新所需要的全部知识，这意味着组织成员必须通过合作来挖掘和组合存在于不同主体头脑中的隐性知识，尽可能满足组织知识创新活动的基本诉求。互联网情境下拥有合作精神的创新主体能够主动参与到团队沟通，并感染其他组织成员打破组织内部边界，激发团队的自组织学习行为，依托非正式的结构实现异质性知识的流通、融合与利用。李永辉等（2009）认为具有强烈创新意识的企业倾向于从事广泛而密集的知识活动，如全面互动、头脑风暴和非正式会议等社交过程，以促进有价值知识的交流、传播和共享[262]。在组织间网络中，企业家精神有助于企业制造与合作伙伴间的交流机会，强化合作伙伴解决问题的意愿与数据共享行为，提升企业间知识获取和知识利用的效率[263]。企业家精神使得组织通常具备风险承担的态度和主动竞争的意识，他们会倾向于采取各种措施吸收不同类型知识资源构建互补优势[264]，这是因为这类组织往往不愿被现有市场竞争格局所限制，喜好冒险和探索未知的领域并寻求新竞争者，进而先发制人地改变其产品或技术创造新的竞争格局[265]。马喜芳等（2016）指出具有企业家精神的组织，在遇到新问题和新挑战时会采取加强沟通、合作和协调等一系列相关活动，以此促进零散知识的吸收、协调、整合和运用[266]。综上所述，本书作出如下假设：

H6－2：企业家精神对企业知识整合产生积极的影响。

6.1.3 知识整合对数字化转型企业持续创新能力的影响

知识基础观强调知识是一个组织持续创新和获取竞争优势的重要资源，组织中分散、无序的知识难以发挥作用，企业需要不断通过对外部知识的吸收、提炼，并与内部自身知识相整合形成新的知识体系才能够成为企业核心竞争力的基础[121]。现有研究探索了知识整合对于产品创新能力、技术创新能力、服务创新能力和动态能力的影响。研究认为较强的知识整合能力有助于实现组织的管理创新和技术创新，知识整合能融合不同性质的知识，形成新概念或新工艺，提供产品创新所需技术，从而促进产品创新[267]。冯永春等（2016）指出企业提供服务解决方案实质上是企业对知识进行系统化和结构化管理的动态过程[268]，企业通过学习、吸收和整合其他途径的解决方案来储备更多的服务技能和资源[269]，最终转化为标准化的服务输出[270]。企业通过将潜在市场的知识整合到当前细分市场的理解中，能够获得对于未来市场趋势的洞察力，进而相较于竞争者更加敏捷、精准地部署市场策略[271]。张保仓和任浩（2018）在探索虚拟企业持续创新能力的涌现机理中发现，虚拟企业持续创新能力是集成共享参与企业知识资源的生产、积累及应用过程，研究验证了知识整合对持续创新能力之间的积极影响[272]。在数字化情境下，企业的价值创造逻辑发生了由传统商品主导向服务主导的转化，这使客户异质性需求资源成为企业持续创造价值的不竭动力[273]，企业利用数字化技术捕获、分析和处理客户需求，并将其有效地与企业内部知识库相结合能够有效促进现有技术和产品的快速迭代。另一方面，"平台"作为一种开放性的系统需要不断吸引补充者介入来弥补系统能力的局限，数字化转型企业需要不断扫描并集成可能隶属于不同行业的互补性知识资源嵌入到系统中来维持其为客户持续创造价值的能力[274]。综上所述，本书作出如下假设：

H6 - 3：知识整合对数字化转型企业持续创新能力产生积极的影响。

6.1.4　知识整合在企业家精神与企业持续创新能力的中介作用

知识整合是系统化能力、社会化能力与合作化能力的化合物[152]，是个体、组织、组织间进行知识交流和创新的过程。企业家精神为企业创新提供了知识整合的便利条件，提升了企业知识整合的效率，提高了创新活动的质量与新颖性。本书对企业家精神、知识整合与持续创新能力的关系辨析如下：其一，拥有企业家精神的组织能够预见性地识别潜在的市场机会，筛选和组合不同层次、不同来源和不同结构的知识资源用于新产品的创造与开发以实现迅速抢占市场的目的；其二，企业家精神使企业消除了妨碍协作学习的传统等级制和专制结构[275]，进而扩大组织知识整合的范围，提升了知识交流、共享及利用的灵活性[152]，最终实现了知识管理与流程运营的高度协同；其三，创新型企业采取建立密集型的知识网络促进知识流通[276]，同一网络中的参与主体会形成一致的信念与高度共享的价值观，这使得他们能够在执行知识整合活动的过程中树立正确的目标导向共同发展知识体系，最终实现知识获取向组织创新能力的转化。综上所述，企业家精神通过知识整合机制实现持续创新能力的提升。因此，本书作出如下假设：

H6－4：知识整合在企业家精神与持续创新能力间起中介作用。

6.1.5　共享型领导的调节效应

随着组织任务复杂性、紧迫性和相互依赖性程度的不断提升，组织内部的知识创造活动愈发依赖于团队成员的积极参与，共享型领导力放大了企业家精神对知识整合的影响效应，为团队成员通过知识创造处理复杂任务活动提供了有力支持。已有研究证明了共享型领导力对于个体学习行为、主动变革行为、团队绩效和团队创造力的积极影响。布莱等（Bligh et al.，2006）认为当组织鼓励团队成员定义问题、制定决策、解决问题及识别现在和未来的机遇与挑战时，组织更有可能产生创造力和创新[277]，共享型领导力即被视为一种"环境刺激"，其核心是每位成员自愿地相互施加影响，成员之间会以一种更加平等的地位进行交流，目的是创造有效的团队产出[278]，在这一情境下，团队成员根据具体的任务目标分担领导角色，团队成员相互合作、权责共担和主动进取意识得到有效释放，进而促进团队成员之间的互动与协调，增加信息、知识和专业技能的交流分享。与此同时，共享型领导意味着组织成员之间能够相互理解、彼此建立专业认同[279]，且具有高度信任感，这在促进组织通过非正式的合作网络解决复杂问题的同时也提升了团队成员识别、获取和整合差异化知识的效率，为组织成员目的性地整合知识资源创造价值提供环境基础。综上所述，本书作出如下假设：

H6－5：共享型领导会调节企业家精神与知识整合之间的关系，当组织中的共享型领导越强时，企业家精神对知识整合的影响越显著。

6.1.6　知识共享氛围的调节效应

知识共享氛围能够有效调节知识整合与可持续创新能力的关系。数字化转型的企业从管理设施和组织文化等各个方面为组织成员创建知识共享环境，企业为组织成员提供了数字化访问的便利条件，广泛的知识库在功能单元之间提供了多种知识接口以此增加组织成员间的互动和知识交流[274]，各个职能部门的成员能够及时调用知识资源以此服务于共创目标的实现。有学者基于社会资本理论将知识共享氛围解构为信任关系、开放性环境和学习导向（Yoo，2017）[280]。首先，信任表现了团队成员对其他成员所拥有或获得的信息、知识或资源的重视程度。有学者将信任描述为员工通过电子知识库贡献和重用知识方面的良好意图、能力和可靠性（Kankanhalli，2005）[281]。团队成员间的知识信任有助于彼此相互理解、相互依赖实现各种不同的知识集成。信任是互动的核心基础，它能够促进成员更好地理解自身在社会环境中的交互行为，加强组织成员对于跨部门合作的感知。因此，当组织成员的信任关系表现得越强时，团队成员通过主动知识共享、交换和整合获得持续创新能力的作用就越大。其次，开放性是指组织即使在面对知识相悖时也能够允许和鼓励团队成员表达想法的程度[280]。现有研究指出组织成员的意见和建议是改善产品功能和实现产品创新的关键，高水平的开放性帮助组织成员跨越心理障碍，组织成员能够进行畅所欲言的知识交换，并对知识的作用路径进行更为精准的评估，进而使现有知识能够通过自由访问和双向交互成就企业的创新活动，提升创新绩效[282]。研究指出开放性氛围增强了组织的互补贡献和成员对于有价值的知识和工作方式的深入理解[283]，从而提升了团队的创新水平。最后，学习氛围有助于组织实现协同效应[284]。高水平的学习取向意味着个体不仅致力于现有知识的传播与扩散，同时关注新知识的识别、吸收与调动[285]，团队管理者倾向于分享过去的经验、交流新产品开发的知识，并集中讨论问题的解决方案，从而在组织间建立正向的内容反馈机制，捕获知识升级的轨迹，最终实现产品质量和创新性的提升。综上所述，本书作出如下假设：

H6－6：知识分享氛围会调节知识整合与持续创新能力的关系，当组织中的知识分享氛围越强时，知识整合对持续创新能力的影响越显著。

6.2 模型构建

6.2.1 主体模型构建

根据以上的分析，本章从知识整合视角构建了数字化转型企业中企业家精神对企业持续创新能力影响的主体模型，如图6－1所示。

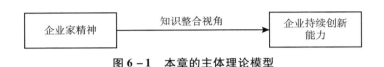

图6－1 本章的主体理论模型

6.2.2 整体模型构建

根据以上理论分析，得出本章的整体理论模型，如图6－2所示。

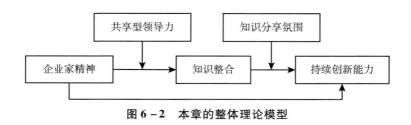

图 6 - 2　本章的整体理论模型

6.3　问卷设计与预测试

6.3.1　问卷设计

本章问卷量表采用国内外已有研究的成熟量表，再结合研究情景对部分题项加以修正，并邀请了 50 名数字化转型企业中的工作者进行访谈，多次加以修改以保证最终问卷的信效度。变量的测量为李克特 5 点量表，1 表示非常不同意，5 表示非常同意。

自变量为企业家精神。企业家精神量表采用第五章中修订与完善的量表，共包括 18 个题项，包括"组织成员会时刻反思组织所处情境"和"组织成员会关注并追求自我价值的实现"等。

中介变量为知识整合。对知识整合的测量主要借鉴了以往学者的观点（Kogut，1992；De Boer，1999；Nonaka，2000）[286,152,287]，知识整合主要包括 3 个维度 7 个题项：系统化能力、社会化能力和协作化能力。量表题项包括"我们企业尝试产生一套共同分享的制度与理念，使员工获得认同"和"我们企业产品的完成必须通过各相关人员通力合作"等。

调节变量为共享型领导力和知识分享氛围。本章对共享型领导的测量采用的是以往学者编制的量表（Hiller，2006），包括计划和组织维度、解决问题维度、支持和关怀维度、培养与指导维度共 4 个维度 25 个题项[288]。其中，支持和关怀维度量表由"当有团队成员感不安与沮表时，成员会相互鼓励"等 6 个题项构成。本书对知识分享氛围的测量采用的是以往学者编制的量表（Yoo，2017），包括信任关系、开放度及学习导向共 3 个维度 10 个题项[290]。其中，信任关系维度量表由"我所处的团队成员信任团队中其他成员掌握的数据"等 4 个题项构成。

因变量为企业持续创新能力。本书对企业持续创新能力的测量采用的是宋志红等人编制的量表[110]，共包括 5 个题项，如"与竞争对手相比，组织能够更快地推出新产品或服务"等。

控制变量除了组织行为学中常见的性别、年龄、学历与工龄 4 个基础的人口统计学变量外，考虑到企业规模和企业性质会对企业家精神和企业持续创新能力的差异化影响，因此本书也对企业规模和企业性质进行了控制。

6.3.2　预　测　试

为了检验设计变量测量量表的科学性，本书进行了预测试。

（1）预测试数据收集。

问卷收集是一个复杂且有众多条件限制的过程。经过与多名学术专家、企业管理专家研讨后，确定了如下的问卷收集过程：首先，选取适合本书研究情境的被试企业，结合本部分的理论分析选取了 5 家互联网转型的企业作为预调研对象，5 家企业分别为酷特智能、海尔、韩都衣舍、拼多多及美的集团。其次，根据企业家精神的理论内涵和本书该部分的研究模型，选择契合的调研人群，经过讨论明确研究问卷发放的对象为以上企业中的员工和员工的团队领导，其中企业持续创新能力由团队领导填写，其余问卷由员工填写。再次，确定本书主要的调研形式。由于该调研属于领导与成员之间的匹配调研，因此根据调研形式确定了问卷最终设计结果。问卷调研主要通过线下和线上两个部分组成，线下调研会对小组及小组成员（领导和员工）进行编号，然后回收问卷。线上部分主要通过微信、邮件及 QQ 等方式发送问卷链接进行问卷的发放。

线上部分的问卷设计会首先设计小组编号窗口，通过小组编号实现同一小组员工与领导的配对。最后，为了进一步避免收集数据的同源偏差，本书通过多时点收集相关数据。

根据以上的问卷收集过程，本书共在以上 5 家企业收集 21 个团队的数据，共发放 150 份问卷，回收问卷 133 份，在剔出无效问卷后，共获得 103 份有效问卷，有效回收率为 68.67%。

（2）预测试数据信度检验。

通过预调研的数据对各个变量进行信度检验，利用 SPSS19.0 对相关数据进行检验，结果如表 6-1 所示。

表 6-1　　　　　　　　　　预测试各变量的信度值

变量	Cronbach' α 系数	CR 值
企业家精神	0.912	0.911
知识整合	0.897	0.897
企业持续创新能力	0.901	0.903
共享型领导力	0.927	0.914
知识共享氛围	0.899	0.871

资料来源：作者计算而得。

根据结果可以发现，各变量的 Cronbach'α 系数都在 0.7 以上，CR 值都在 0.6 以上，本书使用的量表具有良好的信度。

（3）预测试数据效度检验。

本章内容利用 AMOS17.0 和 SPSS20.0 进行量表的验证性因子分析，利用 AMOS17.0 测量的拟合指标主要包括 χ^2、df、χ^2/df、CFI、TLI 与 RMSEA，利用 SPSS20.0 测量因子载荷和项已删除的 α 系数，测量结果与经验值对比发现，各变量的拟合指标均在经验值参考标准范围内，说明本书使用的研究量表效度良好。企业家精神、知识整合、共享型领导力和知识共享氛围的拟合指数如表 6-2 所示。

表 6 – 2　　　　　　　　　　预测试相关变量的拟合指数

变量	χ^2	df	χ^2/df	CFI	TLI	RMSEA
企业家精神	153.71	78	1.97	0.921	0.907	0.012
知识整合	128.33	51	2.52	0.901	0.917	0.009
共享型领导力	317.81	96	3.31	0.913	0.911	0.031
知识共享氛围	224.19	83	2.70	0.909	0.902	0.017

资料来源：作者计算而得。

利用 AMOS17.0 对数字化转型背景下企业家精神的测量量表进行验证性因子分析，发现各题项的因子载荷系数都在 0.4 以上，并且变量的拟合指数都在经验值以内（$\chi^2/\text{df} = 1.97$、CFI = 0.921、TLI = 0.907 与 RMSEA = 0.012）（如表 6 – 3 所示）。因此，本书保留数字化转型背景下企业家精神量表的 18 个题项。

表 6 – 3　　　　　　　　　　企业家精神量表验证性因子分析

序号	题项	载荷	备注
1	组织成员会时刻反思组织所处情境	0.65	保留
2	组织成员会关注并追求自我价值的实现	0.77	保留
3	组织成员会主动自发地参与到价值创造中	0.73	保留
4	比同行竞争对手率先抓住市场机会	0.56	保留
5	比同行竞争对手更加重视市场机会的开发	0.71	保留
6	拥有关于决策所需的新知识并愿意主动同大家分享	0.53	保留
7	对所讨论的问题有新观点并愿意积极地同大家分享	0.55	保留
8	多种资源获取方案的选择往往采用集体决策法	0.72	保留
9	公司喜欢以集体智慧来完善市场开发方案	0.67	保留
10	能对外部环境的动态变化保持敏感性	0.63	保留
11	一致认同追求卓越的标准	0.57	保留
12	组织成员关注顾客价值，以此为活动的依据	0.57	保留
13	组织成员认同企业的文化和价值观	0.63	保留

续表

序号	题项	载荷	备注
14	组织成员建立与核心企业相一致的愿景和目标	0.55	保留
15	组织成员在自己得到发展的同时，关注其他人的利益获取	0.61	保留
16	组织成员适应组织结构变化，倾向跨界合作	0.73	保留
17	组织成员根据市场需求能快速调整自己的角色	0.50	保留
18	组织成员关注外部环境的动态变化并主动响应	0.62	保留

资料来源：作者计算而得。

利用 AMOS17.0 对知识整合的测量量表进行验证性因子分析，分析结果发现各题项的因子载荷系数都在 0.4 以上，并且变量的拟合指数都在经验值以内（$\chi^2/df = 2.52$、CFI = 0.901、TLI = 0.917 与 RMSEA = 0.009）（如表 6 - 4 所示）。因此，本书保留知识整合的 7 个题项。

表 6 - 4　　　　　知识整合量表验证性因子分析

序号	题项	载荷	备注
1	我们的工作内容和程序的标准化程度较高	0.60	保留
2	我们企业专业知识的传递是通过既定的要求程序来进行的	0.55	保留
3	我们企业强调以书面规则和程序来整合知识	0.59	保留
4	我们企业尝试产生一套共同分享的制度与理念，使员工获得认同	0.64	保留
5	我们乐于接受企业既定制度与文化的约定	0.73	保留
6	我们企业产品的完成必须通过各相关人员通力合作	0.80	保留
7	我们企业员工轮调至新部门时所需的适应时间较短	0.78	保留

资料来源：作者计算而得。

利用 AMOS17.0 对共享型领导力的测量量表进行验证性因子分析，分析结果发现各题项的因子载荷系数都在 0.4 以上，并且变量的拟合指数都在经验值以内（$\chi^2/df = 3.31$、CFI = 0.913、TLI = 0.911 与 RMSEA = 0.031）（如表 6 - 5 所示）。因此，本书保留共享型领导力中的 25 个题项。

表 6－5   共享型领导力量表验证性因子分析

序号	题项	载荷	备注
1	团队成员会计划如何完成团队工作	0.71	保留
2	团队成员会根据团队活动重点分配人力、财力和物力	0.63	保留
3	团队成员会主动设定工作目标	0.65	保留
4	团队成员会主动组织任务使团队活动更加顺畅	0.77	保留
5	团队成员会决定如何完成团队任务	0.80	保留
6	团队成员会为团队活动的相关计划做积极的准备	0.65	保留
7	当出现问题时，团队成员会共同决定最好的做法	0.59	保留
8	团队成员会迅速的诊断出问题	0.72	保留
9	团队成员会利用团队综合能力来解决问题	0.55	保留
10	团队成员会找出影响活动的解决方案	0.63	保留
11	团队成员在问题发生之前识别出问题解决方案	0.49	保留
12	团队成员会共同提出问题解决方案	0.66	保留
13	团队成员会在问题发生之前解决问题	0.71	保留
14	团队成员会为需要帮助的其他成员提供支持	0.69	保留
15	团队成员会对其他成员表现出耐心	0.60	保留
16	当团队成员情绪低落时，其他成员会鼓励他	0.67	保留
17	团队成员会倾听其他成员的抱怨和问题	0.63	保留
18	团队成员会培养一种团结的团队氛围	0.72	保留
19	团队成员会礼貌的对待其他成员	0.77	保留
20	在团队中，团队成员之间会交换与工作相关的建议	0.83	保留
21	团队成员会帮助其他成员提高能力	0.56	保留
22	团队成员会像其他成员学习	0.62	保留
23	当团队有新成员加入时，老成员会树立积极的角色榜样	0.67	保留
24	团队成员会指导能力较差成员如何提高	0.58	保留
25	团队成员会帮助其他成员学习新知识	0.74	保留

资料来源：作者计算而得。

利用 SPSS20.0 对知识共享氛围的测量量表进行验证性因子分析，分析结果发现各题项的因子载荷系数都在 0.4 以上，并且项已删除的 α 系数无明显变小（如表 6 - 6 所示）。因此，本书保留知识共享氛围中 4 个题项。

表 6 - 6　　　　　　　　知识共享氛围量表验证性因子分析

序号	CITC	项已删除的 α 系数	α	备注
1	0.663	0.801		保留
2	0.615	0.778		保留
3	0.557	0.769	0.816	保留
4	0.604	0.812		保留

资料来源：作者计算而得。

利用 SPSS20.0 对企业持续创新能力的测量量表进行验证性因子分析，分析结果发现各题项的因子载荷系数都在 0.4 以上，并且项已删除的 α 系数无明显变小（如表 6 - 7 所示）。因此，本书保留企业持续创新能力中的 5 个题项。

表 6 - 7　　　　　　　　企业持续创新能力量表验证性因子分析

序号	CITC	项已删除的 α 系数	α	备注
1	0.599	0.798		保留
2	0.611	0.852		保留
3	0.625	0.775	0.860	保留
4	0.604	0.801		保留
5	0.603	0.759		保留

资料来源：作者计算而得。

6.4　问卷收集与数据评估

6.4.1　问卷收集

本书以问卷调查的形式进行调研，被试的具体信息如表6-8所示。

表 6-8　　　　　　　人口统计学特征（N=389）

特征	类别	人数	占比（%）	特征	类别	人数	占比（%）
性别	男	210	53.98	工龄	1 年及以内	12	3.08
	女	179	46.02		2～5 年	172	44.22
年龄	25 岁及以下	117	30.08		6～10 年	194	49.87
	26～35 岁	154	39.59		11 年及以上	11	2.83
	36～45 岁	84	21.59	企业性质	国有企业	124	31.88
	46～55 岁	31	7.97		民营企业	183	47.04
	56 岁及以上	3	0.77		合资企业	70	18.00
学历	高职及以下	12	3.08		其他	12	3.08
	专科	73	18.77	公司规模	小于 50 人	78	20.05
	本科	225	57.84		50～150 人	215	55.27
	硕士及以上	79	20.31		150 人以上	96	24.68

资料来源：作者计算而得。

调查对象为三个来源：一是选择国内知名数字化转型的企业，调查前先与被调查企业管理人员沟通获取调查权限，而后随机选取数字化转型企业中的员工填写纸质版问卷，并最后将已填写的问卷统一回收。所有参与问卷填写的员工均被告知问卷仅用于学术研究，无结果对错之分，且可以保证问卷的匿名性与私密性。二是选择高校 MBA 学员填写问卷。所选取的学员符合被调研条件并且能够明确理解问卷内容。三是本书利用专业的问卷网站进行在线调研，利用网站的专业人员与数字化转型企业的员工进行联络并填写问卷，扩大调查范围。本次数据收集历时 6 个月，共发放 850 份问卷，回收问卷 517 份，剔除不符合本书样本需求特点及项目数据存在明显问题的无效问卷后，最终得到有效问卷 389 份，有效回收率为 45.76% 。

6.4.2 数据信度检验

尽管本书采用的都是成熟量表，但是由于研究情境的变化，本书利用 SPSS20.0 对涉及研究变量的测量量表进行了信度检验。通过检验发现企业家精神的 α 系数分别为 0.876；知识整合的 α 系数为 0.881；企业持续创新能力的 α 系数为 0.814；共享型领导力的 α 系数为 0.882；知识分享氛围的 α 系数为 0.913。以上的结果都大于参考值 0.7，说明本书使用的量表内部一致性较好，量表的结构稳定。

6.4.3 数据效度检验

此外，本书使用 AMOS19.0 通过验证性因子分析进行效度检验。具体的检验结果如表 6 - 9 所示。通过检验发现，本书的五因子模型的检验结果最好（$\chi^2/df = 1.128$，$CFI = 0.911$，$TLI = 0.907$，$RMSEA = 0.032$，$SRMR = 0.027$），并且每一个测量指标都在标准值以上，说明本书的变量之间的区分效度较好，能够继续开展后续的数据分析工作。

6.4.4 数据同源方差检验

本书采取了多个时间收集数据，尽量规避同源方差问题。对数据上来的数据进行了 Harman 单因子分析方法检验是否存在共同方法偏差的问题。数据结果显示共提取出 6 个特征值大于 1 的因子，单因子最大解释方差的 20.116%，该数值远小于 40% 的参考值，因此可以判定本书收集的数据不存在明显的共同方法偏差问题。

表 6 – 9　　　　　　　　　验证性因子分析结果 （N = 389）

模型	因子组合	χ^2	df	χ^2/df	CFI	TLI	RMSEA	SRMR
五因子模型	EP，KI，SL，KSC，OCIC	116.188	103	1.128	0.911	0.907	0.032	0.027
四因子模型	EP，KI，SL + KSC，OCIC	317.816	106	2.998	0.894	0.899	0.068	0.071
三因子模型	EP，KI + SL + KSC，OCIC	523.604	114	4.593	0.885	0.873	0.081	0.083
两因子模型	EP + KI + SL + KSC，OCIC	938.814	117	8.024	0.864	0.872	0.094	0.087
单因子模型	EP + KI + SL + KSC + OCIC	1 108.963	119	9.319	0.847	0.851	0.103	0.098

注：EP 代表企业家精神；KI 代表知识整合；SL 代表共享型领导力；KSC 代表知识分享氛围；OCIC 代表企业持续创新能力。

6.5　假设检验与结果讨论

6.5.1　相关性分析

为了开展后续的假设检验，本书利用 SPSS20.0 对涉及的相关变量进行相关性分析，具体的分析结果如表 6 – 10 所示。

表6-10

相关分析（N=389）

变量	M	SD	1	2	3	4	5	6	7	8	9	10	11
性别	0.460	0.433	1										
年龄	2.098	0.698	0.015	1									
学历	2.954	0.592	0.112	0.228	1								
工龄	2.524	0.531	0.056**	0.078	0.134	1							
EO	1.923	0.799	0.061*	0.103**	0.203	0.093	1						
ES	2.046	0.801	0.109	0.089	0.097*	0.206	0.046	1					
EP	2.712	0.573	0.153	0.017	0.214	0.091	0.126	0.102	1				
KI	3.527	0.628	0.142**	0.037**	0.134	0.015*	0.301*	0.112	0.233**	1			
SL	3.017	0.561	0.201*	0.204	0.235*	0.109**	0.023	0.281*	0.192**	0.126**	1		
KSC	2.809	0.572	0.311	0.101	0.013	0.324	0.077**	0.106	0.103*	0.119*	0.204**	1	
OCIC	2.791	0.563	0.272	0.019	0.301**	0.218	0.009	0.107	0.112**	0.214**	0.308**	0.209**	1

注：1. * p<0.05；** p<0.01；*** p<0.001。
2. EO代表企业家精神；KI代表知识整合；SL代表共享型领导力；KSC代表知识分享氛围；OCIC代表企业持续创新能力。性别中"男"=0，"女"=1；年龄中"25岁及以下"=1，"26~35岁"=2，以此类推；学历中"高职及以下"=1，"专科"=2，以此类推；工龄中"1年及以内"=1，"2~5年"=2，以此类推；企业性质中"国有企业"=1，"民营企业"=2，以此类推；公司规模中"小于50人"=1，"50~150人"=2，以此类推。

通过以上分析发现，本书理论模型中包含的主要变量之间存在明显的相关性，企业家精神对知识整合和企业持续创新能力有正向的影响（$\beta = 0.233$，$p < 0.01$；$\beta = 0.112$，$p < 0.01$），知识整合对企业持续创新能力有正向的影响（$\beta = 0.214$，$p < 0.01$），分析结果能够初步验证本书的研究假设。同时数据分析表明，相关系数都在 0.7 以下，变量之间不存在明显的共线性，可进行接下来的进一步检验。

6.5.2 主体模型检验

本书利用 Mplus7.4 对构建的理论模型主效应进行检验，研究结果如表 6 – 11 和表 6 – 12 所示。通过以上分析发现，企业家精神对企业持续创新能力有着正向的影响（$\beta = 0.177$，$p < 0.001$），并且模型 1 的拟合指数良好（$\chi^2/df = 1.231$，CFI $= 0.907$，TLI $= 0.903$，RMSEA $= 0.041$，SRMR $= 0.028$），因此 H6 – 1 得到验证。

表 6 – 11　　　　　　　主效应及中介效应检验结果

效应关系	作用路径	Estimat	SE	95% 置信区间	显著水平
直接效应	EP→OCIC	0.177 ***	0.032	[−0.089，−0.126]	显著
	EP→KI	0.282 **	0.044	[−0.117，−0.328]	显著
	KI→OCIC	0.539 ***	0.102	[−0.118，−0.297]	显著
间接效应	EP→KI→OCIC	0.153 **	0.051	[−0.032，−0.152]	显著

注：1. * $p < 0.05$；** $p < 0.01$；*** $p < 0.001$。
2. EP 代表企业家精神；KI 代表知识整合；OCIC 代表企业持续创新能力。

6.5.3 中介效应检验

在中介效应的检验中（如表 6 – 12 所示），本书将知识整合纳入分析模型 B 中，构建知识整合的完全中介模型，模型的拟合指数除了 TLI

指标外，其余指标良好（$\chi^2/df = 2.521$，CFI = 0.901，TLI = 0.899，RMSEA = 0.063，SRMR = 0.074）。为了进一步验证知识整合是否在其中起到部分中介的作用，模型 C 中加入了企业家精神到企业持续创新能力的作用路径，模型的拟合指标全部良好（$\chi^2/df = 1.542$，CFI = 0.906，TLI = 0.903，RMSEA = 0.034，SRMR = 0.031），模型 C 的拟合指数在标准参考值以内且明显优于模型 B 的拟合指数，因此本书根据模型 C 进行假设检验。通过以上数据分析发现，企业家精神对知识整合有着正向的影响（$\beta = 0.282$，$p < 0.01$），知识整合对企业持续创新能力有正向的影响（$\beta = 0.539$，$p < 0.001$），因此 H6 - 2、H6 - 3 得到验证。

表 6 - 12　　　　　　　　中介效应结构方程模型拟合指数

模型	χ^2	df	CFI	TLI	RMSEA	SRMR
模型 A：直接作用	52.933	43	0.907	0.903	0.041	0.028
模型 B：完全中介	148.739	59	0.901	0.899	0.063	0.074
模型 C：部分中介	97.125	63	0.906	0.903	0.034	0.031
标准模型参考指数	—	—	>0.9	>0.9	<0.08	<0.08

资料来源：作者计算而得。

为了进一步检验组织情绪能力在激励协同和组织创新绩效之间是部分中介还是完全中介的问题。本书使用 Bootstrap 抽样方法，抽样 3 000 次继续检验中介效应的显著性。结果显示知识整合的间接效应为 0.051，95% 水平上的置信区间为 [-0.032，-0.152]，置信区间不包括 0，因此结合上述的拟合指数判断，知识整合在企业家精神和企业持续创新能力之间起到部分中介的作用。因此 H6 - 4 得到部分验证。

6.5.4　调节效应检验

　本书利用 SPSS20.0 对构建模型中的调节效应进行了检验，检验结果如表6-13所示。

表6-13 调节效应检验

变量	KI			OCIC		
	模型6-1	模型6-2	模型6-3	模型6-4	模型6-5	模型6-6
性别	0.021	0.023	0.026	0.027	0.018	0.012
年龄	0.114	0.102	0.131	0.109	0.112	0.101
学历	0.056**	0.038	0.042**	0.055	0.051	0.037
工龄	0.132*	0.097*	0.089*	0.065*	0.072*	0.067
企业性质	0.107	0.121*	0.132	0.141*	0.153	0.112
企业规模	0.313	0.208	0.216	0.224	0.119	0.214
EP		0.317**	0.324**			
SL		0.212*	0.307*			
KI				0.237**	0.316**	
KSC				0.311**	0.204*	
EP × SL			0.319**			
KI × KSC						0.217**
R^2	0.012	0.077	0.121	0.056	0.201	0.237
ΔR^2	0.004	0.064	0.119	0.039	0.191	0.224
F	5.127	6.322	5.017	3.244	8.116	8.073

注：1. $*p < 0.05$；$**p < 0.01$；$***p < 0.001$。
2. EP代表企业家精神；KI代表知识整合；SL代表共享型领导力；KSC代表知识分享氛围；OCIC代表企业持续创新能力。

根据数据分析结果发现，企业家精神对知识整合有正向的影响，共享型领导力对知识整合有正向的影响（$\beta = 0.317$，$p < 0.01$；$\beta = 0.212$，$p < 0.05$）。当把企业家精神、知识整合及两者的交互项纳入分析模型中发现，企业家精神对知识整合有正向的影响，共享型领导力对知识整合有正向的影响，两者的交互项对知识整合有正向的影响（$\beta = 0.324$，

$p < 0.01$；$\beta = 0.307$，$p < 0.05$；$\beta = 0.319$，$p < 0.01$）。对知识分享氛围调节效应的检验中，知识整合对企业持续创新能力有正向的影响，知识分享氛围对企业持续创新能力有正向的影响（$\beta = 0.237$，$p < 0.01$；$\beta = 0.311$，$p < 0.01$）。当把知识整合、知识分享氛围及两者的交互项纳入分析模型中发现，知识整合对企业持续创新能力有正向的影响，知识分享氛围对企业持续创新能力有正向的影响，两者的交互项对企业持续创新能力有正向的影响（$\beta = 0.316$，$p < 0.01$；$\beta = 0.204$，$p < 0.05$；$\beta = 0.217$，$p < 0.01$）。因此，H6 – 5 和 H6 – 6 得到验证。即当组织内共享型领导力水平越高时，企业家精神对知识整合的促进作用越明显；当组织内知识分享氛围越强时，知识整合对企业持续创新能力的提升越明显。

6.5.5　研究结果讨论

（1）数字化转型企业中企业家精神对企业持续创新能力具有积极的影响，这与以往研究的结论基本一致[255~256]。

本书的主要贡献之一体现在对企业家精神内涵和对企业持续创新能力的关注。通过数据检验再次证实了企业家精神是一个复杂的多维度概念，同时企业家精神不是企业家才具有的精神特质，而是企业内部全员都可具有的整体属性[257]，这一论断的依据在于数字化转型企业的开放性，组织倾向于控制权下放赋予组织成员更多的决策自由度，从而激活员工内心的企业家精神。在数字化转型企业中影响企业创新的因素有很多，但是要保证企业持续创新能力的提升却仍旧困难，具备灵活性的组织或团队是分析组织层面企业家精神作用机理的主要单元。在企业家精神的作用下，组织得以主动感知市场潜在的机会，并尝试将服务主导逻辑视为创造平台附加价值的主要切入点，进而联合外界参与者通过跨越行业边界的分布式创新来促进数字化转型企业持续创新能力的提升。这一研究补充了南比桑（Nambisan，2018）对于数字化转型企业成功因素的探讨，他认为数字化转型企业的成功可能取决于企业家获得一套新的能力，以使他们能够在动态开放的平台环境中进行导航[23]，这种能力被其所嵌入和依赖的一个或多个平台的结构"支撑"，企业家实际上作为平台的补充者而存在。本书从企业家精神这一包含多维度的概念出发，实现对企业持续创新能力复杂前因的探索，这也意味着将组织层的企业家精神视为平台的补充者或许更为确切，因为只有具备企业家精神的个体企业家或小型团队才能够充分利用平台所提供的服务来创建产品并分配收入，从而发挥平台本身的属性与效用。因此，企业家精神或为个体层、组织层、公司层和生态系统层创新能力的提升提供解释潜力。

（2）知识整合是数字化转型企业中企业家精神到企业持续创新能力的重要传导机制。

企业家精神能够对企业内部整体的知识结构和知识体系产生积极的影响，进而实现对企业持续创新能力的影响。这意味着企业家精神是知识创造和整合的关键驱动力，我们由此回应了扎赫拉（Zahra，2015）的呼吁，这一呼吁强调企业家精神是推动组织内部更新的"知识创造和转化过程"[289]。根据资源基础观的观点，知识是企业创新的关键，但是知识通常是碎片化的、模糊的、易受多种解释影响的，并且广泛分散在整个组织中。企业要想实现企业持续创新能力的提升还需要吸引多元的知识提供主体，构建完备的组织创新文化和组织沟通机制等[290,262,263]。数字化转型企业中企业家精神的存在弱化了知识边界的约束，组织更加容易捕捉知识的来源，通过营造开放的创新环境，鼓励更加广泛的跨部门、跨层级及跨边界的正式和非正式活动实现对来自客户、员工和合作伙伴等不同知识主体的知识资源聚合，激发企业内外部知识主体的创新潜力，形成多种知识类型的整合与互补，为企业创新提供持续的知识支撑。

（3）数字化转型企业中共享型领导力对企业家精神和知识整合之间的调节作用。

当企业内共享型领导力的程度较强时，企业家精神对知识整合的作用更明显，反之亦然（如图6-3所示）。研究结论强调了共享型领导力在保障数字化转型企业知识更新中的积极作用[291,292]，一方面共享型领导力能够为企业家精神到知识整合提供路径保障，共享型领导力能够降低成员之间的权利距离，避免了由于权力集中而导致圈子文化的出现，有利于企业内部成员之间平等的交流，促使较高心智模式的出现，通过集体反思、思想碰撞及提出建设性意见等实现企业家精神对知识整合更大程度的影响；另一方面，共享型领导力能够为企业家精神到知识整合提供氛围保障，共享型领导力能够在组织内部形成信任和相互合作的整体氛围，提高员工之间正式沟通和非正式沟通的频率，通过提高企业成员之间的相互影响促使企业家精神对知识整合的作用[291]。

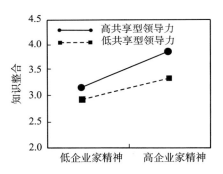

图 6 - 3　共享型领导力的调节效应

（4）知识分享氛围对知识整合和企业持续创新能力之间的调节作用。

当企业内知识分享氛围的程度较高时，知识整合对企业持续创新能力的作用更明显，反之亦然（如图6-4所示）。在以往的知识基础观视角下的研究强调了知识对企业创新的积极作用，但是在研究企业持续创新能力提升的内部机制上还有所欠缺，本书的研究结论能够试图回答此问题。知识分享氛围在知识整合和企业持续创新能力之间关系的影响上主要体现在两个方面：一方面我们的研究与贝文（Bevan，2012）等的研究相呼应[293]，他们认为知识共享的氛围可以通过强调知识的价值并创造知识交流的环境来鼓励组织成员讨论彼此的想法并建立协作关系，促进组织学习水平的提升，知识共享氛围有助于组织成员将所积累与整合的知识不断更新形成企业的交互记忆系统，并随时基于需求与组织的实际应用操作相结合，最终实现企业持续创新能力的提升[294]；另一方面，知识分享氛围能够为知识整合到企业持续创新能力提供基本的环境保障，特别是知识分享氛围形成的员工间的信任关系[295]，尽管已有研究中信任对企业创新的直接作用还有待进一步探讨，但是信任关系能够促进跨学科知识的交流和整合却得到了学者们的证实[296,157]。

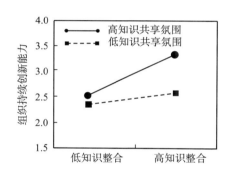

图6-4 知识共享氛围的调节效应

6.6 本章小结

本章主要从知识整合的视角出发，研究了企业家精神对数字化转型背景下企业持续创新能力的影响，其中模型中引入了知识整合、共享型领导力及知识共享氛围等变量。本章研究主要包括四大部分的内容：一是研究假设与理论模型构建，二是数据收集与分析，三是假设检验，四是研究结果讨论。利用SPSS20.0、AMOS19.0及MPLUS7.4等软件对数据进行相应的分析，得出如下结论：数字化转型背景下企业家精神对企业持续创新能力有正向的影响；知识整合在数字化转型背景下企业家精神和企业持续创新能力之间起部分中介作用；共享型领导力与知识共享氛围分别在数字化转型背景下企业家精神和知识整合、知识整合和企业持续创新能力之间起到调节作用。

第7章

基于价值共创的企业家精神对
企业持续创新能力的影响研究

7.1 研究假设

7.1.1 企业家精神对企业持续创新能力的影响

企业数字化转型中对互联网和大数据等技术的应用,逐渐形成商业平台或商业生态系统,各参与主体之间实现了跨越时空的交互,逐渐突破了企业边界,降低了企业价值创造网络中各角色的交流成本[110]。处在数字化转型形成的商业生态系统中的利益相关企业会形成统一的交互规则,在同一规则驱动下实现资源交流和价值创造[206]。企业边界的打破不仅实现了企业间员工之间的交互,而且还实现了员工与消费者之间的深度交互[132]。传统企业中员工既有角色下的不同主体的连接未必能够实现价值共创,一方面是由于这类员工对企业资源的支配能力较差,即使发现了市场机会也很难实现[297];另一方面是在企业主导市场逻辑下的这部分员工的主动性较差,多是以满足企业发展战略服务的[298]。

根据第 4 章的内容，数字化转型企业平台会激发出员工身上的企业家精神，并且企业家精神内涵发展了演进，主要包括责任感、创业、共同体和环境适应四个方面。首先，企业家精神本身就是一个创新的过程，在该过程中，新产品或新服务的机会会被确认、被创造，最后被开发以提高企业财富创造的能力。在数字化转型背景下，新产品和新机会逐渐由消费者、员工及企业等多主体共同开发，要想实现企业的持续创新能力，需要不断地整合各角色资源，依托多主体的价值共创[72]。其次，创业精神保障了价值创造主体不囿于现实条件，依靠敏锐的洞察力，在经济发展过程中抓住变化中的机遇进行创新创造。在创业过程中能够实现消费者、员工和企业等多主体合作，以多主体的价值创造支撑合作网络中企业的可持续创新发展[211]。再次，共同体是实现价值共创的基础。企业家精神能够正向促进企业现有内外新组织的创立、更新及创新等活动。用户参与的企业价值共创行为是企业的创新选择[25]。最后，环境适应确保了员工能在不确定环境中超越对无知未来的恐惧，不断尝试适应环境要求，并敢于承担由于决策条件不足而带来的风险。环境的复杂程度越来越高，单一主体已经很难适应环境的快速变化，只有多主体的价值共创才能够实现持续创新，以应对环境的不确定性[7]。据此，提出假设：

H7-1：企业家精神对企业持续创新能力具有正向影响。

7.1.2 企业家精神对价值共创的影响

价值共创的实现需要整个价值产出活动中各个主体的积极参与。数字化转型背景下企业家精神能够释放员工的内在活力，提高员工的自主感。涂科等（2020）研究认为个体的自主感对持续价值共创有着积极的影响[174]。所谓自主感，就是员工对自己行为的内在认可程度，企业家精神中责任感的基础是员工基于自身认知和行为的价值识别、价值产出[174]。由于该过程中都是员工和用户等主体的自发行为，自然会对该行为产生较高的内在认可度，进而提升各主体的价值共创意愿。企业数字化转型为企业内外部主体创业提供了机会，现有研究表明多主体的创业活动本身就是价值创造过程[290]。创业精神能够促使个体积极从事创业活动，最终实现不断的价值共创。共同体思维能够将不同的主体整合到一起，实现整体目标的设立，整体目标的完成需要考虑到各参与单元的价值分配，特别是数字化转型背景下，每一个参与单元都是价值创造流程中的关键环节[24]，只有将所有的主体考虑到价值创造的过程中，才能够完成价值创造活动，最终实现价值共创。环境适应强调了员工、用户、企业及利益相关者对外部环境的关注，外部环境变化引发的直接影响是资源和需求的变动[33]，各主体时刻关注资源和需求变化，以变化的需求为指引进行价值创造，该过程既能满足用户的消费需求又能够实现其他主体的价值获取，最终实现价值共创。据此，提出假设：

H7－2：企业家精神对价值共创具有正向影响。

7.1.3　价值共创对企业持续创新能力的影响

价值共创不仅是价值创造方式的转变，而且是价值创造逻辑的改变，其已经突破了传统企业的价值创造方式。价值共创是价值创造多主体间通过互动和资源整合的动态过程。价值共创不再是顾客体验式的"二元论"，而是朝向了以顾客参与价值创造、为顾客提供服务的商业生态系统发展[130]。根据资源依赖理论，相互依赖会激发更多的合作行为[300]，为持续创新能力的提升奠定基础。价值共创形成的商业生态系统表现出了系统性、动态性及多样性的特点，这些特点实现了价值创造多主体间联结机制的建立[7]，保证了企业在不确定环境下的快速响应和创新发展。创新型企业的可持续发展更易受创新资源约束的影响，但是企业单凭一己之力难以聚合价值资源进行价值创新，创新型企业需协同价值主体实现资源配置和整合，促使资源配置或资源整合的能力构建和提升[301]。价值共创是企业商业生态系统运行的内在逻辑，是人力、组织、知识等互动和资源整合的动态过程，而这些都是影响企业持续创新能力的关键要素。据此，提出假设：

H7-3：价值共创对企业持续创新能力具有正向影响。

7.1.4 价值共创在企业家精神与企业持续创新能力间的中介作用

根据假设 H7-2 与假设 H7-3，企业家精神对价值共创有正向的影响及价值共创对企业持续创新能力有正向的影响。由此推断价值共创是企业家精神对企业持续创新能力提升的重要机制。根据资源基础理论，企业创新需要异质性资源的支持，企业家精神能够保证多主体的价值共创，为企业持续创新能力的提升提供资源，而价值共创又能够为企业持续创新能力的提升提供路径和逻辑保证。据此，提出假设：

H7-4：价值共创在企业家精神和企业持续创新能力之间起中介作用。

7.1.5 角色压力的调节作用

角色压力主要是指个体评判自己能否胜任角色期望而产生的心理状态，当个体认为自己不能完成角色的期望目标时，就会产生较大的心理压力，也即角色压力[171]。角色压力主要包括角色模糊、角色冲突和角色超载三个压力来源[172]。角色模糊主要是指个体无法清晰地了解这一角色下人们的期望，由此无法通过相应的行为来获得预期的结果[173]。在数字化转型企业中，员工不仅要应对客户的价值需求，还会受到企业的监督管理。来自两个方面的角色压力，会使员工难以准确把握需要的信息，从而使得员工产生角色模糊[158,302]。当员工的角色模糊较大时，员工就会感到力不从心，很难通过发挥自己的企业家精神来实现各方的价值共创。角色冲突主要是指个体面对来自不同主体的角色要求，当两种要求产生冲突时，就会给个体带来心理压力[172]。在数字化转型企业中，当员工面临的客户需求与企业的供给战略相冲突时，就会让员工感觉自己在客户和企业这两种角色期望中均难以胜任，无法融合各方主体的价值需求。由此，会减低员工通过发挥企业家精神来实现价值共创的作用。角色超载主要是指个体在有限的时间和精力下，为了完成角色期望而出现超负荷工作的心理状态[303]。在数字化转型企业中，员工不仅是被动地听从企业的安排，而且需要主动与客户建立关系，这就要求员工承担比平常更多地责任与承诺，员工就会一直处于相对较高的紧张状态[289,304]。根据资源保存理论，过度紧张和焦虑会给员工产生情绪耗竭，为弥补这部分资源消耗，就会降低员工通过发挥企业家精神来实现价值共创的主观能动性。据此，提出以下假设：

H7 – 5：角色压力在企业家精神和价值共创之间起到负向的调节作用，即参与个体的角色压力越大，企业家精神对价值共创的影响越小；

H7 – 5a：角色模糊在企业家精神和价值共创之间起到负向的调节作用，即参与个体的角色压力越大，企业家精神对价值共创的影响越小；

H7 – 5b：角色冲突在企业家精神和价值共创之间起到负向的调节作用，即参与个体的角色压力越大，企业家精神对价值共创的影响越小；

H7 – 5c：角色超载在企业家精神和价值共创之间起到负向的调节作用，即参与个体的角色压力越大，企业家精神对价值共创的影响越小。

7.2　模　型　构　建

7.2.1　主体模型构建

根据以上的分析，本章构建了数字化转型企业中企业家精神对企业持续创新能力影响的主体模型，如图 7 – 1 所示。

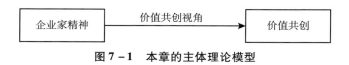

图 7 − 1   本章的主体理论模型

7.2.2   整体模型构建

本章的主要研究变量关系模型如图 7 − 2 所示。

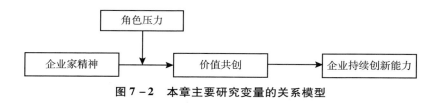

图 7 − 2   本章主要研究变量的关系模型

7.3   问卷设计与预测试

7.3.1   问卷设计

本书问卷量表采用国内外已有研究的成熟量表，再结合研究情景对部分题项加以修正，并邀请了 80 名数字化转型企业中的工作者进行访谈，多次加以修改以保证最终问卷的信效度。变量的测量为李克特 5 点量表，1 表示非常不同意，5 表示非常同意。

自变量为企业家精神。企业家精神量表采用第五章中修订与完善的量表，共包括 18 个题项，包括"组织成员会时刻反思组织所处情境"和"组织成员会关注并追求自我价值的实现"等。

中介变量为价值共创。价值共创的测量采用以往学者整理编制的量表（Pimentel & Oliveira，2010）[305]，包含 12 个题项，如"我们公司和顾客一起估算他们下个季节的需求量"等。

调节变量为角色压力，主要由三个部分构成：角色模糊、角色冲突及角色超载。本书对角色模糊与角色冲突的测量根据以往学者等的研究改编（Rizzo，1970）[306]，并分别选取了 5 个测试题项，例如"我很清楚我的工作职责是什么""我很清楚我在工作中拥有多少权力"和"我所做的事情会符合企业的要求，但是未必符合用户的要求"等；角色超载的测量参考以往学者的研究（Schaubroeck，1989；Beehr，1976）[307,308]，共有 5 个题项，例如"客户服务中我需要做的事情太多了""用户期待我完成的事情太多"等。

因变量为企业持续创新能力。本书对企业持续创新能力的测量采用的是宋志红等人编制的量表[110]，共包括 5 个题项，如"与竞争对手相比，组织能够更快地推出新产品或服务"等。

控制变量除了组织行为学中常见的性别、年龄、学历与工龄 4 个基础的人口统计学变量外，考虑到企业规模和企业性质会对企业家精神和企业持续创新能力的差异化影响，因此本书也对企业规模和企业性质进行了控制。

7.3.2　预测试

为了检验设计变量测量量表的科学性，本书进行了预测试。

（1）预测试数据收集。

本章的数据收集过程与之前章节的数据收集过程存在较大差异，考虑到本章研究内容，在与相关主题专家讨论后，明确以平台或商业生态系统为调研对象，确定的基本调研步骤是：首先，选取典型的研究平台，包括酷特智能构建的商业生态系统、韩都衣舍构建的智能平台等，选取处于同一商业生态系统或平台中的多家企业进行调研。其次，本章调研的形式仍为领导—员工配对发放问卷。问卷调研主要通过线下和线上两个部分组成，线下调研会对小组及小组成员（领导和员工）进行编号，然后回收问卷，线上部分主要通过微信、邮件及 QQ 等方式发送问卷链接进行问卷的发放，线上部分的问卷设计会首先设计小组编号窗口，通过小组编号实现同一小组员工与领导的配对。最后，为了进一步避免收集数据的同源偏差，本书通过多时点收集相关数据。

根据以上的问卷收集过程，本书共在两个商业生态系统和平台中的 5 家企业收集数据，包括 18 个团队，共发放 150 份问卷，回收问卷 112 份，在剔出无效问卷后，共获得 98 份有效问卷，有效回收率为 65.33%。

（2）预测试数据信度分析。

通过预调研的数据对各个变量进行信度检验，利用 SPSS19.0 对相关数据进行检验，结果如表 7 - 1 所示。

表 7 - 1　　　　　　　　　　　预测试各变量的信度值

变量	Cronbach' α 系数	CR 值
企业家精神	0.907	0.901
价值共创	0.912	0.903
企业持续创新能力	0.905	0.901
角色压力	0.972	0.956

资料来源：作者计算而得。

根据结果可以发现，各变量的 Cronbach'α 系数都在 0.7 以上，CR 值都在 0.6 以上，本书使用的量表具有良好的信度。

（3）预测试数据效度检验。

本章内容利用 AMOS17.0 和 SPSS20.0 进行量表的验证性因子分析，利用 AMOS17.0 测量的拟合指标主要包括 χ^2、df、χ^2/df、CFI、TLI 与 RMSEA，利用 SPSS20.0 测量因子载荷和项已删除的 α 系数，测量结果与经验值对比发现，各变量的拟合指标均在经验值参考标准范围内，说明本书使用的研究量表效度良好。企业家精神、价值共创和角色压力的拟合指数如表 7 - 2 所示。

表7－2　　　　　　　　　　**预测试各变量的拟合指数**

变量	χ^2	df	χ^2/df	CFI	TLI	RMSEA
企业家精神	156.88	65	2.41	0.917	0.912	0.011
价值共创	178.62	85	2.10	0.903	0.908	0.037
角色压力	405.83	211	1.92	0.902	0.905	0.021

资料来源：作者计算而得。

利用 AMOS17.0 对数字化转型背景下企业家精神的测量量表进行验证性因子分析，发现各题项的因子载荷系数都在 0.4 以上，并且变量的拟合指数都在经验值以内（$\chi^2/df = 2.41$、$CFI = 0.917$、$TLI = 0.912$ 与 $RMSEA = 0.011$）（如表 7－3 所示）。因此，本书保留数字化转型背景下企业家精神量表的 18 个题项。

表7－3　　　　　　　　　　**企业家精神量表验证性因子分析**

序号	题项	载荷	备注
1	组织成员会时刻反思组织所处情境	0.71	保留
2	组织成员会关注并追求自我价值的实现	0.67	保留
3	组织成员会主动自发地参与到价值创造中	0.69	保留
4	比同行竞争对手率先抓住市场机会	0.80	保留
5	比同行竞争对手更加重视市场机会的开发	0.81	保留
6	拥有关于决策所需的新知识并愿意主动同大家分享	0.75	保留
7	对所讨论的问题有新观点并愿意积极地同大家分享	0.67	保留
8	多种资源获取方案的选择往往采用集体决策法	0.73	保留
9	公司喜欢以集体智慧来完善市场开发方案	0.69	保留
10	能对外部环境的动态变化保持敏感性	0.55	保留
11	一致认同追求卓越的标准	0.64	保留
12	组织成员关注顾客价值，以此为活动的依据	0.72	保留
13	组织成员认同企业的文化和价值观	0.73	保留
14	组织成员建立与核心企业相一致的愿景和目标	0.68	保留

续表

序号	题项	载荷	备注
15	组织成员在自己得到发展的同时，关注其他人的利益获取	0.77	保留
16	组织成员适应组织结构变化，倾向跨界合作	0.81	保留
17	组织成员根据市场需求能快速调整自己的角色	0.72	保留
18	组织成员关注外部环境的动态变化并主动响应	0.69	保留

资料来源：作者计算而得。

利用 AMOS17.0 对价值共创的测量量表进行验证性因子分析，分析结果发现各题项的因子载荷系数都在 0.4 以上，并且变量的拟合指数都在经验值以内（$\chi^2/df = 2.52$、CFI = 0.901、TLI = 0.917 与 RMSEA = 0.009）（如表 7-4 所示）。因此，本书保留价值共创的 11 个题项。

表 7-4　　　　　　　　　价值共创量表验证性因子分析

序号	题项	载荷	备注
1	我们公司与顾客（供应商）一起计划下季度的需求量	0.58	保留
2	我们公司与顾客（供应商）一起计划下季度的新产品和新品种需求	0.64	保留
3	顾客（供应商）向我们提供了公司出售给他们的产品的销售预测	0.61	保留
4	我们公司与顾客（供应商）共享我们产品的长期计划	0.70	保留
5	顾客（供应商）和我们公司共同处理在关系过程中出现的问题	0.66	保留
6	顾客（供应商）和我们公司不介意互相给予帮助	0.78	保留
7	在与顾客（供应商）关系的大多数方面，共同承担完成任务的责任	0.73	保留
8	顾客（供应商）和我们公司致力于改善，可能对整个关系有利	0.67	保留
9	对于与顾客（供应商）之间关系的变化，我们公司非常灵活	0.75	保留
10	顾客（供应商）进行调整以维持与我们公司的关系	0.78	保留
11	当出现一些意外情况时，顾客（供应商）和我们公司将达成新的交易	0.70	保留
12	我们公司与顾客（供应商）一起计划下季度的需求量	0.63	保留

资料来源：作者计算而得。

利用 AMOS17.0 对角色压力的测量量表进行验证性因子分析，分析结果发现各题项的因子载荷系数都在 0.4 以上，并且变量的拟合指数都在经验值以内（$\chi^2/df = 1.92$、CFI = 0.902、TLI = 0.905 与 RMSEA = 0.021）（如表 7 – 5 所示）。因此，本书保留角色压力中 15 个题项，其中角色模糊 5 个题项、角色冲突 5 个题项、角色超载 5 个题项。

表 7 – 5 角色压力量表验证性因子分析

序号	题项	载荷	备注
1	我很清楚我的工作职责是什么	0.58	保留
2	我很清楚我在工作中拥有多少权力	0.62	保留
3	我所做的工作都有清楚的解释和说明	0.71	保留
4	我很清楚顾客对我的期望是什么	0.73	保留
5	我很清楚企业对我的期望是什么	0.60	保留
6	我所做的事情会符合企业的要求，但是未必符合顾客的要求	0.55	保留
7	有时为了完成任务，我必须违反某些规则和政策	0.58	保留
8	我常接到由两个或两个以上不同的顾客提出的相互冲突的要求	0.73	保留
9	我被要求做一些不是很有必要的事情	0.80	保留
10	对于同一类事情，在不同的情况下，我必须以不同的方式处理	0.78	保留
11	服务中我需要做的事情太多了	0.66	保留
12	顾客期待我完成的事情太多了	0.64	保留
13	企业期待我完成的事情太多了	0.59	保留
14	企业指派给我的工作太多或太复杂了	0.75	保留
15	我缺乏足够的训练或经验来恰当地完成我的工作	0.64	保留

资料来源：作者计算而得。

利用 SPSS20.0 对企业持续创新能力的测量量表进行验证性因子分析，分析结果发现各题项的因子载荷系数都在 0.4 以上，并且项已删除

的 α 系数无明显变小（如表 7 - 6 所示）。因此，本书保留企业持续创新能力中 5 个题项。

表 7 - 6 企业持续创新能力量表验证性因子分析

序号	CITC	项已删除的 α 系数	α	备注
1	0.478	0.653		保留
2	0.502	0.618		保留
3	0.483	0.598	0.688	保留
4	0.517	0.672		保留
5	0.564	0.609		保留

资料来源：作者计算而得。

7.4 问卷收集与数据评估

7.4.1 问卷收集

通过网络问卷平台和私人社会关系分两个时段向多家互联网和智能制造相关的数字化转型的企业发放问卷。

企业筛选的条件包括：第一，与企业相关负责人了解该企业是否正在进行数字化转型；第二，企业在日常的生产运营中是否参与了与其他相关主体的合作网络；第三，企业内部结构是否是基于数字化建立的灵活组织结构和相关制度安排。根据以上三个条件，筛选的企业涉及北京市、天津市、广东省、辽宁省、四川省、内蒙古自治区、江西省、湖南省、福建省、山东省、湖北省、江苏省、上海市等地。具体调研时间为2019 年 10 月和 12 月，涉及制造、金融、新兴科技等多个行业。第一次收集问卷 256 份，第二次收集问卷 263 份，共计 519 份，删除填写不完整等无效问卷后得到有效问卷 356 份，有效回收率为 68. 59%。其中，男性 201 人，占比 56. 46% ；21 ～ 30 岁、31 ～ 40 岁和 41 ～ 50 岁居多，各占 30. 06%、36. 24% 和 26. 40% ；多数具有本科学历，占 50. 56% ；任职时间以 3 年以内和 10 年及以上居多，各占 39. 61% 和 36. 80%。样本特征如表 7 – 7 所示。

表 7 – 7 样本特征

样本特征		样本数量	百分比（%）
职员性别	男	201	56. 46
	女	155	43. 54
职员年龄	21 ～ 30 岁	107	30. 06
	31 ～ 40 岁	129	36. 24
	41 ～ 50 岁	94	26. 40
	51 岁及以上	26	7. 30
职员学历	高中及以下	43	12. 08
	专科	68	19. 10
	本科	180	50. 56
	硕士及以上	65	18. 26
工作年限	3 年以内	141	39. 61
	4 ～ 6 年	63	17. 70
	7 ～ 9 年	21	5. 90
	10 年及以上	131	36. 80

资料来源：作者计算而得。

7.4.2 数据信度检验

尽管本书都是采用的成熟量表，但是由于研究情境的变化，本书利用 SPSS20. 0 对涉及的研究变量的测量量表进行了信度检验。通过检验发现企业家精神的 α 系数为 0. 937 ；价值共创的 α 系数为 0. 886 ；企业

持续创新能力的 α 系数为 0.903；角色压力的 α 系数为 0.872。本书所用量表的 Cronbach's α 系数均大于 0.70 的接受标准，表明所用量表均具有良好的信度。

7.4.3　数据效度检验

利用 Amos 20.0 软件对问卷进行验证性因子分析，结果如表 7 – 8 所示，只有四因子模型的 CFI、TLI 值均大于 0.9，SRMR、RMSEA 值均小于 0.08，测量指标都在标准值以上，说明本章的变量之间的区分效度较好，能够继续开展后续的数据分析工作。

表 7 – 8　　　　　　　　验证性因子分析结果（N = 356）

模型	因子组合	χ^2	df	χ^2/df	CFI	TLI	RMSEA	SRMR
四因子模型	EP, VCC, RS, OCIC	355.629	91	3.908	0.898	0.883	0.065	0.071
三因子模型	EP, VCC + RS, OCIC	679.531	94	7.229	0.887	0.871	0.084	0.077
两因子模型	EP, VCC + RS + OCIC	918.108	97	9.465	0.862	0.867	0.097	0.082
单因子模型	EP + VCC + RS + OCIC	1 562.309	93	16.799	0.841	0.853	0.112	0.095

注：EP 代表企业家精神；VCC 代表价值共创；RS 代表角色压力；OCIC 代表企业持续创新能力。

7.4.4　数据同源方差检验

研究中涉及同一调查对象填写多个量表，可能会出现共同方法偏差的问题。对此，研究运用 Harman 单因子方法检验数据的同源性变异程度。首先，采用给旋转主成分对问卷所有项目进行因子分析；其次，设定因子数为 1，根据得到的一个因子判断共同方法偏差程度；最后，检验得到一个因子仅解释整个数据变异的 29.86%，低于 40% 的临界标准，故共同方法偏差问题并不严重。

7.5 假设检验与结果讨论

7.5.1 相关性分析

采用 SPSS 对各变量进行描述性统计分析和相关分析，表 7 - 9 给出了所有研究变量的均值、标准差及变量间的相关系数。

表 7 - 9   研究变量的描述性统计与相关分析（N = 356）

变量	M	SD	1	2	3	4	5	6	7	8
性别	0.22	0.41	1							
年龄	3.11	0.93	- 0.22 **	1						
学历	2.76	0.91	0.16 **	- 0.23 **	1					
任职年限	2.40	1.33	- 0.15 **	0.71 **	- 0.23 **	1				
企业家精神	3.12	0.63	- 0.15 *	0.01	- 0.11	0.10 *	1			
价值共创	3.34	0.58	- 0.09	0.02	0.10	0.08 **	0.65 **	1		
企业持续创新能力	2.38	0.66	0.13 *	0.14	0.06	0.12 **	0.21 **	0.71 **	1	
角色压力	3.15	0.70	- 0.12 *	0.05	- 0.01	0.02 *	0.43 **	0.46 **	0.11 **	1

注：1. 性别：0 - 男，1 - 女；年龄：1 - 20 岁及以下，2 - 21 ~ 30 岁，3 - 31 ~ 40 岁，4 - 41 ~ 50 岁；5 - 51 ~ 60 岁，6 - 61 岁及以上；学历：1 - 高中及以下，2 - 专科，3 - 本科，4 - 硕士，5 - 博士；任职年限：1 - 3 年及以下，2 - 4 ~ 6 年，3 - 7 ~ 9 年，4 - 10 年及以上。

2. $* p < 0.05$, $** p < 0.01$。

在采用 SPSS 进行模型检验前，先对各变量进行中心化处理，以降低多重共线性的影响。各变量方差膨胀因子（VIF）在 2.330 ~ 4.618 之间，低于临界值 10，变量间不存在严重的多重共线性。从相关性分析发现：企业家精神与企业持续创新能力显著正相关，企业家精神与价值共创显著正相关，价值共创与企业持续创新能力显著正相关。综上所述，H7 - 1 ~ H7 - 2 初步得到验证。

7.5.2　中介效应检验

研究构建了嵌套式结构方程模型以验证 H7 - 4。模型 A 是完全中介模型，路径是从企业家精神到价值共创，再由价值共创到企业持续创新能力。模型 B 是部分中介模型，在模型 A 的基础上增加从企业家精神到企业持续创新能力的直接路径。模型 C 则是直接作用模型，企业家精神和价值共创都直接作用于企业持续创新能力。通过比较各个模型的拟合情况，模型 B 各项指数显示数据与模型匹配良好。据此可以证明本章构建的模型存在中介效应。检验结果如表 7 - 10 所示。

表 7 - 10　　　　　　　　结构方程模型拟合结果　（N = 356）

R 模型	χ^2	Df	χ^2/df	RMSEA	GFI	CFI
模型 A	1 238.793	315	3.944	0.091	0.720	0.816
模型 B	859.478	298	2.884	0.045	0.919	0.972
模型 C	1 226.568	309	3.969	0.100	0.788	0.864

注：模型 A = 完全中介模型；模型 B = 部分中介模型；模型 C = 直接作用模型。

为了进一步检验模型中中介变量路径和直接作用路径的强度，本章采用 MPLUS9.4 继续进行数据检验。第一步，将企业家精神和企业持续创新能力纳入模型，通过建立的结构方程模型检验发现，企业家精神对企业持续创新能力存在正向影响（$\beta = 0.214$，$p = 0.011 < 0.05$），并且模型的各个拟合指数都在经验值以内（$\chi^2/df = 2.17$，GFI = 0.921，CFI = 0.904，RMSEA = 0.021），说明本章构建模型的主效应成立，H7 - 1 得到验证。第二步，将企业家精神、价值共创和企业持续创新能力同时

纳入模型中，从检验结果来看，企业家精神对价值共创有正向的影响（$\beta = 0.316$，$p = 0.011 < 0.05$），价值共创对企业持续创新能力有正向的影响（$\beta = 0.218$，$p = 0.009 < 0.05$），并且模型的各个拟合指数都在经验值以内（$\chi^2/df = 1.98$，$GFI = 0.908$，$CFI = 0.903$，$RMSEA = 0.017$），说明本章构建模型的中介效应模型成立，同时 H7-2、H7-3 以及 H7-4 得到验证。第三步，为了进一步验证主效应和中介效应的强度差异，本章将 Bootstrap 抽样设定为 3 000 次再运行 MPLUS9.4 检验中介效应。设定企业家精神到价值共创的路径系数为 a，价值共创到企业持续创新能力的路径系数为 b，中介效应 $M_1 = ab$，企业家精神到企业持续创新能力的路径系数为 $M_2 = c$。主效应和中介效应的强度差异为 $M = M_2 - M_1$。数据检验结果显示 M 的点估计值为 0.17，置信区间上限为 0.357，置信区间下限为 0.008，置信区间不包括 0，说明检验结果是显著的，主效应作用大于中介效应。

7.5.3　调节效应检验

为了验证 H7-5a、H7-5b 和 H7-5c，采用艾肯和韦斯特（Aiken & West，1991）检验调节作用的方法对变量进行分层回归。首先，把自变量企业家精神和调节变量调节焦点中心化，将控制变量纳入回归模型；其次，将自变量和调节变量一起纳入回归方程考察各自的主效应；最后，将自变量×调节变量（交互项）纳入回归模型考察两者的交互效应。如表 7-11 所示的结果表明，模型 7-6 中，企业家精神对价值共创有正向的影响（$\beta = 0.287$，$p < 0.01$）；企业家精神×角色模糊交互效应对价值共创有负向的影响（$\beta = -0.134$，$p < 0.01$）。模型 7-7 中，企业家精神对价值共创有正向的影响（$\beta = 0.226$，$p < 0.01$）；企业家精神×角色冲突交互效应对价值共创有负向的影响（$\beta = -0.198$，$p < 0.01$）。模型 7-8 中，企业家精神对价值共创有正向的影响（$\beta = 0.189$，$p < 0.01$）；企业家精神×角色超载交互效应对价值共创有负向

的影响（β = −0.123，p < 0.01）。据此，H7 − 5a、H7 − 5b 和 H7 − 5c 得到支持。

表 7 − 11 调节焦点的调节效应检验（N = 356）

变量	价值共创							
	模型 7 − 1	模型 7 − 2	模型 7 − 3	模型 7 − 4	模型 7 − 5	模型 7 − 6	模型 7 − 7	模型 7 − 8
性别	0.039	0.100*	0.092	0.093	0.092	0.088	0.078	0.091
任职年限	0.037	− 0.018	− 0.032	− 0.037	− 0.021	− 0.023	0.011	− 0.017
自变量								
企业家精神		0.261***	0.275***	0.213*	0.274***	0.287**	0.226**	0.189**
调节变量								
角色模糊			− 0.261**			− 0.183*		
角色冲突				− 0.156*			− 0.161*	
角色超载					− 0.171*			− 0.113*
交互项								
企业家精神 × 角色压力						− 0.134**		
企业家精神 × 角色冲突							− 0.198**	
企业家精神 × 角色超载								− 0.123**
R^2	0.032	0.225	0.260	0.264	0.229	0.230	0.247	0.239
ΔR^2	0.015	0.209	0.243	0.245	0.212	0.210	0.213	0.208
F	1.897**	14.426***	15.260***	13.815***	12.910***	11.497***	12.181***	13.714***

注：* P < 0.05；** p < 0.01；*** p < 0.001。

为更进一步分析调节焦点的调节作用，依据艾肯和韦斯特（Aiken & West，1991）提出的方法做调节效应图，回归交互结果如图 7 − 3、图 7 − 4 和图 7 − 5 所示，角色模糊、角色冲突及角色超载负向调节企业家精神与价值共创间的关系，与 H7 − 5a、H7 − 5b 和 H7 − 5c 结果一致。

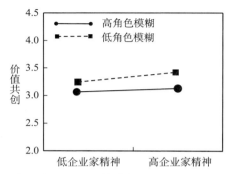

图7-3 角色模糊对企业家精神与工作投入间关系的调节效应

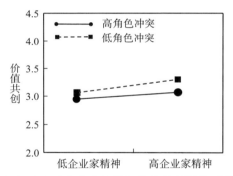

图7-4 角色冲突对企业家精神与价值共创间关系的调节效应

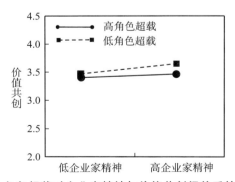

图7-5 角色超载对企业家精神与价值共创间关系的调节效应

7.5.4 研究结果讨论

本章以企业家精神为自变量，以企业持续创新能力为因变量，通过引入价值共创和角色压力，揭示了网络层面企业家精神对企业持续创新能力的影响机制。通过数据分析得出如下研究结论：

一是企业家精神对企业价值共创有正向促进作用。这表明企业家精神有利于企业的价值共创，印证了德鲁克（Drucker，1985）关于企业家精神促进企业产品或服务创新最终提高企业财富创造能力的论述[32]。具备企业家精神的组织成员在工作过程中更乐于冒险，更积极地投入价值创造活动中，并敢于承担创新失败的责任，进而促进企业价值共创行为。数字化转型形成平台生态系统，在该系统中包含了各种资源提供者和消费者，在数字化技术的推动下实现了不同参与主体之间能力和资源的交互连接，以形成价值共创网络。价值共创不仅强调用户参与、用户体验和共同设计，还关注了多主体间的共生依赖、互补创新的协同关系。企业家精神中价值导向、创业、共同体和环境适应等要素能够保障价值共创逻辑的实现，持续为整个生态系统内价值共创活动提供动力。本书的研究结论突破了以往价值共创研究中对企业内部的资源和能力、顾客的互动机制和资源整合策略的关注[45~48]，弥补了企业价值共创研究在组织成员层面影响因素探讨的不足。

二是价值共创对企业持续创新能力有正向的影响。企业数字化转型能够实现价值创造逻辑由线性到网络的转变，研究结论突破了以往资源依赖理论下企业创新路径，价值共创能够实现企业内部资源和外部资源的整合，并且价值共创增加了企业应对外部环境快速变化的能力，增加了对市场机会识别的可能性。在机会识别、环境响应及资源整合等要素的影响下，实现对企业持续创新能力的影响。企业持续创新能力的提升需要组织即兴能力的支持，依赖原有资源结构和获取路径是难以持续获取创新要素的，价值共创将价值创造参与目标协同，实现消费者创新需求、价值创造主体创新资源等的整合，通过多主体的良性互动、制度安排及文化建设实现企业持续创新能力的提升[147~148]。

三是价值共创是数字化转型企业中企业家精神到企业持续创新能力提升的关键路径。研究结论发现价值共创在企业家精神和企业持续创新能力之间起到部分中介作用，通过数据检验发现企业家精神到企业持续创新能力的作用要强于价值共创的传递机制。这也能够说明在企业家精神到企业持续创新能力之间还存在其他的作用路径，正如从员工、组织等层面继续探究企业家精神对企业持续创新能力的作用。数字化转型背景下企业家精神对价值共创有积极的影响，也进一步验证了员工、消费者等价值创造者积极参与、交互对价值共创的积极作用[138,145]。参与者建立对话，并转移知识和其他资源用于组织学习及资源的创建和更新，更有利于在价值共创基础上的持续创新[300,303]。

四是角色压力在数字化转型背景下企业家精神和价值共创间起到负向的调节作用。数字化转型企业的服务观认为应该超越交易网络关系来理解整个系统的价值创造，但是在"超越交易"的逻辑实施过程中，使得"消费者"和"生产者"之间角色变得模糊，所有价值创造的单元都是参与者，角色模糊会难以为价值共创活动提供清晰指引，难以识别角色信息，如此使得企业家精神对价值创造活动的影响大打折扣。相反在角色明确的组织中，员工会为价值共创提供清晰的指引，积极参与到价值创造的活动之中，最终实现价值共创。在数字化构建的合作网络中，企业员工既是顾客方也是服务的提供方，容易造成角色冲突，在角色冲突严重的组织中，会给员工带来消极情绪，不利于企业家精神对价值共创的影响。相反，如果组织中没有角色冲突的现象，员工就会基于自身角色对自身行为有积极的认知评价，有利于企业家精神对价值共创的影响。在数字化转型的企业中，员工承担的角色任务需要比在传统企业中展现更多的能力，当员工的能力无法适应角色要求时，就会对员工心理造成负面影响，例如过度紧张、谨慎行事。当员工角色超载时，其工作兴趣、内在动机等都会受到影响，在此情况下企业家精神中的创业

213

和环境适应对价值共创的影响就会受到负面影响。相反，角色能力和角色职责匹配时，员工会具有积极情绪，内在动机也会得到提升，为企业家精神对价值共创的影响提供保障。

7.6　本 章 小 结

本章主要从价值共创的视角出发，研究了企业家精神对数字化转型背景下企业持续创新能力的影响，其中模型中引入了价值共创、角色压力等变量。本章研究主要包括四大部分内容：一是研究假设与理论模型构建，二是数据收集与分析，三是假设检验，四是研究结果讨论。利用SPSS20.0、AMOS19.0及MPLUS7.4等软件对数据进行相应的分析，得出如下结论：数字化转型背景下企业家精神对企业持续创新能力有正向的影响；价值共创在数字化转型背景下企业家精神和企业持续创新能力之间起部分中介作用；角色模糊、角色冲突和角色超载在数字化转型背景下企业家精神和价值共创之间起到调节作用。

第8章

研究结论与未来展望

8.1　研究结论与理论贡献

8.1.1　研究结论

本书结合数字化转型的时代背景，解析了企业家精神的内涵，探索了其对企业持续创新能力的影响，具体结论包含以下三个方面：

首先，研究采用扎根理论的定性研究方法，解析出数字化时代企业家精神的内涵及其演变原理。本书认为数字创新的不确定性与组织结构和制度的适应性调整是企业家精神发生演变的关键动因，在此情境下，企业家精神的承载主体与属性特征发生了深刻变化，引致企业家精神从传统的个体或公司层面向组织层面传递，并逐渐演变成为一种依托于创业者行为过程的、广泛存在于组织群体中的精神体系。与此同时，本书进一步解析出数字化转型背景下企业家精神的构成，包含环境适应精神、创业精神、责任感和共同体精神，企业通过组织结构和制度的适应性调整激活潜在于组织成员中的企业家精神，从而促进数字化时代企业创新范式的变化，促进企业加速形成以全场景需求和全生命周期需求为核心的持续创新模式。

其次，从机会感知、机会把握和战略转型三个阶段解析案例企业数字化转型过程的企业家精神涌现机理，本书识别出了数字化转型情境下企业家精神新的侧重，包括积极主动性、资源整合和价值追求。鉴于企业家精神在转型过程从企业高层领导范畴延展至了企业全员范畴。并且，研究还指出在企业从层级制组织转向扁平化组织的过程中，企业家精神在机会感知和机会识别阶段主要体现为企业高层领导的环境适应精神和创业精神，而在战略重构阶段主要体现为全体成员的责任感与共同体精神。这种递进式转变完成了组织从"命令—控制"型到"赋能—服务"型的转变。

最后，研究从组织承诺、知识整合和价值共创三个视角深入剖析了数字化转型背景下企业家精神对企业持续创新能力的影响机制。研究发现数字化转型背景下企业家精神对企业持续创新能力具有积极的影响，且组织承诺、知识整合和价值共创是企业家精神到企业持续创新能力的重要传导机制。基于组织承诺的企业家精神对企业持续创新能力的影响分析得出组织支持感、个人与组织价值观匹配在企业家精神和组织承诺之间起到调节作用，进一步地组织支持感对企业家精神与情感承诺的影响起到正向调节作用，对企业家精神与持续承诺的影响并不显著，而人与组织价值观匹配对企业家精神和组织承诺的影响起到正向调节作用，对企业家精神和持续承诺的影响起到负向调节作用；基于知识整合的企业家精神对企业持续创新能力的影响分析得出共享型领导力在企业家精神与知识整合交互的过程中发挥调节作用，知识共享氛围能够有效调节知识整合与持续创新能力间的作用关系；基于价值共创的企业家精神对企业持续创新能力的影响分析得出角色压力在数字化转型背景下企业家精神与价值共创中起到调节作用，价值共创是在合作网络层实现数字化转型背景下企业家精神到企业持续创新能力传递的关键路径。

8.1.2　理论贡献

本书的理论贡献主要包括以下三个方面：

首先，本书揭示了数字化转型背景下企业家精神的内涵及外延，并立足于企业家精神动态性的本质，剖析出企业家精神的演变原理。尽管现有研究挖掘了企业家精神具备随着外部环境变化而逐渐演变的特征[224,270]，指出企业家精神存在向组织传递的现象[225,271,272]，但是却鲜有研究关注到数字化转型背景下企业家精神与传统企业家精神的差异，仅有的研究将企业家精神界定为个体或公司层面的概念[212]，然而这却难以解释数字化转型中企业创新范式转变下的价值创造来源。本书立足于数字技术的属性特征，以及其对客观经济、市场和社会环境的影响[273]，识别出数字化转型背景下企业家精神的演变动因：数字创新的不确定性与组织结构与制度的适应性调整，并将企业家精神的维度内涵进行重构，从而将数字化转型背景下的企业家精神视为一种依托于创业者行为过程的、广泛存在于组织群体中的精神体系，研究整合了企业家精神特质论与行为论的现有流派[274,275]，并借此融入动态性思想[276]，将其与组织价值创造的过程相结合，将其解析为数字化转型中企业持续创新的价值来源。本书从关键诱因、变革原理和作用效果三个方面全面解析了企业家精神的内涵与外延，厘清了企业家精神与数字技术间的潜在联系，从而将企业家精神研究拓展至数字化情境，丰富了关于企业家精神理论内涵，有助于加强对数字化转型情境下企业创新要素的解读。

其次，本书通过关注案例企业的数字化转型，建构了数字化转型背景下企业家精神的涌现机理。不同于以往研究将企业家精神的识别建立在对企业家群体的研究之上，本书将企业家精神的研究落脚于企业经营的具体数字化转型过程，从事件出发来识别企业家精神在数字化转型背景下新内涵的涌现机理，这弥补了企业家精神涌现机理研究的缺失。另

217

外，通过对案例企业数字化转型的深入剖析，本书还将企业家精神延展到了员工层面，这一方面补充了现有研究对员工企业家精神的盲视，丰富了企业家精神在数字经济时代的内涵，另一方面对员工参与管理的相关研究进行了补充。

最后，本书在对企业家精神内涵及外延解析的基础之上，揭示了企业家精神对持续创新能力的关键作用，并从知识整合、组织承诺和价值共创视角探讨了数字化转型背景下企业家精神对于企业持续创新能力的影响机制。尽管现有研究将企业家精神视为促进企业创新的关键要素[224,270]，探索了企业家精神对于组织创新、财务绩效的影响[277,278]，但是研究普遍立足于传统企业组织中自上而下的管理模式，却忽视了隐匿于数字化组织群体中的企业家精神的关键性作用。本书结合知识基础观、社会认知、价值共创等理论，揭示出数字化转型情境下企业家精神对持续创新能力的不同层次的深刻影响，企业在保证对员工投入资源、情感等支持与价值观、文化理念相一致的环境下，能够更好地利用数字化转型背景下企业家精神实现员工的情感承诺，从而使得个体员工焕发主观能动性，激发员工的持续创新行为。相比之下，数字化转型背景下企业如何更好地促进组织层面的持续创新能力的提升则取决于企业所缔造的共享环境[279,280]，这种共享环境通常意味着组织成员具备更高的灵活性与自主性，它受到企业内部数字平台的功能性支持与管理决策权力下沉的支持，能够使原本固有的知识边界约束得以弱化[281]，使得组织成员更易于从事跨边界的知识创造活动[282]，促进来自不同部门、不同专业领域的知识资源的聚合，为持续创新创造先决条件[283]。本书不仅验证了企业家精神与组织创新关系，同时关注到数字化情境下创新范式的跃迁，将企业家精神的影响作用拓展至数字化转型情境下，用以解读数字化情境下企业持续创新的关键来源，进一步地通过系统性地整合企业家精神在个体层、组织层和网络层的影响作用，弥补了现有研究对于企业创新跨层次来源的忽视[280,284,285]。

8.2　管 理 启 示

（1）营造开放型的企业制度与文化，拓宽员工参与企业活动的内容与边界，促进员工企业家精神的涌现。

管理者要打破对企业家精神的传统认知，肯定和识别出员工个体潜藏的企业家精神。通过缩减非必要的管理层级，利用数字资产优化冗余的组织流程，打造非正式的组织结构促进组织内部成员之间、组织成员与外部环境之间的广泛知识交流，为员工层面企业家精神的涌现创造绝佳条件。此外，管理者应该尽可能地围绕员工的创新和创业的具体活动建立适度的容错机制，减少对员工的制度约束，取而代之地是通过构建灵活的数字中台，发挥数字技术的灵活性优势赋能员工的价值创造活动，缓解其对于自主创业风险的过渡担忧，使员工的自我价值得以实现。

（2）重点关注企业家精神由企业家个体层面向员工层面转换的过程。

企业家精神由企业家个体层面向员工层面的转变并非一蹴而就，而是经历机会识别、机会把握和战略重构的过程。因此，管理者需要根据企业所处的战略阶段激发企业家精神作为企业持续创新的源动力。在机会识别阶段，企业家仍然是持续创新的主体，它要求企业家时刻关注与外部环境的变化，感知环境的易变性，以在短时间内做出有益的探索；在机会把握阶段，企业家精神可能需要集体主人翁意识的支持，这侧面反映企业需要通过缩减管理层级、去除冗余的部门壁垒进行适当授权，以激发组织成员潜在企业家精神的萌生，加强组织的快速响应；在战略重构阶段，企业持续创新的来源表现为以员工企业家精神为杠杆，撬动的内外部资源的整合，这要求企业不仅注重与内部员工的交互，而且需要建立与供应商、服务商等共同的价值观念，以促进组织间的价值共创。因此，通过关注企业家精神在主体中的过渡有助于企业管理者把握企业持续创新的来源，规避创新实现的风险，进而在多边的环境中占据主导地位。

（3）大力培育组织员工的企业家精神，充分发挥企业家精神所带来的持续知识溢出效应；加强对组织成员的组织支持与情感关怀，巩固提升组织成员的情感承诺；关注员工角色转变带来的负面影响。

数字化转型情境下，企业需要在离散的个体员工之间建立企业家精神的纽带，从而发挥组织层面企业家精神的知识溢出效应。管理者应倾向于建立开放、共享型的企业文化，通过运用大数据、云计算和物联网等数字技术工具，构建以客户价值为导向的颗粒化激励机制，通过缩减非必要的组织层级，移交可转移的组织权利，为组织成员企业家精神的孕育创造先决条件。与此同时，管理者应致力于内部数字平台的开发，借此促进组织内部隐性资源的显性化，提升组织成员自主调配知识资源的能力，同时鼓励组织成员积极自发地组成自管理的敏捷性运营团队，过程中应该尤其注意横向部门边界的破除，企业应通过构建从知识的获取、吸收、交流到知识整合与应用等闭环全周期的运营逻辑，保证企业创新活动中新知识的持续供应。

企业在制定相关政策或措施为员工提供工作或家庭支持时，要关注组织支持感起作用的前提是员工对组织是有情感承诺的。因此，企业在提高对员工的支持力度的同时要关注员工情感承诺的培养，可以通过各种管理活动、利益分配机制构建及决策权下放等方式，提高员工的情感承诺。但是如果员工对组织的归属感比较弱，甚至说在当前企业中工作是因为没有更好的工作选择机会，那么采取任何的组织支撑措施都是作用微小的。根据人与组织匹配的原则，企业在进行招聘或者人员选拔时，要着重关注那些与组织价值观一致的人群，当人与组织价值观区域一致时，员工才能产生更多的组织公民行为。但是反过来讲，企业还需要采取一定的措施，例如分解客户需求，让员工积极参与需求满足方案的设计、决策的制订等，让员工与组织的价值追求相一致，经过长时间的磨合，自然也会形成较为一致的价值观。

在享受员工角色变化为企业带来效益的同时，还要关注员工角色变化可能带来的弊端。根据本书的研究结论员工角色压力会负向调节员工企业家精神和价值共创之间的关系，这能够为企业在进行职位设定、角色规则制定、角色职责规划等方面提供参考。企业不仅要对角色进行清晰地描述，还要构建反馈机制，鼓励员工在企业内部反馈平台上抒发自身情绪，释放压力，表达不满。企业可以通过反馈信息获得员工的真实心理状态，进一步来解决员工角色变化带来的负面影响。

8.3　研究局限与未来展望

8.3.1　研究局限

尽管研究结合定性与定量研究充分探讨了企业家精神的内涵及外延，探讨了企业家精神的涌现机理，对企业家精神与企业持续创新能力的影响关系进行阐释，但是仍然存在两点不足之处：

第一，在解析数字化转型背景下企业家精神的内涵及外延方面，本书所选取的研究样本大多是规模以上企业，这使得组织结构的适应性调整对培育企业家精神而言起到了不可替代的作用，但是立足于数字化转型的背景下，对于初创企业而言，有可能存在有别于组织结构适应性调整的其他动因，因为初创企业的组织结构较为简单也更为灵活，初创企业如何引导组织成员企业家精神的集体涌现，由于样本选取的限制导致本书尚未对数字化转型背景下企业家精神演变的动因进行全面识别，使之成为本书的局限。

第二，在解析数字化转型背景下持续创新能力的影响机制方面，首先本书在数据搜集时采用了横截面数据，不能很严格地检验变量之间的因果关系，如企业家精神与持续创新能力之间的关系；其次，本书仅仅关注到组织内部情境下企业家精神的涌现，然而在数字化转型背景下，服务主导逻辑强调以客户为中心的服务生态系统构建，本书对企业家精神在生态系统层面的影响并未予以充分揭示，原因在于生态系统层面所涉及的主体繁杂，包括供应商、服务商、客户、政府等多个参与者，暂时难以克服数据获取的障碍，缺乏生态系统层面的探讨成为本书实现完整的数字化转型背景下企业家精神体系构建的阻碍。

8.3.2　未来展望

针对本书局限，在未来的研究中可从以下两个方面进行完善：

第一，未来研究可以关注更多初创企业中组织成员企业家精神涌现的机制，由于初创企业创业者角色对于企业的成功而言起到至关重要的作用，因此未来研究可关注初创企业中创业者个人特质或创业激情对企业家精神涌现的作用影响，从而更加全面地阐释企业家精神的内涵及外延。第二，研究探索组织层面企业家精神的涌现可以通过纵向研究设计，获取多时点的数据来避免变量之间的因果性联系。介于企业家精神可能存在的生态系统层面的影响效应，未来研究可以从生态系统视角探索企业家精神与创业生态系统或创新生态系统的作用机制与路径，进而丰富企业家精神与持续创新能力的研究体系。

附录 A

数字化转型背景下企业家
精神访谈调研提纲

一、高层管理者半结构化访谈主要问题梳理

1. 请您详细介绍一下贵公司的发展历程及公司目前的经营状况。

2. 贵公司在数字化转型方面做出了哪些尝试。

3. 贵公司在数字化转型过程中遇到的动力与阻碍分别是什么？

4. 请您详细介绍一下数字技术对公司日常的管理经营产生的影响。

5. 基于转型前后的对比，贵公司员工在数字化转型中发挥着怎样的作用？

6. 企业如何才能够应对数字化时代的不确定性？

二、中层管理者半结构化访谈主要问题梳理

1. 请您阐释在数字化转型前后对员工的管理方式是否存在差异。

2. 请您阐释一下贵公司在数字化转型前后业务流程发生过怎样的改变。

3. 数字化时代领导与员工的关系是否发生了改变。

4. 如何在数字化情境下更加有效地管理员工？

5. 数字化时代员工的需求发生了怎样的改变。

6. 员工在执行某一具体任务的过程中是否存在工作方式的变化。

三、基层组织员工半结构化访谈主要问题梳理

1. 数字化转型前后在承担任务、工作方式、角色定位方面存在哪些改变?

2. 在面对一项具体任务时,您如何与不同部门的同事进行沟通与交互?

3. 您觉得公司是否能够提供必要的资源来辅助完成相关的业务?

4. 不少公司都采取了扁平化的管理方式,您认为当前的组织是否具备扁平化的特征,如果是的话您是如何适应这种组织环境的深刻变化的?

5. 请您阐释面对一种突发性需求或需求异常的情况时,如何在短时间内将其处理好?

6. 当前阶段让您高效工作的动力来源是什么?

附录B

企业家精神研究相关素材资料汇总

一、酷特智能相关资料梳理

（一）相关档案资料

1. 酷特智能总裁张蕴蓝：酷特四大数据库系统实现个性化制造［EB/OL］. https：//baijiahao. baidu. com/s？id＝1675785792283644938&wfr＝spider& for＝pc.

2. 酷特智能用新商业生态，拼出一个可以"定制"的世界［EB/OL］. https：//www. sohu. com/a/324450414_778851.

3. 以工业化方式生产定制化产品［EB/OL］. https：//www. sohu. com/a/386952895_135869.

4. 个性定制也能规模化生产，看"酷特智能C2M商业模式"如何实现［EB/OL］. http：//www. 360doc. com/content/18/0603/07/29650793_759241959. shtml.

5. 从红领到酷特，看智能思维倒逼企业组织变革［EB/OL］. https：//www. sohu. com/a/144893992_122592.

6. 酷特智能：从"制造"到"智造"的数字化转型之路［EB/OL］. http：//ex. chinadaily. com. cn/exchange/partners/82/rss/channel/cn/columns/sz8srm/stories/WS5e993d6ea310c00b73c77ceb. html.

7. 在酷特智能，找到企业数字化转型的解决方案［EB/OL］. https：//

www. sohu. com/a/318817434_658762.

8. 从"制造"到"智造"的数字化转型之路［EB/OL］. http：//cn. daily economic. com/roll/2020/04/17/106596. html.

9. 酷特智能李金柱：企业数字化转型本质上是管理转型，数字化是有效工具［EB/OL］. https：//new. qq. com/omn/20190810/20190810A0928V00. html.

10. 林琳，吕文栋. 数字化转型对制造业企业管理变革的影响——基于酷特智能与海尔的案例研究［J］. 科学决策，2019（01）：85-98.

11. 孙新波，李金柱. 数据治理：酷特智能管理演化新物种的实践［M］. 北京：机械工业出版社，2020.

（二）部分内部现场观察图片汇总

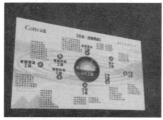

二、韩都衣舍相关资料梳理

（一）相关档案资料

1. 韩都衣舍的组织变革：如何实现从管理到赋能的质变［EB/OL］. http：//www. 360doc. com/content/18/0417/13/27972427_746349703. shtml.

2. 韩都衣舍：组织变革与战略转型［EB/OL］. http：//tjsmep. ezweb2 - 2. 35. com/qiyechengchangzazhi - 131732 - 18817 - item - 82877. html.

3. 2000 亿背后的战略调整及组织生态［EB/OL］. https：//zhuan-lan. zhihu. com/p/114496466.

4. 再解韩都衣舍"小组制"组织结构［EB/OL］. http：//www. hr-see. com/？ id = 1782.

5. 韩都衣舍的组织变革：如何成为中国互联网快时尚第一品牌［EB/OL］. http：//www. fx361. com/page/2020/1210/7315494. shtml.

6. 如何通过细胞分裂的方式迅速增长［EB/OL］. http：//www. link-shop. com. cn/web/archives/2015/333224. shtml.

7. 从互联网企业中台，到智能产业平台［EB/OL］. https：//baijia-hao. baidu. com/s？ id = 1630205958215825852&wfr = spider&for = pc.

8. 本土电商从 0 到无限的创业进化史［EB/OL］. http：//www. tex-index. com. cn/.

9. 小组制背后的管理能力［EB/OL］. https：//www. siilu. com/20150525/135083. shtml.

10. 数字化让品牌快人一步［EB/OL］. https：//t. qianzhan. com/da-ka/detail/201223 - 0f6ff23a. html.

（二）部分内部现场观察图片汇总

三、海尔集团相关资料梳理

（一）相关档案资料

1. 海尔的"链群"，让每个人都找到"量子自我" ［EB/OL］. https：//baijiahao. baidu. com/s？ id = 1643825767805470024&wfr = spider&for = pc.

2. 张瑞敏"创组织"：海尔"链群"在生长 ［EB/OL］. https：//www. sohu. com/a/310655413_377096.

3. 海尔张瑞敏：链群，紧跟物联网时代的"增才组织" ［EB/OL］. https：//ishare. ifeng. com/c/s/7lmmaOmHH0w.

4. 海尔"数字化转型"从连接到智能制造 ［EB/OL］. http：//www. leanuo. com/article/detail/id/238. html.

5. 传统企业数字化转型（四），全面了解海尔数字化转型之路 ［EB/OL］. https：//zhuanlan. zhihu. com/p/46416415.

6. 海尔"创客森林"孵化创业"生态圈" ［EB/OL］. https：//www. haier. com/press – events/news/20200629_139428. shtml.

7. 海尔创业 35 周年纪念日　开启生态品牌战略阶段［EB/OL］. https：//baijiahao. baidu. com/s？id＝1654035033363214420&wfr＝spider&for＝pc.

8. 海尔进化历程与新组织变革［EB/OL］. PPT　https：//www. sohu. com/a/129019851_490418.

9. 海尔员工不再是执行者而是创业者［EB/OL］. https：//www. sohu. com/a/119318782_115565.

10.《物联网生态品牌白皮书》（2020）.

11. 刘佳. 海尔：用企业家精神助力品牌之路［J］. 国际品牌观察，2018（09）：52－53.

（二）部分内部现场观察图片汇总

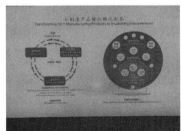

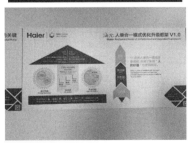

四、赛莱默相关资料梳理

1. 赛莱默联合 IWA 勾勒水业数字化转型之路 ［EB/OL］. https：// www. sohu. com/a/322132463_711476.

2. 赛莱默发布新一代 Aquatalk2.0 天枢智慧水务平台 ［EB/OL］. http：//wx. h2o – china. com/news/317182. html.

3. 数字化技术全面推进水业可持续发展 ［EB/OL］. https：// hope. huanqiu. com/article/3wWwJEmlzfo.

4. 水业领袖赛莱默携手国际水协会为公用事业机构勾勒数字化转型之路 ［EB/OL］. https：//www. prnasia. com/story/249620 – 1. shtml.

5. 赛莱默董瑞萍：创新要注重跨界合作 ［EB/OL］. http：//www. water8848. com/news/201406/24/18959. html.

附录 C

基于组织承诺的企业家精神对企业
持续创新能力的影响研究量表

员工填写部分

尊敬的女士/先生：

您好！这是一份关于企业数字化转型背景下企业家精神对企业持续创新能力影响机制研究的问卷。您作为企业数字化转型领域的实践者，我们特别希望能够得到您的数据支持，烦请您在仔细阅读问卷内容的基础上，根据您的认识慎重填写。

郑重承诺：本次调研只用于企业数字化转型背景下企业家精神对企业持续创新能力影响机制研究工作中，为匿名调查，关于您对本问卷填写的任何信息我们都将保密，并不会用于任何其他的商业用途，敬请您放心，希望您能够客观地填写问卷。我们非常感谢您的作答，您的支持是我们工作成功的保障。

谢谢！

第 一 部 分

1. 性别：

□男　　　　　　□女

2. 年龄：

□20 岁以下　　□20～29 岁　　□30～39 岁　　□40～49 岁

□50 岁以上

3. 学历：

□高中及以下　　□大学　　　　□硕士　　　　□博士

4. 您所在企业的性质：

□国有企业　　□私营企业　　□联营企业　　□三资企业

□其他

5. 企业员工人数：

□20 人以下　　　　　　□20～299 人

□300～999 人　　　　　□1 000 人以上

6. 公司所属行业：_____

小组编号：　　　　　员工编号：

第 二 部 分

以下是关于问卷的主体部分，您需要在具体的题项后标记出您想选择的答案。答案共包括五个程度指标，分别是 1～5。1 代表很不符合，2 代表不太符合，3 代表一般符合，4 代表比较符合，5 代表非常符合。

企业家精神

	调查问项	很不符合	不太符合	一般符合	比较符合	非常符合
1	组织成员会时刻反思组织所处的情境	1	2	3	4	5
2	组织成员会关注并追求自我价值的实现	1	2	3	4	5

续表

	调查问项	很不符合	不太符合	一般符合	比较符合	非常符合
3	组织成员会主动自发地参与到价值创造中	1	2	3	4	5
4	比同行竞争对手率先抓住市场机会	1	2	3	4	5
5	比同行竞争对手更加重视市场机会的开发	1	2	3	4	5
6	拥有关于决策所需的新知识并愿意主动同大家分享	1	2	3	4	5
7	对所讨论的问题有新观点并愿意积极地同大家分享	1	2	3	4	5
8	多种资源获取方案的选择往往采用集体决策法	1	2	3	4	5
9	公司喜欢以集体智慧来完善市场开发方案	1	2	3	4	5
10	能对外部环境的动态变化保持敏感性	1	2	3	4	5
11	一致认同追求卓越的标准	1	2	3	4	5
12	组织成员关注顾客价值，以此为活动的依据	1	2	3	4	5
13	组织成员认同企业的文化和价值观	1	2	3	4	5
14	组织成员建立与核心企业相一致的愿景和目标	1	2	3	4	5
15	组织成员在自己得到发展的同时，关注其他人的利益获取	1	2	3	4	5
16	组织成员适应组织结构变化，倾向跨界合作	1	2	3	4	5
17	组织成员根据市场需求能快速调整自己的角色	1	2	3	4	5
18	组织成员关注外部环境的动态变化并主动响应	1	2	3	4	5

情感承诺

	调查问项	很不符合	不太符合	一般符合	比较符合	非常符合
1	我很高兴在这个组织度过我余下的职业生涯	1	2	3	4	5
2	我认为组织的问题就是我的问题	1	2	3	4	5
3	我觉得我是这个组织家庭中的一员	1	2	3	4	5
4	我在情感上依附于这个组织	1	2	3	4	5
5	这个组织对我个人而言意义重大	1	2	3	4	5
6	我很忠于我现在所在的企业	1	2	3	4	5

持续承诺

	调查问项	很不符合	不太符合	一般符合	比较符合	非常符合
1	即使我现在离开公司，对我来说也非常困难	1	2	3	4	5
2	假如我现在离开公司，我的生活会被打乱	1	2	3	4	5
3	对我来说，现在离开公司损失很大	1	2	3	4	5
4	现在留在公司是我的一种需要	1	2	3	4	5
5	我没有其他工作机会选择，所以我不能考虑离开公司	1	2	3	4	5
6	离开公司所面对比较严重的问题就是可供选择工作机会太少	1	2	3	4	5

组织支持感

	调查问项	很不符合	不太符合	一般符合	比较符合	非常符合
1	公司尊重我的想法和目标	1	2	3	4	5
2	公司确实关心我的福利和待遇	1	2	3	4	5
3	公司倾听并重视我提出的意见	1	2	3	4	5
4	当我遇到困难时，公司会为我提供帮助和支持	1	2	3	4	5
5	如果我因为好心而办错事，公司会原谅我	1	2	3	4	5
6	公司不会千方百计地抓住机会利用我	1	2	3	4	5
7	公司对我关怀备至	1	2	3	4	5
8	如果我有特殊需要，公司会为我提供帮助	1	2	3	4	5

人与组织价值观匹配

	调查问项	很不符合	不太符合	一般符合	比较符合	非常符合
1	我在日常生活中重视的一些事情和本单位价值观体系所推崇的理念很相似	1	2	3	4	5
2	我个人的价值观与所在单位的价值观和文化是一致的	1	2	3	4	5
3	我所在单位的价值观体系和企业文化与我生活中的价值观比较匹配	1	2	3	4	5

领导填写部分

企业持续创新能力

	调查问项	很不符合	不太符合	一般符合	比较符合	非常符合
1	与主要竞争对手相比，我公司一直能更快地推出新产品（或服务）	1	2	3	4	5
2	与主要竞争对手相比，我公司一直能更快地开辟新的市场	1	2	3	4	5
3	与主要竞争对手相比，我公司一直能抢先进入新市场	1	2	3	4	5
4	与主要竞争对手相比，我公司一直能控制原材料或半成品的供给来源	1	2	3	4	5
5	与竞争对手相比，我公司一直更加重视研发投入	1	2	3	4	5

小组编号：

本问卷到此结束，请再确认有无遗漏任何问题，再次感谢您的协助！

祝您顺利、愉快！

附录 D

基于知识整合的企业家精神对企业
持续创新能力的影响研究量表

员工填写部分

尊敬的女士/先生：

您好！这是一份关于企业数字化转型背景下企业家精神对企业持续创新能力影响机制研究的问卷。您作为企业数字化转型领域的实践者，我们特别希望能够得到您的数据支持，烦请您在仔细阅读问卷内容的基础上，根据您的认识慎重填写。

郑重承诺：本次调研只用于企业数字化转型背景下企业家精神对企业持续创新能力影响机制研究工作中，为匿名调查，关于您对本问卷填写的任何信息我们都将保密，并不会用于任何其他的商业用途，敬请您放心，希望您能够客观地填写问卷。我们非常感谢您的作答，您的支持是我们工作成功的保障。

谢谢！

第 一 部 分

1. 性别：

□男　　　　　□女

2．年龄：

□20 岁以下　　□20～29 岁　　□30～39 岁　　□40～49 岁

□50 岁以上

3．学历：

□高中及以下　　□大学　　　　□硕士　　　　□博士

4．您所在企业的性质：

□国有企业　　□私营企业　　□联营企业　　□三资企业

□其他

5．企业员工人数：

□20 人以下　　　　　　　□20～299 人

□300～999 人　　　　　　□1 000 人以上

6．公司所属行业：＿＿＿＿＿＿＿＿＿＿＿＿＿＿＿＿＿＿

小组编号：　　　　　　员工编号：

第 二 部 分

以下是关于问卷的主体部分，您需要在具体的题项后标记出您想选择的答案。答案共包括五个程度指标，分别是 1～5。1 代表很不符合，2 代表不太符合，3 代表一般符合，4 代表比较符合，5 代表非常符合。

企业家精神

	调查问项	很不符合	不太符合	一般符合	比较符合	非常符合
1	组织成员会时刻反思组织所处的情境	1	2	3	4	5
2	组织成员会关注并追求自我价值的实现	1	2	3	4	5

	调查问项	很不符合	不太符合	一般符合	比较符合	非常符合
3	组织成员会主动自发地参与到价值创造中	1	2	3	4	5
4	比同行竞争对手率先抓住市场机会	1	2	3	4	5
5	比同行竞争对手更加重视市场机会的开发	1	2	3	4	5
6	拥有关于决策所需的新知识并愿意主动同大家分享	1	2	3	4	5
7	对所讨论的问题有新观点并愿意积极地同大家分享	1	2	3	4	5
8	多种资源获取方案的选择往往采用集体决策法	1	2	3	4	5
9	公司喜欢以集体智慧来完善市场开发方案	1	2	3	4	5
10	能对外部环境的动态变化保持敏感性	1	2	3	4	5
11	一致认同追求卓越的标准	1	2	3	4	5
12	组织成员关注顾客价值，以此作为活动的依据	1	2	3	4	5
13	组织成员认同企业的文化和价值观	1	2	3	4	5
14	组织成员建立与核心企业相一致的愿景和目标	1	2	3	4	5
15	组织成员在自己得到发展的同时，关注其他人的利益获取	1	2	3	4	5
16	组织成员适应组织结构变化，倾向跨界合作	1	2	3	4	5
17	组织成员根据市场需求能快速调整自己的角色	1	2	3	4	5
18	组织成员关注外部环境的动态变化并主动响应	1	2	3	4	5

知识整合

	调查问项	很不符合	不太符合	一般符合	比较符合	非常符合
1	我们的工作内容和程序的标准化程度较高	1	2	3	4	5
2	我们企业专业知识的传递是通过既定的要求程序来进行的	1	2	3	4	5
3	我们企业强调以书面规则和程序来整合知识	1	2	3	4	5
4	我们企业尝试产生一套共同分享的制度与理念，使员工获得认同	1	2	3	4	5
5	我们乐于接受企业既定制度与文化的约定	1	2	3	4	5
6	我们企业产品的完成必须通过各相关人员通力合作	1	2	3	4	5
7	我们企业员工轮调至新部门时所需的适应时间较短	1	2	3	4	5

共享型领导力

	调查问项	很不符合	不太符合	一般符合	比较符合	非常符合
1	团队成员会计划如何完成团队工作	1	2	3	4	5
2	团队成员会根据团队活动重点分配人力、财力和物力	1	2	3	4	5
3	团队成员会主动设定工作目标	1	2	3	4	5
4	团队成员会主动组织任务使团队活动更加顺畅	1	2	3	4	5
5	团队成员会决定如何完成团队任务	1	2	3	4	5
6	团队成员会为团队活动的相关计划做积极的准备	1	2	3	4	5
7	当出现问题时，团队成员会共同决定最好的做法	1	2	3	4	5
8	团队成员会迅速地诊断出问题	1	2	3	4	5
9	团队成员会利用团队综合能力来解决问题	1	2	3	4	5
10	团队成员会找出影响活动的解决方案	1	2	3	4	5
11	团队成员会在问题发生之前识别出问题解决方案	1	2	3	4	5
12	团队成员会共同提出问题解决方案	1	2	3	4	5
13	团队成员会在问题发生之前解决问题	1	2	3	4	5
14	团队成员会为需要帮助的其他成员提供支持	1	2	3	4	5
15	团队成员会对其他成员表现出耐心	1	2	3	4	5
16	当团队成员情绪低落时，其他成员会鼓励他	1	2	3	4	5
17	团队成员会倾听其他成员的抱怨和问题	1	2	3	4	5
18	团队成员会培养一种团结的团队氛围	1	2	3	4	5
19	团队成员会礼貌的对待其他成员	1	2	3	4	5
20	在团队中，团队成员之间会交换与工作相关的建议	1	2	3	4	5
21	团队成员会帮助其他成员提高能力	1	2	3	4	5
22	团队成员会像其他成员学习	1	2	3	4	5
23	当团队有新成员加入时，老成员会树立积极的角色榜样	1	2	3	4	5
24	团队成员会指导能力较差成员如何提高	1	2	3	4	5
25	团队成员会帮助其他成员学习新知识	1	2	3	4	5

知识分享氛围

	调查问项	很不符合	不太符合	一般符合	比较符合	非常符合
1	我会和同事分享工作经验	1	2	3	4	5
2	当同事有需要时，我会分享我的专业知识	1	2	3	4	5
3	我会和同事分享工作上的想法	1	2	3	4	5
4	我会告诉同事自己工作上的秘诀	1	2	3	4	5

领导填写部分

企业持续创新能力

	调查问项	很不符合	不太符合	一般符合	比较符合	非常符合
1	与主要竞争对手相比，我公司一直能更快地推出新产品（或服务）	1	2	3	4	5
2	与主要竞争对手相比，我公司一直能更快地开辟新的市场	1	2	3	4	5
3	与主要竞争对手相比，我公司一直能抢先进入新市场	1	2	3	4	5
4	与主要竞争对手相比，我公司一直能控制原材料或半成品的供给来源	1	2	3	4	5
5	与竞争对手相比，我公司一直更加重视研发投入	1	2	3	4	5

小组编号：

本问卷到此结束，请再确认有无遗漏任何问题，再次感谢您的协助！

祝您顺利、愉快！

基于价值共创的企业家精神对企业
持续创新能力的影响研究量表

员工填写部分

尊敬的女士/先生：

您好！这是一份关于企业数字化转型背景下企业家精神对企业持续创新能力影响机制研究的问卷。您作为企业数字化转型领域的实践者，我们特别希望能够得到您的数据支持，烦请您在仔细阅读问卷内容的基础上，根据您的认识慎重填写。

郑重承诺：本次调研只用于企业数字化转型背景下企业家精神对企业持续创新能力影响机制研究工作中，为匿名调查，关于您对本问卷填写的任何信息我们都将保密，并不会用于任何其他的商业用途，敬请您放心，希望您能够客观地填写问卷。我们非常感谢您的作答，您的支持是我们工作成功的保障。

谢谢！

第 一 部 分

1. 性别：

□男　　　　　□女

2. 年龄：

□20 岁以下　　□20～29 岁　　□30～39 岁　　□40～49 岁

□50 岁以上

3. 学历：

□高中及以下　　□大学　　　　□硕士　　　　□博士

4. 您所在企业的性质：

□国有企业　　□私营企业　　□联营企业　　□三资企业

□其他

5. 企业员工人数：

□20 人以下　　　　　　□20～299 人

□300～999 人　　　　　□1 000 人以上

6. 公司所属行业：＿＿＿＿＿＿＿＿＿＿＿＿＿＿＿＿＿＿＿＿

小组编号：　　　　　　员工编号：

第 二 部 分

以下是关于问卷的主体部分，您需要在具体的题项后标记出您想选择的答案。答案共包括五个程度指标，分别是 1～5。1 代表很不符合，2 代表不太符合，3 代表一般符合，4 代表比较符合，5 代表非常符合。

企业家精神

	调查问项	很不符合	不太符合	一般符合	比较符合	非常符合
1	组织成员会时刻反思组织所处的情境	1	2	3	4	5
2	组织成员会关注并追求自我价值的实现	1	2	3	4	5

续表

	调查问项	很不符合	不太符合	一般符合	比较符合	非常符合
3	组织成员会主动自发地参与到价值创造中	1	2	3	4	5
4	比同行竞争对手率先抓住市场机会	1	2	3	4	5
5	比同行竞争对手更加重视市场机会的开发	1	2	3	4	5
6	拥有关于决策所需的新知识并愿意主动同大家分享	1	2	3	4	5
7	对所讨论的问题有新观点并愿意积极地同大家分享	1	2	3	4	5
8	多种资源获取方案的选择往往采用集体决策法	1	2	3	4	5
9	公司喜欢以集体智慧来完善市场开发方案	1	2	3	4	5
10	能对外部环境的动态变化保持敏感性	1	2	3	4	5
11	一致认同追求卓越的标准	1	2	3	4	5
12	组织成员关注顾客价值，以此为活动的依据	1	2	3	4	5
13	组织成员认同企业的文化和价值观	1	2	3	4	5
14	组织成员建立与核心企业相一致的愿景和目标	1	2	3	4	5
15	组织成员在自己得到发展的同时，关注其他人的利益获取	1	2	3	4	5
16	组织成员适应组织结构变化，倾向跨界合作	1	2	3	4	5
17	组织成员根据市场需求能快速调整自己的角色	1	2	3	4	5
18	组织成员关注外部环境的动态变化并主动响应	1	2	3	4	5

价值共创

	调查问项	很不符合	不太符合	一般符合	比较符合	非常符合
1	我们公司与顾客（供应商）一起计划下季度的需求量	1	2	3	4	5
2	我们公司与顾客（供应商）一起计划下季度的新产品和新品种需求	1	2	3	4	5
3	顾客（供应商）向我们提供了公司出售给他们的产品的销售预测	1	2	3	4	5
4	我们公司与顾客（供应商）共享我们产品的长期计划	1	2	3	4	5
5	顾客（供应商）和我们公司共同处理在关系过程中出现的问题	1	2	3	4	5

续表

	调查问项	很不符合	不太符合	一般符合	比较符合	非常符合
6	顾客（供应商）和我们公司不介意互相给予帮助	1	2	3	4	5
7	在与顾客（供应商）关系的大多数方面，共同承担完成任务的责任	1	2	3	4	5
8	顾客（供应商）和我们公司致力于改善，可能对整个关系有利	1	2	3	4	5
9	对于与顾客（供应商）之间关系的变化，我们公司非常灵活	1	2	3	4	5
10	顾客（供应商）进行调整以维持与我们公司的关系	1	2	3	4	5
11	当出现一些意外情况时，顾客（供应商）和我们公司将达成新的交易	1	2	3	4	5

角色模糊

	调查问项	很不符合	不太符合	一般符合	比较符合	非常符合
1	我很清楚我的工作职责是什么	1	2	3	4	5
2	我很清楚我在工作中拥有多少权力	1	2	3	4	5
3	我所做的工作都有清楚的解释和说明	1	2	3	4	5
4	我很清楚顾客对我的期望是什么	1	2	3	4	5
5	我很清楚企业对我的期望是什么	1	2	3	4	5

角色冲突

	调查问项	很不符合	不太符合	一般符合	比较符合	非常符合
1	我所做的事情会符合企业的要求，但未必符合顾客的要求	1	2	3	4	5
2	有时为了完成任务，我必须违反某些规则和政策	1	2	3	4	5
3	我常接到由两个或两个以上不同的顾客提出的相互冲突的要求	1	2	3	4	5
4	我被要求做一些不是很必要的事情	1	2	3	4	5
5	对于同一类事情，在不同的情况下，我必须以不同的方式处理	1	2	3	4	5

角色超载

	调查问项	很不符合	不太符合	一般符合	比较符合	非常符合
1	服务中我需要做的事情太多了	1	2	3	4	5
2	顾客期待我完成的事情太多了	1	2	3	4	5
3	企业期待我完成的事情太多了	1	2	3	4	5
4	企业指派给我的工作太多或太复杂了	1	2	3	4	5
5	我缺乏足够的训练或经验来恰当地完成我的工作	1	2	3	4	5

领导填写部分

企业持续创新能力

	调查问项	很不符合	不太符合	一般符合	比较符合	非常符合
1	与主要竞争对手相比，我公司一直能更快地推出新产品（或服务）	1	2	3	4	5
2	与主要竞争对手相比，我公司一直能更快地开辟新的市场	1	2	3	4	5
3	与主要竞争对手相比，我公司一直能抢先进入新市场	1	2	3	4	5
4	与主要竞争对手相比，我公司一直能控制原材料或半成品的供给来源	1	2	3	4	5
5	与竞争对手相比，我公司一直更加重视研发投入	1	2	3	4	5

小组编号：

本问卷到此结束，请再确认有无遗漏任何问题，再次感谢您的协助！

祝您顺利、愉快！

参 考 文 献

［1］谢康，吴瑶，肖静华，等. 组织变革中的战略风险控制——基于企业互联网转型的多案例研究［J］. 管理世界，2016（02）：133 - 148.

［2］Claggett，J. L. ，Karahanna，E. Unpacking the Structure of Coordination Mechanisms and the Role of Relational Coordination in an Era of Digitally Mediated Work Processes ［J］. The Academy of Management review，2018，43（04）：704 - 722.

［3］罗珉，李亮宇. 互联网时代的商业模式创新：价值创造视角［J］. 中国工业经济，2015，（01）：95 - 107.

［4］刘林艳，王亦磊. 互联网时代组展商如何重塑用户关系——基于 ISPO 商业模式的案例研究 ［J］. 南开管理评论，2020，23（05）：88 - 99.

［5］Franke，N. ，Schreier，M. ，Kaiser，U. The I Designed It Myself Effect in Mass Customization ［J］. Management Science，2010，56（01）：125 - 140.

［6］Franke，N. ，Keinz，P. ，Steger，C. J. Testing the Value of Customization：When Do Customers Really Prefer Products Tailored to Their Preferences? ［J］. Journal of Marketing，2009，73（05）：103 - 121.

［7］钟琦，杨雪帆，吴志樵. 平台生态系统价值共创的研究述评［J］. 系统工程理论与实践，2021，41（02）：421 - 430.

［8］Chi，M. ，Huang，R. ，George，J. F. Collaboration in demand-driven supply chain：Based on a perspective of governance and IT – business strategic alignment［J］. International Journal of Information Management，2020，52：102062.

［9］Gawer，A.，Cusumano，M. A. Industry Platforms and Ecosystem Innovation［J］. Journal of Product Innovation Management，2014，31（03）：417 – 433.

［10］孙新波，钱雨，张明超，等. 大数据驱动企业供应链敏捷性的实现机理研究［J］. 管理世界，2019，35（09）：133 – 151.

［11］罗仲伟，李先军，宋翔，等. 从"赋权"到"赋能"的企业组织结构演进——基于韩都衣舍案例的研究［J］. 中国工业经济，2017，（09）：174 – 192.

［12］王易，邱国栋. 新工业革命背景下多元智能组织研究——以GE 和海尔为案例［J］. 经济管理，2020，42（02）：92 – 105.

［13］Puranam，P.，Alexy，O.，Reitzig，M. What's "New" About New Forms of Organizing？［J］. Academy of Management Review，2014，39（02）：162 – 180.

［14］Reischauer，G.，Mair，J. Platform Organizing in the New Digital Economy：Revisiting Online Communities and Strategic Responses［J］. Research in the Sociology of Organizations，2018，57：113 – 135.

［15］韩炜，邓渝. 商业生态系统研究述评与展望［J］. 南开管理评论，2020，23（03）：14 – 27.

［16］孙杰，高志国，张喆瑛. 企业数据中台建设和发展的思考［J］. 互联网天地，2020，（09）：43 – 48.

［17］王倩. 数字化时代工作特征、个体特征与员工数字化创造力——创新自我效能感的中介作用和性别的调节作用［J］. 技术经济，2020，39（07）：72 – 79.

［18］Secundo，G.，Rippa，P.，Cerchione R. Digital Academic Entrepreneurship：A structured literature review and avenue for a research agenda

［J］. Technological Forecasting and Social Change，2020，157：120118.

［19］Morton，J.，Wilson，A. D.，Cooke，L. The digital work of strategists：Using open strategy for organizational transformation［J］. The Journal of Strategic Information Systems，2020，29（02）：101613.

［20］王喜文. 5G + 工业互联网助力企业数字化转型［J］. 企业管理，2020，（06）：6 - 10.

［21］Duch - Brown，N.，Rossetti，F. Digital platforms across the European regional energy markets［J］. Energy Policy，2020，144：111612.

［22］Srinivasan，A.，Venkatraman，N. Entrepreneurship in digital platforms：A network-centric view［J］. Strategic Entrepreneurship Journal，2018，12（01）：54 - 71.

［23］Nambisan，S.，Siegel，D.，Kenney，M. On open innovation，platforms，and entrepreneurship［J］. Strategic Entrepreneurship Journal，2018，12（03）：354 - 368.

［24］Sulistyo，H.，Siyamtinah，D. Innovation capability of SMEs through entrepreneurship，marketing capability，relational capital and empowerment［J］. Asia Pacific Management Review，2016，21（04）：196 - 203.

［25］de Soto H. Socialism，economic calculation and entrepreneurship［M］. Edward Elgar，2010.

［26］董姝妍，邱国栋. 企业持续创新发展研究——从熊彼特到德鲁克的转变［J］. 商业经济研究，2017，（08）：108 - 110.

［27］孙黎，朱蓉，张玉利. 企业家精神：基于制度和历史的比较视角［J］. 外国经济与管理，2019，41（09）：3 - 16.

［28］Schumpeter. Capitalism，socialism，and democracy［M］. George Allen & Unwin，1954.

［29］McClelland. The achieving society［M］. Van Nostrand，1961.

［30］蒋春燕，赵曙明. 社会资本和公司企业家精神与绩效的关系：组织学习的中介作用——江苏与广东新兴企业的实证研究［J］. 管理世

界，2006（10）：90 – 99.

［31］Davidsson，P.，Wiklund，J. Level of analysis in entrepreneurship research：Current practice and suggestions for the future［J］. 2001，4（25）：81 – 99.

［32］Drucker. Innovation and entrepreneurship［M］. Harper & Row, Pub.，1985.

［33］俞仁智，何洁芳，刘志迎. 基于组织层面的公司企业家精神与新产品创新绩效——环境不确定性的调节效应［J］. 管理评论，2015，27（09）：85 – 94.

［34］毛良虎，王磊磊，房磊. 企业家精神对企业绩效影响的实证研究——基于组织学习、组织创新的中介效应［J］. 华东经济管理，2016，30（05）：148 – 152.

［35］Phuong，T. H.，Takahashi，K. The impact of authentic leadership on employee creativity in Vietnam：a mediating effect of psychological contract and moderating effects of subcultures［J］. Asia Pacific business review，2021，27（1）：77 – 100.

［36］Matarazzo，M.，Penco，L.，Profumo，G.，et al. Digital transformation and customer value creation in Made in Italy SMEs：A dynamic capabilities perspective［J］. Journal of Business Research，2021，123：642 – 656.

［37］孙新波，秦子佳，张大鹏. 智能制造企业中内部式众包平台的协同激励机制构建的双案例研究［J］. 上海管理科学，2020，42（05）：81 – 86.

［38］Jackson，N. C.，Dunn – Jensen，L. M. Leadership succession planning for today's digital transformation economy：Key factors to build for competency and innovation［J］. Business Horizons，2021，64（02）：273 – 284.

［39］Chris，Z. Y.，Zhu，Q. Effects of extrinsic and intrinsic motivation on participation in crowdsourcing contest［J］. Online Information Review,

2014, 38 (07): 896 - 917.

［40］Li, X., Zhang, A., Guo, Y. Are proactive employees more creative? The roles of multisource information exchange and social exchange-based employee-organization relationships ［J］. Personality and Individual Differences, 2021, 170: 110484.

［41］Cuervo A. Entrepreneurship ［M］. Springer, 2007.

［42］Zahra, S. A., Sapienza, H. J., Davidsson, P. Entrepreneurship and dynamic capabilities: A review, model and research agenda ［J］. Journal of Management Studies, 2006, 43 (04): 917 - 955.

［43］Li, S. S., Zhang, Y. Corporate governance and organizational survival under punctuational change ［J］. Nankai Business Review International, 2013, 4 (04): 268 - 289.

［44］Hadjielias, E., Lola, D. O., Discua, C. A., et al. How do digital innovation teams function? Understanding the team cognition-process nexus within the context of digital transformation ［J］. Journal of Business Research, 2021, 122: 373 - 386.

［45］Costa, C. R., Haftor, D. M. Value creation through the evolution of business model themes ［J］. Journal of Business Research, 2021, 122: 353 - 361.

［46］Jafari - Sadeghi, V., Garcia - Perez, A., Candelo, E., et al. Exploring the impact of digital transformation on technology entrepreneurship and technological market expansion: The role of technology readiness, exploration and exploitation ［J］. Journal of Business Research, 2021, 124: 100 - 111.

［47］Nambisan, S., Lyytinen, K., Majchrzak, A., et al. Digital innovation management: reinventing innovation management research in a digital world ［J］. Mis Quarterly, 2017, 41 (01): 223 - 238.

［48］Yoo, Y., Henfridsson, O., Lyytinen, K. The New Organizing

Logic of Digital Innovation: An Agenda for Information Systems Research [J]. Information Systems Research, 2010, 21 (04): 724 – 735.

[49] Vial, G. Understanding digital transformation: A review and a research agenda [J]. The Journal of Strategic Information Systems, 2019, 28 (02): 118 – 144.

[50] Yoo, Y., Boland, R. J., Lyytinen, K., et al. Organizing for Innovation in the Digitized World [J]. Organization Science, 2012, 23 (05): 1398 – 1408.

[51] Verhoef, P. C., Broekhuizen, T., Bart, Y., et al. Digital transformation: A multidisciplinary reflection and research agenda [J]. Journal of Business Research, 2021, 122: 889 – 901.

[52] Karaevli, A., Zajac, E. J. When Do Outsider CEOs Generate Strategic Change? The Enabling Role of Corporate Stability [J]. Journal of Management Studies, 2013, 50 (07): 1267 – 1294.

[53] Dougherty, D., Dunne, D. D. Digital Science and Knowledge Boundaries in Complex Innovation [J]. Organization Science, 2012, 23 (05): 1467 – 1484.

[54] Loebbecke, C., Picot, A. Reflections on societal and business model transformation arising from digitization and big data analytics: A research agenda [J]. The Journal of Strategic Information Systems, 2015, 24 (03): 149 – 157.

[55] Pagani, M., Pardo, C. The impact of digital technology on relationships in a business network [J]. Industrial Marketing Management, 2017, 67: 185 – 192.

[56] Li, L., Su, F., Zhang, W., et al. Digital transformation by SME entrepreneurs: A capability perspective [J]. Information Systems Journal, 2018, 28 (6SI): 1129 – 1157.

[57] Goelzer, P., Fritzsche, A. Data-driven operations management:

organisational implications of the digital transformation in industrial practice [J]. Production Planning & Control, 2017, 28 (16): 1332 – 1343.

[58] Ramaswamy, V., Ozcan, K. Brand value co-creation in a digitalized world: An integrative framework and research implications [J]. International Journal of Research in Marketing, 2016, 33 (01): 93 – 106.

[59] Liu, D., Chen, S., Chou, T. Resource fit in digital transformation Lessons learned from the CBC Bank global e-banking project [J]. Management Decision, 2011, 49 (9 – 10): 1728 – 1742.

[60] Mouncey, P. Creating value with Big Data analytics: making smarter marketing decisions [J]. International Journal of Market Research, 2016, 58 (05): 761 – 764.

[61] Lu, Y., Ramamurthy, K. R. Understanding the link between information technology capability and organizational agility: an empirical examination [J]. MIS Quarterly, 2011, 35 (04): 931 – 954.

[62] Tallon P. P., Pinsonneault A. Competing perspectives on the link between strategic information technology alignment and organizational agility: insights from a mediation model [J]. MIS Quarterly, 2011, 35 (02): 463 – 486.

[63] Lee, O. D., Sambamurthy, V., Lim, K. H., et al. How Does IT Ambidexterity Impact Organizational Agility? [J]. Information Systems Research, 2015, 26 (02): 398 – 417.

[64] Karimi, J., Walter, Z. The Role of Dynamic Capabilities in Responding to Digital Disruption: A Factor – Based Study of the Newspaper Industry [J]. Journal of Management Information Systems, 2015, 32 (01): 39 – 81.

[65] Sambamurthy, V., Bharadwaj, A., Grover, V. Shaping agility through digital options: Reconceptualizing the role of information technology in contemporary firms [J]. MIS Quarterly, 2003, 27 (02): 237 – 263.

[66] Teece, D. J. Business Models, Business Strategy and Innovation [J]. Long Range Planning, 2010, 43 (02): 172 – 194.

[67] Dong, J. Q., Wu W. Business value of social media technologies: Evidence from online user innovation communities [J]. The Journal of Strategic Information Systems, 2015, 24 (02): 113 – 127.

[68] Prahalad, C. K., Ramaswamy, V. Co-opting customer competence [J]. Harvard Business Review, 2000, 78 (01): 79 – 102.

[69] Mcintyre, D. P., Srinivasan, A. Networks, platforms, and strategy: emerging views and next steps [J]. Strategic Management Journal, 2017, 38 (01): 141 – 160.

[70] Thomas, L. D. W., Autio, E., Gann, D. M. Architectural leverage: putting platforms in context [J]. Academy of Management Perspectives, 2014, 28 (02): 198 – 219.

[71] Tilson, D., Lyytinen, K., Sorensen, C. Digital Infrastructures: The Missing is Research Agenda [J]. Information Systems Research, 2010, 21 (04): 748 – 759.

[72] Nambisan, S., Wright, M., Feldman, M. The digital transformation of innovation and entrepreneurship: Progress, challenges and key themes [J]. Research Policy, 2019, 48 (08): 103773.

[73] Carlile, P. R. A pragmatic view of knowledge and boundaries: Boundary objects in new product development [J]. Organization Science, 2002, 13 (04): 442 – 455.

[74] Cornelissen, J. P. Metaphor and the dynamics of knowledge in organization theory: A case study of the organizational identity metaphor [J]. Journal of Management Studies, 2006, 43 (04): 683 – 709.

[75] Nambisan, S. Architecture vs. ecosystem perspectives: Reflections on digital innovation [J]. Information and Organization, 2018, 28 (02): 104 – 106.

［76］ Mercier – Laurent. Innovation ecosystems ［M］. ISTE Ltd, John Wiley & Sons, 2011.

［77］ Baumol, W. J. Formal entrepreneurship theory in economics: Existence and bounds ［J］. Journal of Business Venturing, 1993, 8 (03): 197 –210.

［78］ Knight et al. Risk, uncertainty and profit ［M］. Houghton Mifflin Company, 1921.

［79］ Kirzner. Competition and entrepreneurship ［M］. University of Chicago Press, 1978.

［80］ 张玉利. 创业与企业家精神: 管理者的思维模式和行为准则 ［J］. 南开学报, 2004, (01): 12 –15.

［81］ 辛杰, 吴创. 企业家精神对企业社会责任的影响: 领导风格的调节作用 ［J］. 财贸研究, 2014, 25 (06): 129 –137.

［82］ 贾良定, 周三多. 论企业家精神及其五项修炼 ［J］. 南京社会科学, 2006 (09): 29 –35.

［83］ 孙黎, 朱蓉, 张玉利. 企业家精神: 基于制度和历史的比较视角 ［J］. 外国经济与管理, 2019, 41 (09): 3 –16.

［84］ 赵宜萱, 赵曙明, 杜鹏程, 等. 逆全球化风险下的企业家精神、组织变革与雇佣关系——第九届 (2017 年) 企业跨国经营国际研讨会综述 ［J］. 经济管理, 2017, 39 (11): 185 –195

［85］ Johnson, S. L., Madole, J. W., Freeman, M. A. Mania risk and entrepreneurship: overlapping personality traits ［J］. Academy of Management Perspectives, 2018, 32 (02): 207 –227.

［86］ 李政. 新时代企业家精神: 内涵、作用与激发保护策略 ［J］. 社会科学辑刊, 2019 (01): 79 –85.

［87］ Miller, D. The Correlates of Entrepreneurship in Three Types of Firms ［J］. Management Science, 1983, 7 (29): 770 –791.

［88］ Lumpkin, G. T., Dess, G. G. Clarifying the entrepreneurial orientation construct and linking it to performance［J］. Academy of Management Review，1996，21（01）：135 – 172.

［89］Matt，C.，Hess，T.，Benlian，A. Digital Transformation Strategies［J］. Business & Information Systems Engineering，2015，57（05）：339 – 343.

［90］Sia，S. K.，Soh，C.，Weill，P. How DBS Bank Pursued a Digital Business Strategy［J］. MIS Quarterly Executive，2016，15（02）：105 – 121.

［91］Kane，G. C.，Palmer，D.，Phillips A. N.，et al. Is Your Business Ready for a Digital Future?［J］. MIT Sloan Management Review，2015，56（04）：37 – 44.

［92］侯志阳. 加拿大绿色社区企业家精神：理论、经验与启示［J］. 东南学术，2017（01）：112 – 119.

［93］Ahmed，U. The Importance of Cross – Border Regulatory Cooperation in an Era of Digital Trade［J］. World Trade Review，2019，181（01）：99 – 120.

［94］王利平，苏雪梅. 组织的正式化及其限度［J］. 中国人民大学学报，2009，23（03）：112 – 118.

［95］马英红，刘志远，王文倩. 基于连接行为驱动的合作网络模型与实证分析［J］. 管理科学学报，2018，21（08）：83 – 97.

［96］Singh，A.，Sengupta，S.，Sharma，S. Towards a Better Understanding of the Relationship Between Authentic Leadership and its Positive Outcomes：A Theoretical Framework［J］. International Journal of Innovation and Technology Management，2018，15（02）：1850013.

［97］Steffens，N. K.，Yang，J.，Jetten，J.，et al. The Unfolding Impact of Leader Identity Entrepreneurship on Burnout，Work Engagement，and Turnover Intentions［J］. Journal of Occupational Health Psychology，2018，23（03）：373 – 387.

［98］郭大林．从"数字化"到"互联网＋"：城市管理的多元共治之道［J］．求实，2018（06）：74－84．

［99］朱晋伟，邹玲．企业家精神对海归人员创业机会识别影响因素研究［J］．科技进步与对策，2016，33（17）：125－130．

［100］潘镇，戴星星，李健．政治基因、市场化进程与企业创新的可持续性［J］．广东财经大学学报，2017，32（04）：24－31．

［101］Boer，H．，Kuhn，J．，Gertsen，F. Continuous innovation：managing dualities through co-ordination［J］．Continuous Innovation Network. 2005（10）：27－29．

［102］向刚，汪应洛．企业持续创新动力机制研究［J］．科研管理，2004（06）：108－114．

［103］向刚，龙江，陆开文，等．基于持续创新动力、能力和绩效的创新型企业评价研究［J］．经济问题探索，2010（12）：122－125．

［104］张骁，吴琴，余欣．互联网时代企业跨界颠覆式创新的逻辑［J］．中国工业经济，2019，（03）：156－174．

［105］Irene，C．，Christer，K. Open innovation and the effects of Crowdsourcing in a pharma ecosystem［J］．Journal of Innovation & Knowledge，2019，4（04）：240－247．

［106］Grass，A．，Backmann，J．，Hoegl，M. From Empowerment Dynamics to Team Adaptability – Exploring and Conceptualizing the Continuous Agile Team Innovation Process［J］．Journal of Product Innovation Management，2020，37（4）：324－351．

［107］段云龙，向刚，赵明元．我国企业持续创新过程的二次创新战略研究［J］．华东经济管理，2006，（12）：57－59．

［108］Badii，A．，Sharif，A. Information management and knowledge integration for enterprise innovation［J］．Logistics Information Management，2003，16（02）：145－155．

［109］Blomqvist，K．，Hurmelinna，P．，Seppänen R. Playing the collaboration game right-balancing trust and contracting ［J］. Technovation, 2005, 25 （05）: 497 – 504.

［110］宋志红, 陈澍, 范黎波. 知识特性、知识共享与企业创新能力关系的实证研究 ［J］. 科学学研究, 2010, 28 （04）: 597 – 604.

［111］Bandura. Social foundations of thought and action ［M］. Prentice – Hall, 1986.

［112］Bandura, A. Social cognitive theory: An agentic perspective ［J］. Annual Review of Psychology, 2001, 52: 1 – 26.

［113］Weber, W. G., Jeppesen, H. J. Collective Human Agency in the Context of Organizational Participation. Contributions From Social Cognitive Theory and Activity Theory ［J］. Zeitschrift Fur Arbeitsund Organisations Psychologie, 2017, 61 （02）: 51 – 68.

［114］张大鹏, 孙新波, 刘鹏程, 等. 整合型领导力对组织创新绩效的影响研究 ［J］. 管理学报, 2017, 14 （03）: 389 – 399.

［115］Zollo M., Bettinazzi E. L. M., Neumann K., et al. Toward a Comprehensive Model of Organizational Evolution: Dynamic Capabilities for Innovation and Adaptation of the Enterprise Model ［J］. Global Strategy Journal, 2016, 6 （03）: 225 – 244.

［116］Čirjevskis A. The Role of Dynamic Capabilities as Drivers of Business Model Innovation in Mergers and Acquisitions of Technology – Advanced Firms ［J］. Journal of Open Innovation: Technology, Market, and Complexity, 2019, 5 （12）: 2 – 16.

［117］Hsu M., Ju T. L., Yen C., et al. Knowledge sharing behavior in virtual communities: The relationship between trust, self-efficacy, and outcome expectations ［J］. International Journal of Human – Computer Studies, 2007, 65 （02）: 153 – 169.

［118］Chang K., Yen H., Chiang C., et al. Knowledge contribution in information system development teams: An empirical research from a social cognitive perspective ［J］. International Journal of Project Management, 2013, 31 (02): 252 - 263.

［119］ Dong T. , Hung C. , Cheng N. Enhancing knowledge sharing intention through the satisfactory context of continual service of knowledge management systems ［J］. Information Technology & People, 2016, 29 (04): 807 - 829.

［120］ Lin H. , Chang C. What motivates health information exchange in social media? The roles of the social cognitive theory and perceived interactivity ［J］. Information & Management, 2018, 55 (06): 771 - 780.

［121］ Grant, R. Toward A Knowledge - Based Theory of the Firm ［J］. Strategic Management Journal, 1996, S2 (17): 109 - 122.

［122］ 胡延坤. 隐性知识对新创企业创新绩效的贡献研究 ［J］. 商业经济研究, 2016, (04): 111 - 113.

［123］ Nonaka, I. , Hirose, A. , Takeda Y. "Meso' - Foundations of Dynamic Capabilities: Team - Level Synthesis and Distributed Leadership as the Source of Dynamic Creativity ［J］. Global Strategy Journal, 2016, 6 (03): 168 - 182.

［124］ Nowak, R. Developing serving culture: focus on workplace empowerment ［J］. Employee Relations, 2019, 41 (06): 1312 - 1329.

［125］ Simon. Administrative behavior ［M］. Macmillan, 1957.

［126］ Nonaka, I. , Toyama, R. A firm as a dialectical being: towards a dynamic theory of a firm ［J］. Industrial and Corporate Change, 2002, 11 (05): 995 - 1009.

［127］ Lages, C. R. , Piercy, N. F. , Malhotra, N. , et al. Understanding the mechanisms of the relationship between shared values and service delivery performance of frontline employees ［J］. International Journal of Human Resource Management, 2020, 31 (21): 2737 - 2760.

［128］ 刘洪深, 汪涛, 张辉. 从顾客参与行为到顾客公民行为——

服务中顾客角色行为的转化研究［J］. 华东经济管理，2012，26（04）：109 – 114.

［129］钱雨，张大鹏，孙新波，等. 基于价值共创理论的智能制造型企业商业模式演化机制案例研究［J］. 科学学与科学技术管理，2018，39（12）：123 – 141.

［130］Ha，K. Impacts of StrongTie and Weak Tie on Network Performance：The MediatingRole of Openness［J］. Journal of Marketing Thought，2018，5（01）：37 – 43.

［131］De Dreu，C.，Weingart，L. R. Task versus relationship conflict，team performance，and team member satisfaction：A meta-analysis［J］. Journal of Applied Psychology，2003，88（04）：741 – 749.

［132］Lichtenstein，D. R.，Netemeyer，R. G.，Maxham，J. G. I. The Relationships Among Manager –，Employee –，and Customer – Company Identification：Implications For Retail Store Financial Performance［J］. Journal of Retailing，2010，86（01）：85 – 93.

［133］Grand，J. A.，Braun，M. T.，Kuljanin，G.，et al. The Dynamics of Team Cognition：A Process – Oriented Theory of Knowledge Emergence in Teams［J］. Journal of Applied Psychology，2016，101（10）：1353 – 1385.

［134］Farmer，S. M.，Van Dyne，L.，Kamdar，D. The Contextualized Self：How Team – Member Exchange Leads to Coworker Identification and Helping OCB［J］. Journal of Applied Psychology，2015，100（02）：583 – 595.

［135］Sheng M L. Foreign tacit knowledge and a capabilities perspective on MNEs' product innovativeness：Examining source-recipient knowledge absorption platforms［J］. International Journal of Information Management，2019，44：154 – 163.

［136］Audenaert，M.，Vanderstraeten，A.，Buyens，D. When affective well-being is empowered: the joint role of leader-member exchange and the employment relationship [J]. International Journal of Human Resource Management, 2017, 28 (15): 2208 – 2227.

[137] Sheth, J. N., Uslay, C. Implications of the revised definition of marketing: From exchange to value creation [J]. Journal of Public Policy & Marketing, 2007, 26 (02): 302 – 307.

[138] Heinonen, K., Strandvik, T., Voima, P. Customer dominant value formation in service [J]. European Business Review, 2013, 25 (02): 104 – 123.

[139] Strandvik, T., Holmlund, M., Edvardsson, B. Customer needing: a challenge for the seller offering [J]. Journal of Business & Industrial Marketing, 2012, 27 (1 – 2): 132 – 141.

[140] Heinonen K., Strandvik, T., Mickelsson, K., et al. A customer-dominant logic of service [J]. Journal of Service Management, 2010, 21 (04): 531 – 548.

[141] Gronroos, C. Value co-creation in service logic: A critical analysis [J]. Marketing Theory, 2011, 11 (03): 279 – 301.

[142] Fyrberg, A., Jüriado, R. What about interaction? [J]. Journal of Service Management, 2009, 20 (04): 420 – 432.

[143] 李朝辉，金永生. 价值共创研究综述与展望 [J]. 北京邮电大学学报（社会科学版），2013, 15 (01): 91 – 96.

[144] Pinho, N., Beirão, G., Patrício, L., et al. Understanding value co-creation in complex services with many actors [J]. Journal of Service Management, 2014, 25 (04): 470 – 493.

[145] LengnickHall, C. A. Customer contribution to quality: A different view of the customer-oriented firm [J]. Academy of Management Review, 1996, 21 (03): 791 – 824.

[146] Powell, T C. Total quality management as competitive advantage:

A review and empirical study [J]. Strategic Management Journal, 1995, 16 (01): 15 – 37.

[147] Galvagno, M., Dalli, D. Theory of value co-creation: a systematic literature review [J]. Managing Service Quality, 2014, 24 (06): 643 – 683.

[148] Ranjan, K. R., Read, S. Value co-creation: concept and measurement [J]. Academy of Marketing Science, 2016, 44 (03): 290 – 315.

[149] Zahra, S. A., Ireland, R. D., Hitt, M. A. International expansion by new venture firms: International diversity, mode of market entry, technological learning, and performance [J]. Academy of Management Journal, 2000, 43 (05): 925 – 950.

[150] Iansiti, M., Clark, K. B. Integration and Dynamic Capability: Evidence from Product Development in Automobiles and Mainframe Computers [J]. Industrial and corporate change, 1994, 3 (03): 557 – 605.

[151] 魏江, 徐蕾. 知识网络双重嵌入、知识整合与集群企业创新能力 [J]. 管理科学学报, 2014, 17 (02): 34 – 47.

[152] de Boer, M., Van den, B. F., Volberda, H. W. Managing organizational knowledge integration in the emerging multimedia complex [J]. Journal of Management Studies, 1999, 36 (03): 379 – 398.

[153] Payne, A. F., Storbacka, K., Frow, P. Managing the co-creation of value [J]. Journal of the Academy of Marketing Science, 2008, 36 (01): 83 – 96.

[154] 李贞, 杨洪涛. 吸收能力、关系学习及知识整合对企业创新绩效的影响研究——来自科技型中小企业的实证研究 [J]. 科研管理, 2012, 33 (01): 79 – 89.

[155] Zarraga, C., Bonache, J. Assessing the team environment for knowledge sharing: an empirical analysis [J]. International Journal of Human Resource Management, 2003, 14 (07): 1227 – 1245.

［156］Bock, G. W. , Zmud, R. W. , Kim, Y. G. , et al. Behavioral intention formation in knowledge sharing: Examining the roles of extrinsic motivators, social-psychological forces, and organizational climate ［J］. MIS Quarterly, 2005, 29 (01): 87 - 111.

［157］Chen, Y. , Lin, T. , Yen, D. C. How to facilitate inter-organizational knowledge sharing: The impact of trust ［J］. Information & Management, 2014, 51 (05): 568 - 578.

［158］Innocenzo, L. , Mathieu, J. E. , Kukenberger M. R. A Meta - Analysis of Different Forms of Shared Leadership - Team Performance Relations ［J］. Journal of Management, 2016, 42 (07): 1964 - 1991.

［159］Erez, A. , Lepine, J. A. , Elms H. Effects of rotated leadership and peer evaluation on the functioning and effectiveness of self-managed teams: A quasi-experiment ［J］. Personnel Psychology, 2002, 55 (04): 929 - 948.

［160］蒿坡, 龙立荣. 共享型领导的概念、测量与作用机制 ［J］. 管理评论, 2017, 29 (05): 87 - 101.

［161］Porter, L W, Steers, R M, Mowday, R T, et al. Organizational commitment, job satisfaction, and turnover among psychiatric technicians ［J］. Journal of Applied Psychology, 1974, 59 (05): 603.

［162］Eisenberger, M. , Hornedo, J. , Silva, H. , et al. Carboplatin: an active platinum analog for the treatment of squamous-cell carcinoma of the head and neck ［J］. J Clin Oncol, 1986, 4 (10): 1506 - 1509.

［163］Chiaburu, D. S. , Chakrabarty, S. , Wang, J. , et al. Organizational Support and Citizenship Behaviors: A Comparative Cross - Cultural Meta - Analysis ［J］. Management International Review, 2015, 55 (05): 707 - 736.

［164］凌文辁, 杨海军, 方俐洛. 企业员工的组织支持感 ［J］. 心理学报, 2006, (02): 281 - 287.

[165] 孙健敏，陆欣欣，孙嘉卿．组织支持感与工作投入的曲线关系及其边界条件 [J]．管理科学，2015，28（02）：93 – 102.

[166] Rich, B. L., Lepine, J. A., Crawford, E. R. Job Engagement: Antecedents and Effects on Job Performance [J]. Academy of Management Journal, 2010, 53（03）: 617 – 635.

[167] Van Vianen, A. E. M. Person – Organization Fit: The Match Between Newcomers'and Recruiters'preferences for Organizational Cultures [J]. Personnel psychology, 2000, 53（01）: 113 – 149.

[168] 曲庆，高昂．个人—组织价值观契合如何影响员工的态度与绩效——基于竞争价值观模型的实证研究 [J]．南开管理评论，2013，16（05）：4 – 15.

[169] Lauver, K. J., Kristof – Brown, A. Distinguishing between Employees' Perceptions of Person – Job and Person – Organization Fit [J]. Journal of Vocational Behavior, 2001, 59（03）: 454 – 470.

[170] 赵慧娟．价值观匹配、能力匹配对情感承诺的影响机制研究 [J]．经济管理，2015，37（11）：165 – 175.

[171] Kahn. Organizational stress [M]. Wilety, 1964.

[172] Peterson, M. F., Smith, P. B., Akande, A., et al. Role-conflict, ambiguity, and overload-a 21 – nation study [J]. Academy of Management Journal, 1995, 38（02）: 429 – 452.

[173] Singh, J. Striking a balance in boundary-spanning positions: An investigation of some unconventional influences of role stressors and job characteristics on job outcomes of salespeople [J]. Journal of Marketing, 1998, 62（03）: 69 – 86.

[174] 涂科，杨学成，苏欣，等．共享经济中供应用户角色压力对持续价值共创行为的影响 [J]．南开管理评论，2020，23（06）：88 – 98.

[175] 张延林，王丽，谢康，等．信息技术和实体经济深度融合：中国情境的拼创机制 [J]．中国工业经济，2020，（11）：80 – 98.

［176］贾旭东，衡量. 扎根理论的"丛林"、过往与进路［J］. 科研管理，2020，41（05）：151 – 163.

［177］Enkel, E. , Bogers, M. , Chesbrough, H. Exploring open innovation in the digital age：A maturity model and future research directions［J］. R & D Management, 2020, 50（01）：161 – 168.

［178］贾旭东，何光远，陈佳莉，等. 基于"扎根精神"的管理创新与国际化路径研究［J］. 管理学报，2018，15（01）：11 – 19.

［179］Yin. Case study research［M］. Sage Publications, 2009.

［180］Brock, K. , den Ouden, E. , Langerak, F. , et al. Front End Transfers of Digital Innovations in a Hybrid Agile – Stage – Gate Setting［J］. Journal of Product Innovation Management, 2020, 37（10）：1 – 22.

［181］Nambisan, S. Digital Entrepreneurship：Toward a Digital Technology Perspective of Entrepreneurship［J］. Entrepreneurship theory and practice, 2018, 41（06）：1029 – 1055.

［182］Autio, E. , Nambisan, S. , Thomas, L. D. W. , et al. Digital affordances, spatial affordances, and the genesis of entrepreneurial ecosystems［J］. Strategic Entrepreneurship Journal, 2018, 12（01）：72 – 95.

［183］陈冬梅，王俐珍，陈安霓. 数字化与战略管理理论——回顾、挑战与展望［J］. 管理世界，2020，36（05）：220 – 236.

［184］Del Giudice, M. , Scuotto, V. , Papa, A. , et al. A self-tuning model for smart manufacturing SMEs：Effects on digital innovation［J］. Journal of Product Innovation Management, 2020, 38（01）：68 – 89.

［185］Porter, M. E. , Heppelmann, J. E. How smart, connected products are transforming competition［J］. Harvard business review, 2014, 92（11）：64 – 89.

［186］Raff, S. , Wentzel, D. , Obwegeser, N. Smart Products：Conceptual Review, Synthesis, and Research Directions［J］. Journal of Product Innovation Management, 2020, 37（05）：379 – 404.

［187］ Kraus, S., Palmer, C., Kailer, N., et al. Digital entrepreneurship: A research agenda on new business models for the twenty-first century ［J］. International Journal of Entrepreneurial Behavior & Research, 2018, 25 (02): 353 – 375.

［188］胡斌，王莉丽. 物联网环境下的企业组织结构变革 ［J］. 管理世界，2020，36 (08)：202 – 210.

［189］ Martinez, D. A., Martin, L., Marlow, S. Emancipation through digital entrepreneurship? A critical realist analysis ［J］. Organization, 2018, 25 (05): 585 – 608.

［190］苏钟海，孙新波，李金柱，等. 制造企业组织赋能实现数据驱动生产机理案例研究 ［J］. 管理学报，2020，17 (11)：1594 – 1605.

［191］蒿坡，陈璐霖，龙立荣. 领导力涌现研究综述与未来展望 ［J］. 外国经济与管理，2017，39 (09)：47 – 58.

［192］邱国栋，郭蓉娜. 企业克服"两种陷阱"的后卢因式战略变革——基于"抛弃政策"与二元视角的研究 ［J］. 中国工业经济，2019，(05)：174 – 192.

［193］ Kretschmer T., Khashabi P. Digital Transformation and Organization Design: An Integrated Approach ［J］. California Management Review, 2020, 62 (4): 86 – 104

［194］王冬冬，金摇光，钱智超. 自我决定视角下共享型领导对员工适应性绩效的影响机制研究 ［J］. 科学学与科学技术管理，2019，40 (06)：140 – 154

［195］ O'Connor, G. C. Major innovation as a dynamic capability: A systems approach ［J］. Journal of product innovation management, 2008, 25 (04): 313 – 330.

［196］ Schuchmann, D., Seufert, S. Corporate Learning in Times of Digital Transformation: A Conceptual Framework and Service Portfolio for the Learning Function in Banking Organisations ［J］. International Journal of Advanced Corporate Learning（iJAC），2015，8（01）：31－39.

［197］Zimmermann，A.，Jugel，D.，Sandkuhl，K.，et al. Architectural Decision Management for Digital Transformation of Products and Services［J］. Complex Systems Informatics and Modeling Quarterly，2016，（06）：31－53.

［198］Firfiray，S.，Mayo，M. The Lure of Work－Life Benefits：Perceived Person－Organization Fit As A Mechanism Explaining Job Seeker Attraction To Organizations［J］. Human Resource Management，2017，56（04）：629－649.

［199］Warner，K. S. R.，Wäger，M. Building dynamic capabilities for digital transformation：An ongoing process of strategic renewal［J］. Long Range Planning，2019，52（03）：326－349.

［200］Larkin，J. HR digital disruption：the biggest wave of transformation in decades［J］. Strategic HR Review，2017，16（02）：55－59.

［201］史竹琴，朱先奇，史彦虎. 科技型小微企业创新网络的自组织演化及动力机制研究［J］. 商业经济研究，2015，（21）：115－116.

［202］Enkel，E.，Bogers，M.，Chesbrough H. Exploring open innovation in the digital age：A maturity model and future research directions［J］. R & D management，2020，50（01）：161－168.

［203］Alvarez，S. A.，Barney，J. B.，& Anderson，P. Forming and exploiting opportunities：The implications of discovery and creation processes for entrepreneurial and organizational research［J］. Organization Science，2013，24（01），301－317.

［204］王端旭，洪雁. 领导支持行为促进员工创造力的机理研究［J］. 南开管理评论，2010，13（04）：109－114.

［205］王凤彬，王晓鹏，张驰. 超模块平台组织结构与客制化创业支持——基于海尔向平台组织转型的嵌入式案例研究［J］. 管理世界，2019，35（02）：121－150.

[206] 李兰，仲为国，彭泗清，等．当代企业家精神：特征、影响因素与对策建议——2019 中国企业家成长与发展专题调查报告 [J]．南开管理评论，2019，22（05）：4－12．

[207] Stopford，J M，Ba den－Fuller，CWF. Creating corporate entrepreneurship [J]．Strategic Management Journal. 1994，15（07）：521－536．

[208] Singh，A.，Klarner，P.，Hess，T. How do chief digital officers pursue digital transformation activities? The role of organization design parameters [J]．Long Range Planning，2020，53（03）：101890．

[209] Ribeiro，S. D.，Manuel，C. M. J. Transmitting the entrepreneurial spirit to the work team in SMEs：the importance of leadership [J]．Management Decision，2007，45（07）：1102－1122．

[210] Smith，P.，Beretta，M. The Gordian Knot of Practicing Digital Transformation：Coping with Emergent Paradoxes in Ambidextrous Organizing Structures [J]．Journal of Product Innovation Management，2020，38（02）．Doi：10. 1111/jpim. 12548．

[211] Watson T. J. Entrepreneurship in action：bringing together the individual，organizational and institutional dimensions of entrepreneurial action [J]．Entrepreneurship and regional development，2013，25（5－6）：404－422．

[212] 蒋春燕．高管团队要素对公司企业家精神的影响机制研究——基于长三角民营中小高科技企业的实证分析 [J]．南开管理评论，2011，14（03）：72－84．

[213] Straker，K.，Wrigley，C. Designing an emotional strategy：Strengthening digital channel engagements [J]．Business Horizons，2016，59（03）：339－346．

[214] 白长虹．企业家精神的演进 [J]．南开管理评论，2019，22（05）：1－2．

［215］ Marion, T., Dunlap, D., Friar, J. Instilling the Entrepreneurial Spirit in Your R&D Team：What Large Firms Can Learn from Successful Start-ups ［J］. IEEE Transactions on Engineering Management, 2012, 59 (02)：323 - 337.

［216］ Brazeal, D. V., Schenkel, M. T., Azriel, J. A. Awakening the entrepreneurial spirit：Exploring the relationship between organizational factors and perceptions of entrepreneurial self-efficacy and desirability in a corporate setting ［J］. New England journal of entrepreneurship, 2008, 11 (01)：9 - 25.

［217］ Glaser. The discovery of grounded theory ［M］. Aldine de Gruyter, 1999.

［218］ 崔淼, 苏敬勤. 技术引进与自主创新的协同：理论和案例 ［J］. 管理科学, 2013, 26 (02)：1 - 12.

［219］ Eisenhardt, K. M., Graebner, M. E. Theory building from cases：Opportunities and challenges ［J］. Academy of Management Journal, 2007, 50 (01)：25 - 32.

［220］ 潘善琳等. SPS 案例研究方法 ［M］. 北京大学出版社, 2016.

［221］ Mises, V. Human action ［M］. Yale University Press, 1963.

［222］ North. Violence and social orders ［M］. Cambridge University Press, 2009.

［223］ Brown, C., Thornton, M. How entrepreneurship theory created economics ［J］. Quarterly journal of Austrian economics, 2013, 16 (04)：401 - 424.

［224］ 徐远华. 企业家精神、行业异质性与中国工业的全要素生产率 ［J］. 南开管理评论, 2019, 22 (05)：13 - 27.

［225］ Walsham, G. Doing interpretive research ［J］. European Journal of Information Systems, 2006, 15 (03)：320 - 330.

［226］ Strauss. Basics of qualitative research ［M］. Sage Publications,

1990.

[227] 刘景东，党兴华，杨敏利. 组织柔性、信息能力和创新方式——基于中国工业企业的实证分析 [J]. 科学学与科学技术管理，2013，34（03）：69－79.

[228] 孙新波，苏钟海. 数据赋能驱动制造业企业实现敏捷制造案例研究 [J]. 管理科学，2018，31（05）：117－130.

[229] 肖静华，吴瑶，刘意，等. 消费者数据化参与的研发创新——企业与消费者协同演化视角的双案例研究 [J]. 管理世界，2018，34（08）：154－173.

[230] 武亚军. 走向繁荣的战略选择：博雅塔下的思考与求索 [M]：北京大学出版社，2020.

[231] 甘罗娜，彭剑锋，许正权，等. 员工企业家精神对绩效的影响机制研究——调节焦点视角 [J]. 科技进步与对策，2020，37（24）：134－141.

[232] 王钦. 人单合一管理学 [M]：经济管理出版社，2016.

[233] 李艳双，马朝红，杨妍妍. 企业家精神与家族企业战略转型——基于多案例的研究 [J]. 管理案例研究与评论，2019，12（03）：273－289.

[234] 肖旭，范合君. 目标冲突、实际机理与国企高管多重角色演绎 [J]. 改革，2015，（10）：121－129.

[235] Martela, F. , Kostamo, T. Adaptive self-organization：The necessity of intrinsic motivation and self-determination [M]. Navigating Through Changing Times. Routledge，2017：53－70.

[236] Waeal, J. Managing Changes in Service Oriented Virtual Organizations：A Structural and Procedural Framework to Facilitate the Process of Change [J]. Journal of Electronic Commerce in Organizations，2017，10（01）：59－83.

[237] Radoslaw, N. Developing Serving Culture：Focus on Workplace

Empowerment［J］. Employee Relations，2019，41（06），1312 – 1329.

［238］Rodrigo – Alarcón，J．；García – Villaverde，P. M．；Ruiz – Or-tega，M. J．；et al. From social capital to entrepreneurial orientation：The me-diating role of dynamic capabilities［J］. European Management Journal，2018，36（02）：195 – 209.

［239］Tang，G．；Chen，Y．；Jin，J. Entrepreneurial orientation and innovation performance：Roles of strategic HRM and technical turbulence［J］. Asia Pac. J. Hum. Resour. 2015，53，163 – 184.

［240］Nakku，V. B．；Agbola，F. W．；Miles，M. P．；Mahmood，A. The interrelationship between SME government support programs，entrepre-neurial orientation，and performance：A developing economy perspective［J］. Journal of Small Business Management. 2019，58，2 – 31.

［241］Lyon，D. W．；Lumpkin，G. T．；Dess，G. G. Enhancing entre-preneurial orientation research：Operationalizing and measuring a key strategic decision-making process［J］. Journal of Management. 2000，26，1055 – 1085.

［242］Kim H S，Baik K B，Kim J H. Mediating Effects of Emotional Commitment between Downward Benevolence and Team Satisfaction & Team Innovative Behavior［J］. Journal of the Korea Contents Association，2015，15（165），425 – 433.

［243］Swailes，S. Goals，Creativity and Achievement：Commitment in Contemporary Organizations［J］. Creativity and Innovation Management，2000，9（03）：185 – 194.

［244］李树文，孙锐，梁阜. 动态环境下科技企业组织情绪能力对产品创新绩效的影响：一个链式有调节的中介模型［J］. 管理工程学报，2020，34（02）：50 – 59.

［245］Fallon – Byrne，L．，& Harney，B. Microfoundations of dynamic capabilities for innovation：a review and research agenda［J］. The Irish Journal of Management, 2017, 36 (01): 21 - 31.

[246] Susnienė, D., Vanagas, P. Development of Stakeholder Relationships by Integrating Their Needs into Organization's Goals and Objectives [J]. Engineering Economics, 2015, 48, 5 - 21.

[247] Jafri M H. Organizational Commitment and Employee's Innovative Behavior: A Study in Retail Sector [J]. Journal of Management and Research, 2010, 10 (01): 62 - 68.

[248] Yang, X., Zhao, K., Tao, X., et al. Developing and Validating a Theory - Based Model of Crowdfunding Investment Intention - Perspectives from Social Exchange Theory and Customer Value Perspective [J]. Sustainability, 2019, 11: 2525.

[249] Branstad, A., Solem, B. A. Emerging theories of consumer-driven market innovation, adoption, and diffusion: A selective review of consumer-oriented studies [J]. Journal of Business Research, 2020, 116: 561 - 571.

[250] Collins, S. Knowledge Exchange and Combination: The Role of Human Resource Practices in the Performance of High-technology Firms [J]. Academy of Management Journal. 2006, 49 (03): 544 - 560.

[251] Shalley, C. E., Gilson, L., Blum, T. C., et al. Matching Creativity Requirements and the Work Environment: Effects on Satisfaction and Intentions to Leave [J]. Academy of Management Journal. 2000, 43 (02): 215 - 223.

[252] Covin J G, Slevin D P. A Conceptual Model of Entrepreneurship as Firm Behavior [J]. Social Science Electronic Publishing, 1991, 16 (01): 7 - 25.

[253] Allen, N. J., Meyer, J. P. The Measurement and Antecedents of Affective, Continuance and Normative Commitment to the Organization [J]. Journal of Occupational Psychology, 1990, 63 (01): 1 - 18.

［254］Edwards, J. R. , Cable, D. M. The Value of Value Congruence ［J］. Journal of Applied Psychology, 2009, 94（03）: 654 – 677.

［255］Keld Laursen, Ammon Salter. Open for innovation: the role of openness in explaining innovation performance among U. K. manufacturing firms ［J］. Strategic Management Journal, 2006, 27（02）: 131 – 150.

［256］Sulistyo H, Siyamtinah. Innovation capability of SMEs through entrepreneurship, marketing capability, relational capital and empowerment ［J］. Asia – Pacific Management Review, 2016, 21（04）: 196 – 203.

［257］Alsharo, M. , Gregg, D. , Ramirez, R. Virtual team effectiveness: The role of knowledge sharing and trust ［J］. Information & Management, 2017, 54（04）: 479 – 490.

［258］Vandenberghe, C. , Panaccio, A. , Bentein, K. , et al. Time-based differences in the effects of positive and negative affectivity on perceived supervisor support and organizational commitment among newcomers ［J］. Journal of Organizational Behavior, 2019, 40（03）: 264 – 281.

［259］Leavy, B. Continuous innovation: unleashing and harnessing the creative energies of a willing and able community ［J］. Strategy & Leadership, 2015, 43（05）: 24 – 31.

［260］Denning, S. Why Agile can be a game changer for managing continuous innovation in many industries ［J］. Strategy & Leadership, 2013, 41（02）: 5 – 11.

［261］Brian, L. Continuous Innovation: Unleashing and Harnessing the Ereative Energies of A Willing and Able Community ［J］. Strategy & Leadership, 2015, 51（06）: 24 – 31.

［262］Li, Y. , Huang, J. , Tsai, M. , et al. Entrepreneurial orientation and firm performance: The role of knowledge creation process ［J］. Industrial Marketing Management, 2009, 38（04）: 440 – 449.

［263］Li Y, Liu Y, Liu H, et al. Co-opetition, distributor's entrepreneurial orientation and manufacturer's knowledge acquisition：Evidence from China ［J］. Journal of Operations Management，2011，29（01）：128 – 142.

［264］Hughes，M.，Morgan，R. E. Deconstructing the relationship between entrepreneurial orientation and business performance at the embryonic stage of firm growth ［J］. Industrial Marketing Management，2007，36（05）：651 – 661.

［265］Wales，W. J.，Covin，J. G.，Monsen，E.，et al. Entrepreneurial orientation：The necessity of a multilevel conceptualization ［J］. Strategic Entrepreneurship Journal，2020，14：639 – 660.

［266］马喜芳，颜世富. 创业导向对组织创造力的作用机制研究——基于组织情境视角 ［J］. 研究与发展管理，2016，28（01）：73 – 83.

［267］Dougherty D，Heller T. The Illegitimacy of Successful Product Innovation in Established Firms ［J］. Organization Science，1994，5（02）：200 – 218.

［268］冯永春，崔连广，张海军，刘洋，许晖. 制造商如何开发有效的客户解决方案？［J］. 管理世界，2016（10）：150 – 173.

［269］Eggert，A.，Thiesbrummel，C. and Deutscher，C. "Heading for New Shores：Do Service and Hybrid Innovations Outperform Product Innovations in Industrial Companies?" ［J］，Industrial Marketing Management，2015，45（02）：173 – 183.

［270］Kowalkowski，C.，Windahl，C.，Kindström D. and Gebauer，H. "What Service Transition? Rethinking Established Assumptions about Manufacturers' Service-led Growth Strategies" ［J］，Industrial Marketing Management，2015，45（02）：59 – 69.

［271］Zhou K Z，Li C B. How knowledge affects radical innovation：Knowledge base，market knowledge acquisition，and internal knowledge sharing ［J］. Strategic Management Journal，2012，33（09）：1090 – 1102.

［272］张保仓，任浩. 虚拟组织知识资源获取对持续创新能力的作用机制研究［J］. 管理学报，2018，15（07）：1009－1017.

［273］Amit R，Han X. Value Creation through Novel Resource Configurations in a Digitally Enabled World［J］. Strategic Entrepreneurship Journal，2017，11（03）：228－242.

［274］Jacobides M G，Cennamo C，Gawer A，et al. Towards a theory of ecosystems［J］. Strategic Management Journal，2018，39（08）：2255－2276.

［275］Kuratko D F，Ireland R D，Hornsby J S，et al. Improving firm performance through entrepreneurial actions：Acordia's corporate entrepreneurship strategy［J］. Academy of Management Perspectives，2001，15（04）：60－71.

［276］Rank，O. N. ，Strenge，M. Entrepreneurial orientation as a driver of brokerage in external networks：Exploring the effects of risk taking，proactivity，and innovativeness［J］. Strategic Entrepreneurship Journal，2018，12（04）：482－503.

［277］Bligh M C，Pearce C L，Kohles J C，et al. The importance of self-and shared leadership in team based knowledge work：A meso-level model of leadership dynamics.［J］. Journal of Managerial Psychology，2006，21（04）：296－318.

［278］Carson J B，Tesluk P E，Marrone J A，et al. Shared Leadership in Teams：An Investigation of Antecedent Conditions and Performance［J］. Academy of Management Journal，2007，50（05）：1217－1234.

［279］Liu S，Hu J，Li Y，et al. Examining the cross-level relationship between shared leadership and learning in teams：Evidence from China［J］. The Leadership Quarterly，2014，25（02）：282－295.

［280］Yoo D K. Impacts of a Knowledge Sharing Climate and Interdisciplinary Knowledge Integration on Innovation［J］. Journal of Information &

Knowledge Management, 2017, 16 (02): 1 – 23.

［281］ Kankanhalli A, Tan B C, Wei K, et al. Contributing knowledge to electronic knowledge repositories: an empirical investigation ［J］. Management Information Systems Quarterly, 2005, 29 (01): 113 – 143.

［282］ Majchrzak A, Cooper L P, Neece O E, et al. Knowledge Reuse for Innovation ［J］. Management Science, 2004, 50 (02): 174 – 188.

［283］ Yoo D K. Substructures of perceived knowledge quality and interactions with knowledge sharing and innovativeness: a sensemaking perspective ［J］. Journal of Knowledge Management, 2014, 18 (03): 523 – 537.

［284］ Bogers M. The open innovation paradox: knowledge sharing and protection in R&D collaborations ［J］. European Journal of Innovation Management, 2011, 14 (01): 93 – 117.

［285］ Crossan M M. The Knowledge – Creating Company: How Japanese Companies Create the Dynamics of Innovation ［J］. Journal of International Business Studies, 1996, 27 (01): 196 – 201.

［286］ Kogut B, Zander U. Knowledge of the Firm, Combinative Capabilities, and the Replication of Technology ［J］. Organization Science, 1992, 3 (03): 383 – 397.

［287］ Nonaka I. , Toyama R. , Konno N. . SECI, Ba and Leadership: A Unified Model of Dynamic Knowledge Creation ［J］. Long Range Planning, 2000, 33 (01): 5 – 34.

［288］ Hiller, N. J. , and Day, D. V. , et al. "Collective enactment of leaderships roles and team effectiveness: a field study" ［J］, The Leadership Quarterly, 2006, 17 (34): 387 – 397.

［289］ Zahra, S. A. Corporate entrepreneurship as knowledge creation and conversion: the role of entrepreneurial hubs ［J］. Small Business Economics, 2015, 44 (04): 727 – 735.

［290］ Hayek F A. The use of knowledge in society ［J］. American Economic Review, 1945, 35 (04): 519 – 530.

[291] Bergman J Z, Rentsch J R, Small E E, et al. The Shared Leadership Process In Decision – Making Teams [J]. The Journal of Social Psychology, 2012, 152 (01): 17 – 42.

[292] Sun X, Jie Y, Wang Y, et al. Shared Leadership Improves Team Novelty: The Mechanism And Its Boundary Condition [J]. Frontiers In Psychology, 2016 (07): 1964 – 1976.

[293] Bevan, D., Kipka, C., Kumaraswamy, K. S. N., and Chitale, C. M. Collaborative knowledge sharing strategy to enhance organizational learning [J]. Journal of Management Development, 2012, 31 (03): 308 – 322.

[294] Martin, J. A., Bachrach, D. G.. A relational perspective of the microfoundations of dynamic managerial capabilities and transactive memory systems [J]. Industrial marketing management, 2018, 74: 27 – 38.

[295] Lee, J. C., Shiue, Y. C. and Chen, C. Y. "Examining the impacts of organizational culture and top management support of knowledge sharing on the success of software process improvement" [J], Computers in Human Behavior, 2016, 54: 462 – 474.

[296] Mortensen, M and TB Neeley. Reoected knowledge and trust in global collaboration [J]. Management Science, 2012, 58 (12), 2207 – 2224.

[297] Hartley, J., Sørensen E., Torfing J. Collaborative Innovation: A Viable Alternative to Market Competition and Organizational Entrepreneurship [J]. Public Administration Review, 2013, 73 (06): 821 – 830.

[298] Hjorth, D. Creating space for play/invention – The Role of Dynamic concepts of space and organizational entrepreneurship [J]. Entrepreneurship & Regional Development, 2004, 16 (05): 413 – 432.

[299] Cope, J. Toward a Dynamic Learning Perspective of Entrepre-

neurship [J]. Entrepreneurship Theory & Practice, 2005, 29 (04): 373 – 397.

[300] Xie, Y., Xue, W., Li, L., et al. Leadership style and innovation atmosphere in enterprises: An empirical study [J]. Technological Forecasting and Social Change, 2018, 135: 257 – 265.

[301] Yu, C., Yu, T., Yu, C. Knowledge Sharing, Organizational Climate, and Innovative Behavior: A Cross – Level Analysis of Effects [J]. Social Behavior and Personality: an international journal, 2013, 41 (01): 143 – 156.

[302] Astyne, M. W. V., Parker G. G., Choudary, S. P. Pipelines, platforms, and the new rules of strategy [J]. Harvard Business Review, 2016, 94 (4): 1 – 16.

[303] Li, Y., Liu, Y., Liu, H. Co-opetition, distributor's entrepreneurial orientation and manufacturer's knowledge acquisition: Evidence from China [J]. Journal of Operations Management, 2011, 29 (01): 128 – 142.

[304] 王炳成，张士强，王俐，等. 商业模式创新、员工企业家精神和企业文化的跨层次研究 [J]. 研究与发展管理，2016，28 (04): 39 – 51.

[305] Pimentel Claro D., Oliveira Claro P. B. Collaborative buyer-supplier relationships and downstream information in marketing channels [J]. Industrial Marketing Management, 2010, 39 (02): 221 – 228.

[306] Rizzo, J. R., House, R. J., Lirtzman, S. I.. Role Conflict and Ambiguity in Complex Organizations [J]. Administrative Science Quarterly, 1970, 15 (02): 150 – 163.

[307] Schaubroeck, J., Cotton, J. L., Jennings, K. R. Antecedents and Consequences of Role Stress: A Covariance Structure Analysis [J]. Journal of Organizational Behavior, 1989, 10 (01): 35 – 58.

［308］Beehr T. A. , Walsh J. T. , Taber T. D. Relationship of stress to individually and organizationally valued states: higher order needs as a moderator ［J］. J Appl Psychol, 1976, 61 （07）: 41 –47.